Für Birgit, Davina, Ava und unsere Eltern

Eva Lermer • Matthias Hudecek

Unsicherheit

Globale Herausforderungen psychologisch
verstehen und bewältigen

Ernst Reinhardt Verlag München

Prof. Dr. *Eva Lermer,* Psychologin und Soziologin, forscht und lehrt an der Hochschule Augsburg und am Center for Leadership and People Management der Ludwig-Maximilians-Universität München.

Dr. *Matthias Hudecek,* Psychologe, forscht und lehrt am Lehrstuhl für Sozial-, Arbeits-, Organisations- und Wirtschaftspsychologie der Universität Regensburg und ist Lehrbeauftragter für „Psychologie der Arbeit und Organisation" an der Universität St. Gallen (Schweiz).

Bibliografische Information der Deutschen Nationalbibliothek

Die Deutsche Nationalbibliothek verzeichnet diese Publikation in der Deutschen Nationalbibliografie; detaillierte bibliografische Daten sind im Internet über <http://dnb.d-nb.de> abrufbar.
ISBN 978-3-497-03144-3 (Print)
ISBN 978-3-497-61701-2 (PDF-E-Book)
ISBN 978-3-497-61702-9 (EPUB)

© 2022 by Ernst Reinhardt, GmbH & Co KG, Verlag, München

Dieses Werk, einschließlich aller seiner Teile, ist urheberrechtlich geschützt. Jede Verwertung außerhalb der engen Grenzen des Urheberrechtsgesetzes ist ohne schriftliche Zustimmung der Ernst Reinhardt GmbH & Co KG, München, unzulässig und strafbar. Das gilt insbesondere für Vervielfältigungen, Übersetzungen in andere Sprachen, Mikroverfilmungen und für die Einspeicherung und Verarbeitung in elektronischen Systemen. Der Verlag Ernst Reinhardt GmbH & Co KG behält sich eine Nutzung seiner Inhalte für Text- und Data-Mining i.S.v. § 44b UrhG ausdrücklich vor.

Printed in EU
Covermotiv: © Svetlana Lukienko – stock.adobe.com
Satz: JÖRG KALIES – Satz, Layout, Grafik & Druck, Unterumbach

Ernst Reinhardt Verlag, Kemnatenstr. 46, D-80639 München
Net: www.reinhardt-verlag.de E-Mail: info@reinhardt-verlag.de

Inhalt

Einleitung 7
   Unsicherheit 7
   Kein Zweifel erlaubt 14
   Es geht um das Denken 16
   Ein zweiter Blick 19
   Egal, ich mach es trotzdem – es fühlt
   sich einfach besser an 20
   Besser Denken geht! 22

Pandemie 24
   Vertrauen und Gemeinschaftssinn 24
   Gefahr durch Gewohnheit: Theorie der
   gelernten Sorglosigkeit 29
   Risiko? Kann ich. Nicht! 32

Politik, Führung und Kontrolle 39
   Vorteile und Gefahren wahrer Narzissten ... 40
   Automatische Prozesse gegen unangenehme
   Gedanken 43
   Schlechte Gruppenentscheidungen und 20% Fett ... 48
   Bedürfnis nach Kontrolle 56

Digitalisierung, technologischer Fortschritt
   und künstliche Intelligenz 61
   Smartphones – Fluch und Segen? 67
   Alles überall und zu jeder Zeit 72

Alles KI oder was? … 74
Mein Freund der Roboter? … 85

Nullzinsen, Kryptowährungen und Inflation … 90
Inflation – ein Gespenst aus vergangenen Zeiten? … 92
Kryptowährungen als neue Form des Geldes? … 94
Unsicherheit für alle? … 101

Fake Numbers, Fake Stories und Fake News … 103
Warum Menschen anfällig für
Falschinformationen sind … 110
Von Bullshit zu Fake News … 113

Arbeitswelt 4.0 … 120
Agilisierung der Arbeitswelt … 125
Purpose als Last? … 135
Quo vadis Arbeit? … 139

Mehr Unsicherheit wagen: Vorschläge für einen kompetenteren Umgang mit Unsicherheit … 142
Selbst denken und selbst entscheiden … 142
Unsicherheit – ein Preis der Freiheit … 144
Strategien für mehr Unsicherheitskompetenz … 150

Anhang … 189
Literatur … 189
Sachregister … 217

Einleitung

Unsicherheit

Der Begriff Unsicherheit kann unterschiedlich verstanden werden. Wir gehen in diesem Buch von einem Unsicherheitsbegriff aus der Perspektive der Entscheidungstheorie aus. Gemeint sind damit Umweltzustände, für die keine Eintrittswahrscheinlichkeiten bekannt sind [1]. Ein Risiko, wie etwa die Wahrscheinlichkeit beim Roulette auf die falsche Zahl zu setzen, kann man kalkulieren. In diesem Fall besonders gut, da diese Umwelt (mathematische Regeln der Wahrscheinlichkeit) stabil und nicht noch von weiteren Faktoren abhängig ist (z. B. Wetter, Aktienkursen, technischem Fortschritt). Mit solchen interaktionsfreien Umwelten haben wir es jedoch in der echten Welt nahezu nie zu tun – außer z. B. im Casino. Alles, was wir in unserer sozialen Umwelt (also sobald andere Menschen mit ins Spiel kommen) tun und erleben, kann durch unzählige Faktoren zumindest theoretisch beeinflusst werden. Wenn wir Aktien kaufen, können wir deren Entwicklung nur vermeintlich näherungsweise prognostizieren; wirklich in Erfahrung können wir deren Verlauf nicht bringen. Dafür ist das Zusammenspiel an beeinflussenden Faktoren zu komplex und unbekannt. Wie schlecht solche Prognosen tatsächlich sind, beschreibt Gerd Gigerenzer[2] eindrücklich u. a. anhand von Prognosen etablierter Banken – die Jahr für Jahr komplett daneben liegen. So verhält es sich mit den meisten Szenarien: Ihre Eintretenswahrscheinlichkeit und oft auch die tatsächlichen Konsequenzen sind ungewiss. Unser Leben ist per se komplex und informationsreich. Globalisierung und Digitalisierung haben unsere Lebenswelt unwiderruflich auf ein Komplexitätslevel gehoben, das es in den meisten Fällen unmöglich macht, Risiken valide zu identifizieren oder gar ein realistisches Gefühl dafür zu entwickeln.

Unsicherheit ist dabei jedoch – wie auch Komplexität – schon immer mit dem menschlichen Leben verbunden. Dementsprechend gehört der Umgang mit Unsicherheit seit jeher zu einer wesentlichen Herausforderung im Alltag. Schon lange vor der modernen Zivilisation, haben Menschen Antworten auf Phänomene gesucht, die ambivalent sind, in denen ihnen Orientierung fehlt oder die ihnen einfach nur Angst machen, weil sie sie sich nicht erklären können. Im Mittelalter etwa muss eine Sonnenfinsternis ein höchst bedrohliches Ereignis gewesen sein, das große Unsicherheit hervorgerufen hat. Auch wenn es längere Zeit einmal nicht geregnet hat oder mit dem Regnen nicht mehr aufhören wollte, gab es hierfür erstmal keine plausible Begründung. Auf der Suche nach Erklärungen entwickelte sich daher beispielsweise der Glaube an übernatürliche Kräfte. Es wurden Opfergaben erbracht, um die wohl zornigen Götter zu besänftigen. Im 19. und 20. Jahrhundert wurden dank des wissenschaftlichen und damit einhergehend des technischen Fortschritts immer konkretere alternative Erklärungen für derartige Phänomene möglich. Unsicherheiten im Hinblick auf Naturereignisse konnten somit vielfach aufgelöst werden. Eine Sonnenfinsternis muss uns nicht länger beunruhigen oder verängstigen; ebenso wissen wir, dass sich die Erde um die Sonne dreht und keine Scheibe ist. Gleichzeitig sind durch den Fortschritt und damit verbundene gesellschaftliche Veränderungen aber auch zahlreiche neue Unsicherheitskontexte entstanden und bis dato stabile Weltbilder ins Wanken geraten. Dies hat eine besondere Qualität, da v. a. westliche Länder seit einigen Jahrzehnten Prosperität und Frieden gewohnt waren. Ein Wohlstandsniveau, das viel Sicherheit im Alltag vermittelt hat[3]. Ausgehend von diesem Status quo fällt es besonders schwer, sich nun daran zu gewöhnen, dass die alten Regeln „Es wird schon nicht so kommen" und „Im Grunde bleibt alles gleich" zunehmend nicht mehr gelten. Stattdessen können wir beobachten und live miterleben, dass vor kurzem noch schwer vorstellbare und einschneidende Ereignisse und Entwicklungen wirklich passieren. Hierfür lassen sich zahlreiche Beispiele finden und diese betreffen im Grunde sämtliche Lebensbereiche, wie etwa:

- Globale Pandemien wie SARS-CoV-2
- Politische „Erdbeben", z. B. Brexit
- Fake News, d. h. frei erfundene Behauptungen, die täuschend echt anmuten

Begleitet und oftmals ermöglicht werden diese Phänomene durch rasanten technologischen Fortschritt sowie die fortschreitende Digitalisierung. Insbesondere die Entwicklungen im Bereich der so genannten künstlichen Intelligenz werden großen Einfluss auf unser Zusammenleben und die Gestaltung von Gesellschaften haben. Auf der einen Seite bestehen große Potenziale (z. B. Fortschritte bei der Bekämpfung von Krankheiten, neue Jobs), auf der anderen Seite steigt in gleichem Maß das „Unsicherheits-Thermometer". Vielleicht kann man sich in absehbarer Zeit nicht mehr sicher sein, ob man mit einem Menschen oder einer künstlichen Intelligenz spricht, wenn man bei der Hotline eines Kundenservices anruft. Entsprechende Prototypen wie Sophia von Hanson Robotics oder Google Duplex lassen erahnen, wohin die Reise geht. Sophia ist ein humanoider Roboter, der menschliches Verhalten imitiert und bereits in der Lage ist, einfache Konversationen zu führen und Fragen eigenständig zu beantworten. Google Duplex spricht mit einer menschlich klingenden Stimme und kann einfache Aufgaben übernehmen wie sich beispielsweise um die Reservierung in einem Restaurant kümmern. Dabei verwendet die Software gezielt Füllwörter oder macht kurze Sprechpausen, um die Interaktion möglichst echt klingen zu lassen. Dementsprechend ist es auch nicht überraschend, dass Personen bei Testanrufen oftmals nicht unterscheiden konnten, ob sie mit einem Menschen oder einer künstlichen Intelligenz gesprochen haben.

Es kann davon ausgegangen werden, dass derartige Technologien nicht nur Einfluss auf unsere alltägliche Kommunikation nehmen, sondern auch unsere Arbeitswelt nachhaltig beeinflussen werden. In Zukunft braucht es – zumindest technologisch betrachtet – keine Kassiererinnen und Kassierer mehr im Supermarkt. Ebenso können U-Bahn-Fahrerinnen und Fahrer oder etwa ein erheblicher Anteil von Sachbearbeiterinnen und Sachbearbeitern in Versicherungen durch künstliche Intelligenz und Algorithmen ersetzt werden. Für die betroffenen Berufsgruppen und ebenfalls für manche Nutzergruppen dieser Dienstleistungen (z. B. ältere Menschen) wird dies mit großer Unsicherheit einhergehen. Ob sich diese Entwicklungen durchweg positiv auf unsere Gesellschaft und unser Zusammenleben auswirken, darf dabei durchaus bezweifelt werden. Man denke hierbei beispielsweise an die Fälle, in denen Algorithmen falsche Entscheidungen treffen, indem bestimmte Personengruppen aufgrund von Verzerrungen systematisch benachteiligt werden (mehr dazu beim Unsicherheitskontext Digitalisierung).

Darüber hinaus hat eine wahre Flut an kontinuierlichen Reizen eingesetzt, der wir Menschen nahezu pausenlos ausgesetzt sind. Beginnend mit den Massenmedien Radio und Fernsehen hat die dauerhafte „Beschallung" mit Informationen und Botschaften durch Social Media und Messenger-Angeboten einen neuen Höhepunkt erreicht. Dabei ist auch in diesem Bereich davon auszugehen, dass das Pensum zukünftig noch weiter steigen wird. Durch Technologien wie *Augmented Reality*, also eine um digitale Elemente angereicherte Realität, könnte die Zahl der Reize, denen wir tagtäglich ausgesetzt sind, nochmals deutlich ansteigen. Denn vielleicht tragen wir schon in absehbarer Zeit „intelligente" Brillen, die uns fortlaufend mit Informationen über unsere Umwelt — aber wahrscheinlich auch mit Werbung oder ähnlichen Botschaften — versorgen. Bieten derartige Technologien auf der einen Seite gewisse Potenziale (z. B. für Menschen mit beeinträchtigter Sinneswahrnehmung), wird auf der anderen Seite die wahrgenommene Unsicherheit in unserem Alltag weiter ansteigen.

Vor dem Hintergrund dieser zahlreichen Unsicherheitskontexte und -treiber stellt sich die Frage, welche Möglichkeiten zum Umgang mit Unsicherheit bestehen. Zum Thema Umgang mit Risiko und Unsicherheit unterscheidet Zinn[4] drei Arten von Strategien. Zunächst einmal gibt es die *nicht-rationalen Strategien*. Hierunter fallen beispielsweise der Glaube oder die Hoffnung. Um bei dem Beispiel der damaligen Sonnenfinsternis zu bleiben: Diese wurde lange als böses Omen für ein nahendes Unheil erachtet und Hilfe im Gebet, verbunden mit der Hoffnung auf Gnade, gesucht. Diese Strategie ist heute ebenso aktuell. Zahlreiche psychologische Studien zeigen hierzu, dass Glaube und Hoffnung viele positive Effekte haben. Glaube gibt Gläubigen Sicherheit und Hoffnung. Beides trägt dazu bei, negative Effekte, die mit Unsicherheit einhergehen, wie etwa Angst oder das Gefühl der Orientierungslosigkeit, zu reduzieren.

Ein konkretes Studienbeispiel aus der Psychologie zum Einfluss von religiösem Glauben stammt von den Wissenschaftlern Joseph Bardeen und Jesse Michel[5]. Sie untersuchten den Zusammenhang der drei Variablen *Intoleranz für Unsicherheit*, *depressive Symptome* und *Religiosität*. Mit Intoleranz für Unsicherheit wird die Eigenschaft beschrieben, wie gut bzw. schlecht eine Person den Zustand von Unsicherheit aushält, also als wie belastend sie eine unsichere Zukunft empfindet. Menschen mit hoher Intoleranz für Unsicherheit wählen z. B. lieber ein negatives sicheres Ereignis als ein unsicheres[6]. Die Forscher fanden eine positive Beziehung zwischen Intoleranz für Unsicherheit und depressiven Symptomen. Das heißt: Personen, die Unsicherheit schlecht aushalten, hatten mehr depressive Symptome als die, die einen besseren Umgang mit Unsicherheit haben. Dieser Zusammenhang war jedoch schwächer bei religiösen Personen. Hier konnte gezeigt werden, dass der Glaube einen puffernden Effekt hat. Bardeen und Michel[5] nehmen an, dass Religiosität als Selbstregulierungsmechanismus dienen kann. Konkret vermuten sie, dass religiöse Menschen über mehr präskriptive Normen (Annahme, welches Verhalten als richtig erachtet wird) verfügen, die für Struktur und Ordnung sorgen.

Auch für *Hoffnung* finden sich viele Studienbeispiele, die den positiven Einfluss auf Unsicherheit belegen. So kann Hoffnung im Falle einer sehr schweren oder unheilbaren Krankheit für die betroffenen Personen ein geeignetes Mittel sein, die Situation besser ertragen zu können. Tatsächlich konnten Forschungsergebnisse in diesem Zusammenhang nachweisen, dass Menschen, die an einer chronischen oder tödlichen Krankheit leiden, durch Hoffnung besser mit ihrer Lebenssituation umgehen können oder weiter nach Möglichkeiten suchen, wie sie diese verbessern können[4].

Als weitere Möglichkeit zum Umgang mit Unsicherheit stehen *rationale Strategien* zur Verfügung. Hierbei erfolgt beispielsweise eine bewusste Abwägung von Pro- und Contra-Argumenten zu einem Sachverhalt nach vorab definierten Kriterien. Entscheidend ist, dass diese Kriterien tatsächlich im Vorfeld eindeutig definiert werden und bei der Suche nach neuen Informationen darauf geachtet wird, dass diese nicht verzerrt stattfindet. Denn auch bei vermeintlich rationalen Handlungen besteht die Gefahr, dass beispielsweise die Suche von neuen Informationen systematisch in die Richtung einer bereits bestehenden Meinung oder Tendenz verzerrt wird – sog. *Bestätigungsfehler* oder *confirmation bias*; hierzu später mehr. Dann ist eine vermeintlich rationale Strategie keineswegs mehr „echt rational", sondern wird vielmehr durch unbewusste kognitive

Verzerrungen — sog. Biases — verfälscht. Ein weiterer Prototyp für das rationale Vorgehen stellt zudem das wissenschaftliche Vorgehen dar. Hierbei wird systematisch nach etablierten methodischen Standards die Erklärung oder Lösung eines Problems angestrebt. Durch eine möglichst hohe Standardisierung, ein transparentes Vorgehen sowie den Anspruch der Reproduzierbarkeit soll eine bestmögliche Annäherung an die Realität unter Ausschluss von möglichen Biases stattfinden.

Schließlich gibt es ein Zwischending zwischen rationalen und nicht-rationalen Strategien. In diesem Fall vertraut man auf die *Einschätzung anderer Menschen*, lässt sich von *Emotionen* leiten oder folgt der eigenen Intuition. Sozialpsychologische Studienergebnisse zeigen, dass, wenn wir nicht wissen, wie wir uns in einer Situation verhalten sollen, wir unser Verhalten an dem anderer orientieren — getreu dem Motto: „When in doubt follow the crowd". Hierzu findet sich unter dem Stichwort *Normen* ein großer Forschungsbereich innerhalb der Sozialpsychologie, u. a. zu

- der Annahme, welches Verhalten von anderen als richtig erachtet wird, z. B. man soll nicht lügen.
- der Annahme der Mitglieder einer Gruppe, welches Verhalten von den meisten gezeigt wird, z. B. wenn das alle machen, wird es richtig sein.

Allen Strategien ist gemein, dass durch sie Komplexität und damit einhergehend die Unsicherheit in einer bestimmten Situation reduziert werden soll. Auch wenn es keine Garantie auf Erfolg gibt, haben grundsätzlich alle Strategien in Abhängigkeit des jeweiligen Kontextes das Potenzial, eine Lösungsmöglichkeit darzustellen.

Möglicherweise als Folge und zugleich Symptom unserer gegenwärtig schnelllebigen Zeit lässt sich beobachten, dass insbesondere einfache Lösungen zum Umgang mit Unsicherheit präferiert werden, auch dann wenn es bessere Alternativen geben würde. Diese würden jedoch ein höheres Maß an Auseinandersetzung, Zeit und Energie erfordern. Aus psychologischer Perspektive ist es nicht verwunderlich, dass wir uns gerne für den leichteren Weg entscheiden. Denn wir neigen grundsätzlich eher dazu, den Weg des geringsten Widerstands zu wählen – wir bevorzugen also kurzfristig angenehm vor langfristig sinnvoll. Dazu kommt, dass eine aktive Reflexion anstrengend ist und die Gefahr birgt, unangenehm zu sein. Viele Menschen möchten daher ihre Annahmen nicht anzweifeln und sind auch eher irritiert, wenn andere dies doch tun: Dinge hinterfragen und kritisch denken.

Kein Zweifel erlaubt

Es scheint fast so, als würde der aktuelle Zeitgeist, also die derzeitig vorherrschende Denkhaltung und -weise, einen wissenschaftlichen Zugang zum Alltagsdenken nicht wirklich zulassen. Gemeint ist damit Folgendes: Erkenntnisgewinn in der Wissenschaft geschieht im *Popperschen* Sinne durch Falsifikation. Das heißt, es wird so lange eine Theorie für richtig erachtet, bis sie widerlegt oder zumindest adjustiert wurde aufgrund neuer Erkenntnisse, die ein besseres Modell oder eine neue Theoriebildung ermöglichen.

Der Philosoph Karl Popper revolutionierte 1934 die Wissenschaftstheorie mit seinem Werk „Logik der Forschung". Mit dem von ihm entwickelten Kritischen Rationalismus bricht er mit der üblichen Vorstellung, dass Theorien bewiesen werden müssen. Popper geht davon aus, dass Annahmen nicht *verifiziert*, sondern im Gegenteil *falsifiziert* werden müssen[7].

> **BEISPIEL**
>
> Ein klassisches Beispiel: Stellen Sie sich vor, Sie haben in Ihrem Leben bisher nur weiße Schwäne gesehen. Aufgrund dieser Erfahrungsbasis nehmen Sie an: „Alle Schwäne sind weiß". Diese Annahme bezieht sich jetzt nicht nur auf Ihre bisherigen Erfahrungen, sondern auch auf Ihre zukünftigen Erwartungen. Denn, da Sie ja annehmen, dass alle Schwäne weiß sind – das ist jetzt Ihre Theorie – wird es Ihrer Meinung nach wohl so sein, dass, wenn Sie in Zukunft einen Schwan sehen, auch dieser weiß sein wird. Allerdings ist nicht auszuschließen, dass irgendwo auf der Welt eine andere Person schon mal einen schwarzen Schwan gesehen hat. Schwarze Schwäne gibt es übrigens tatsächlich, den sog. Schwarzschwan oder auch Trauerschwan. Die ursprüngliche Heimat dieses fast völlig schwarzen Tieres ist Australien. Jedoch finden sich diese Tiere heute auch in anderen Teilen der Welt. Die Wahrscheinlichkeit, dass Sie so einen Schwarzschwan sehen, ist also grundsätzlich gegeben. Dann wäre Ihre „Alle Schwäne sind weiß"-Theorie widerlegt.

„Wann immer wir nämlich glauben, die Lösung eines Problems gefunden zu haben, sollten wir unsere Lösung nicht verteidigen, sondern mit allen Mitteln versuchen, sie selbst umzustoßen"[8].

Wenn wir immer nur versuchen, unsere Theorien als wahr zu beweisen, ist das lediglich Konservierung dessen, was wir für wahr halten. Dieses Bedürfnis ist allerdings ganz menschlich. Wir wollen davon ausgehen, dass wir die Welt so verstehen, wie sie ist. Dass wir da schon richtig liegen und uns auf „unser Gefühl" verlassen können[3]. Wir haben also eine angeborene, natürliche Tendenz zum sogenannten Bestätigungsfehler. Gemeint ist damit, dass wir besonders offen für Argumente sind, die unser Bild von der Welt bestätigen: zum Beispiel sagt uns Person X, sie habe gerade gelesen, dass wieder einmal gezeigt werden konnte, dass die Erde eine Kugel sei. Werden wir allerdings mit anderen Argumenten konfrontiert, zweifeln wir meist nicht an erster Stelle an unseren Theorien, sondern mehr an dem neuen Argument (das nicht zu unserer Theorie passt) oder der Quelle, von der das Argument stammt: Dann sagt uns zum Beispiel Person Y, er habe eben gehört, die Wissenschaft sei sich einig, die Erde sei doch eine Scheibe.

„Wahrheitskonservierung" verhindert kritisches Denken und damit Fortschritt. Dennoch ist dieses Bedürfnis nach „bei seiner Meinung bleiben" in der Gesellschaft an vielen Stellen auszumachen. Das passt nun überhaupt nicht in unsere aktuelle Zeit, denn gerade mit dem immer schneller voranschreitenden Fortschritt müssten auch das Wissen und damit auch Diskurse regelmäßig angepasst werden. Aber eigentlich ist genau dieses Phänomen eine Konsequenz all der Entwicklungen und Herausforderungen, mit denen wir uns konfrontieren müssen.

Es geht um das Denken

Ein während der COVID-19-Pandemie aktueller Diskurs zum Thema „Zweifel an der eigenen Meinung" wurde wiederholt ausgelöst durch den wachsenden Erkenntnisstand hinsichtlich der Virusverbreitung. Hier war regelmäßig zu verzeichnen, dass ein neuer Kenntnisgewinn zu einer neuen Haltung führt und Verhaltensregeln geändert werden. Anders Indset, ein norwegischer Philosoph, bringt diesen Gedanken in seinem Buch „Das infizierte Denken" mit folgendem Satz auf den Punkt:

> „Am Ende geht es eben nicht um das Gedachte oder Gesagte, sondern um das Denken an sich."[9]

Es ist wichtig, dass wir unsere Meinung reflektieren und hierzu auch neue Argumente grundsätzlich zulassen. Jedoch gewinnt man häufig den Eindruck, derartiges Denken bleibt leider viel zu oft aus. Daniel Kahneman hat die Unterscheidung zwischen dem schnellen (unbewussten, intuitiven) Denken und dem langsamen (bewussten, rationalen) Denken sehr bekannt gemacht [10]. Er hat anhand von verschiedenen Studien gezeigt, dass der Mensch lieber schnell und automatisch denkt und eher ungern den anstrengenden und langsameren kognitiven Motor anwirft. Ein Beispiel, das gleichermaßen eindrücklich und einfach erklärt, was damit gemeint ist — angelehnt an die erste Frage aus dem *Cognitive Reflection Test* von Shane Frederick [11]:

---BEISPIEL---

Eine Maske und eine Flasche Desinfektionsmittel kosten insgesamt 15,00 Euro. Die Maske kostet 10,00 Euro mehr als das Desinfektionsmittel.

Wie viel kostet das Desinfektionsmittel?

Die meisten Menschen antworten hier spontan mittels ihres schnellen Denkens: 5,00 Euro. Das ist jedoch falsch. Denn dann würde die Maske 15,00 Euro kosten und die Summe läge bei 20,00 Euro. Meist merken wir so einen Fehler aber auch gar nicht und leben weiter mit unserem schnellen Denken und diesen Entscheidungen.

Jetzt, nachdem wir aber erfahren haben, dass unsere Antwort, die wir für richtig hielten, falsch war, interessiert es uns vielleicht doch: Was ist denn dann die richtige Lösung? Hierzu müssen wir unser langsameres (bewusstes) Denken aktivieren. Hier kann die Lösung nur sein: Das Desinfektionsmittel kostet 2,50 Euro. Damit kostet die Maske (da sie ja 10,00 Euro mehr kostet) 12,50 Euro. Die Summe ergibt 15,00 Euro. Dieses Beispiel vermag, so eindrücklich es vielfach ist, jedoch nur im Ansatz die Relevanz der Verwendung unserer Denksysteme in unserem Alltag vermitteln. Die Forschung zeigt, dass wir in nahezu allen Lebensbereichen unserer Tendenz zum schnellen Denken nachgeben UND – was die Sache noch problematischer macht – kaum eine Motivation vorhanden ist, unsere spontanen Antworten und Gedanken zu hinterfragen. Genau hier sehen wir eines der größten Probleme in Kombination mit den neuen Unsicherheiten in unserer Lebenswelt.

Als Beispiel sei hier auf die neuen technologischen und Social-Media-Entwicklungen verwiesen (auch hierzu später mehr, sowohl beim Unsicherheitskontext Digitalisierung als auch Fake News). Noch nie zuvor war es so leicht, sich mit unterschiedlichen Perspektiven auf Politik und andere Lebensbereiche und -ergebnisse auseinanderzusetzen wie heute. Das hat sehr viele Vorteile, z. B. besteht so (theoretisch) die Möglichkeit, sich ein umfassenderes Bild einer Sache zu machen. Allerdings hat unsere Informationsgesellschaft mindestens zwei Herausforderungen:

A Hohe Komplexität: Durch die zahlreichen und nicht nachvollziehbaren Abhängigkeiten ist es trotz und gerade durch die vielen Informationen nicht möglich, sich ein objektives Bild zu machen. Wir müssen uns zunehmend daran gewöhnen, dass es nicht mehr die eine gültige Wahrheit gibt, sondern es zum gleichen Sachverhalt gleichermaßen richtige, aber widersprüchliche Informationen geben kann.

B Qualitätsstandards und -sicherung der Informationen: Da jede und jeder partizipieren kann, gleichzeitig aber kaum Kontrollinstanzen existieren (Stichwort Fake News), ist vielfach nicht mehr auszumachen, wer welchen Inhalt aus welchem Anlass und mit welcher Intention verbreitet.

Ein zweiter Blick

Ein zweiter Blick auf eine Sache kann unsere Einstellung oft stark verändern. Ein sehr gutes Beispiel hierfür stammt von einem ehemaligen Kollegen. Stellen Sie sich folgende Situation vor:

> **BEISPIEL**
>
> Ein Zauberer kommt zu Ihnen und schlägt Ihnen folgenden Deal vor: „Hey, ich bin der Zauberer und werde ab nun für den Rest Deines Lebens einmal im Jahr zu Dir kommen und wir spielen ein Spiel. Hier ist ein Swimming-Pool. Auf diesem schwimmen 20.000 blaue Bälle. Obwohl nicht ganz, einer ist rot. Ich komme nun einmal im Jahr zu Dir und bitte Dich, mit geschlossenen Augen einen dieser Bälle aus dem Pool zu fischen. Erwischst Du einen blauen Ball passiert nichts und ich komme nächstes Jahr wieder. Erwischst Du jedoch den einen roten muss ich Dich verzaubern und Du hörst sofort auf zu existieren. Für wieviel Geld würdest Du dieses Spiel mit mir spielen?" fragt der Zauberer und erwartet nun eine Antwort.

Würden Sie dieses Spiel spielen und wenn ja, für wie viel Geld? Dieses Szenario haben wir mit einigen Studierenden in verschiedenen Vorlesungen durchgesprochen und es ist interessant, wie sich hier die Antworten unterscheiden. Ohne hier einen Anspruch auf Repräsentativität oder gar Generalisierbarkeit der Rückmeldungen erheben zu wollen, war doch auffällig, dass Frauen häufig antworteten: „Für gar kein Geld — ich würde dieses Spiel einfach nicht spielen." Männer hingegen nannten oft bereits einen vergleichsweise eher niedrigeren Betrag wie etwa „ab 60.000 Euro". Drei Aspekte sind hier besonders spannend:

1. Warum entscheiden sich Menschen für einen niedrigeren Betrag, wenn sie doch in keiner Konkurrenzsituation sind und frei wären, jeden auch deutlich höheren Betrag zu nennen? Die Frage war ja nur: „Für wieviel Geld würdest Du dieses Spiel mit mir spielen?".
2. Hier zeigt sich, was zahlreiche Studienergebnisse belegen: Frauen und Männer reagieren auf risikohafte Situationen unterschiedlich [12].
3. Was ändert sich, wenn wir die Geschichte anders erzählen bzw. auf einen anderen Kontext beziehen?

Diese Geschichte ist natürlich sehr weit hergeholt, lässt sich aber dennoch schnell auf den Alltag übertragen. Denn die Auflösung steckt in der Wahrscheinlichkeit. Die Wahrscheinlichkeit 1:20.000 ist in etwa das Risiko eines jeden Einzelnen in Deutschland binnen eines Jahres im Straßenverkehr ums Leben zu kommen [13]. Daran nehmen wir freiwillig teil – wir können uns auch schlecht entziehen. Dieses Risiko aber fühlt sich ganz anders an. Natürlich kann man hier schnell und zu Recht argumentieren, dass die Szenarien nicht identisch sind. Schließlich sind allein die Kontrollmöglichkeiten verschieden. Trotzdem zeigt dieses Beispiel gut, welchen Unterschied es machen kann, wie eine Geschichte erzählt wird – oder wenn wir einen zweiten Blick darauf werfen, also den gleichen Sachverhalt (1:20.000) aus einer anderen Perspektive betrachten.

Egal, ich mach es trotzdem – es fühlt sich einfach besser an

Dass allein ein zweiter Blick, oder sogar das Wissen darum, dass man falsch liegt, nicht zwangsläufig dazu beiträgt bessere Entscheidungen zu treffen, ist menschlich. Daniel Walco und

Jane Rise[14], Verhaltenswissenschaftler und Verhaltenswissenschaftlerin von der University of Chicago, haben untersucht, wie stark das Bedürfnis sein kann, bei der ersten Entscheidung zu bleiben, auch wenn wir erfahren, dass diese falsch war. Sie nennen dieses Phänomen *Acquiescing* (übersetzt in etwa: dulden/hinnehmen). Wir haben dieses Phänomen am sogenannten *Ratio-Bias-Paradigma* untersucht.

Der *Ratio Bias* beschreibt die menschliche Tendenz, ein Ereignis mit geringer Wahrscheinlichkeit als wahrscheinlicher zu bewerten, wenn das Ereignis in einem Verhältnis mit großen Zahlen dargestellt wird, als in einem Verhältnis mit kleinen Zahlen, obwohl die Wahrscheinlichkeiten gleich sind[15].

BEISPIEL

Um einen Preis zu gewinnen, müssen Sie eine rote Kugel aus einer Box ziehen, in die Sie aber nicht hineinschauen können. Sie dürfen nur einmal ziehen. Für welche Box entscheiden Sie sich?

- Box A hat 100 Kugeln: 90 blaue und 10 rote
  → 10% Wahrscheinlichkeit, eine rote Kugel zu erwischen
- Box B hat 10 Kugeln: 9 blaue und 1 rote
  → 10% Wahrscheinlichkeit, eine rote Kugel zu erwischen

Studien hierzu zeigen, dass viele Menschen die Tendenz zu Box A haben, also lieber in die Box greifen, die mehr Kugeln hat, obwohl die Wahrscheinlichkeiten für den Erfolg, eine rote Kugel zu erwischen, in beiden Boxen identisch ist (jeweils 10%). Wirklich gute Erklärungen hat die Forschung für den Ratio Bias bisher noch nicht. Nun haben Walco und Rise untersucht, wie es sich verhält, wenn die Wahrscheinlichkeiten nicht gleich sind und Box A eindeutig die schlechtere Wahl ist:

> **BEISPIEL**
>
> - Box A hat 100 Kugeln: 90 blaue und 10 rote
>   → 10% Wahrscheinlichkeit, die rote Kugel zu erwischen
> - Box B hat 9 Kugeln: 8 blaue und 1 rote
>   → 11% Wahrscheinlichkeit, die rote Kugel zu erwischen

Obwohl hier sogar die Erfolgswahrscheinlichkeiten mit angegeben waren, entschieden sich noch immer 11% der befragten Personen für Box A, also die offensichtlich schlechtere Wahl. Wir haben diese Studien wiederholt und versucht, diesem Phänomen ebenfalls auf die Spur zu kommen. Die Antworten der Menschen auf unsere Rückfragen, warum sie sich dennoch für diese Box entschieden haben, war oftmals: „Es fühlt sich einfach besser an".

Aus psychologischer Perspektive ist dieses irrationale Verhalten nicht verwunderlich. Die Forschungsliteratur ist voll von Studien, die belegen, dass der Mensch keineswegs immer rational logisch handelt. Vielmehr ist das gezeigte Verhalten eine Konsequenz des Zusammenspiels verschiedener Aspekte, vor allem intuitiver, affektiver Treiber, z. B. Vorstellbarkeit, Emotion, Bedeutung, etc.. Für unseren Umgang mit Unsicherheit ist dieser Aspekt hoch relevant. Wenn uns Orientierung fehlt, um eine Situation oder ein Ereignis besser einschätzen zu können, greifen wir automatisch auf unsere Intuition, unser Bauchgefühl, als Ratgeber zurück. Hier kann es nun durchaus hilfreich sein, zu wissen, dass wir damit nicht immer richtig liegen.

Besser Denken geht!

Wir möchten mit diesem Buch einen Beitrag zum kompetenteren Umgang mit Unsicherheit leisten. Das heißt für uns: mit Hilfe von psychologischem Wissen Prozesse und Interaktionen besser zu verstehen und in Bezug auf verschiedene Entwicklungen reflektierter (re-)agieren zu können. Auf diese Weise können wir Unsicherheit nicht nur besser verstehen, sondern auch Herausforderungen erfolgreicher bewältigen. Unser Leitmotiv hierbei ist geprägt von: *Humanismus, Demokratie, Aufklärung und kritischer Prüfung im Popperschen Sinne.*

Zunächst stellen wir Ihnen verschiedene Unsicherheitskontexte vor, die aus unserer Sicht mit zu unseren größten Herausforderungen gehören und einen wesentlichen Einfluss auf unsere Lebenswelt und unser Sicherheitsempfinden haben. Mit Hilfe psychologischer Theorien und empirischen Studienergebnisse versuchen wir zu erklären und zu beschreiben, welche Effekte entweder zu diesen Phänomenen geführt haben (z. B. politische „Erdbeben") oder welche Konsequenzen neue Entwicklungen (z. B. Digitalisierung, künstliche Intelligenz) auf unsere Entscheidungen und unser Vertrauen in die Welt haben können.

Anschließend machen wir verschiedene Vorschläge für einen kompetenteren Umgang mit den Herausforderungen, die durch verschiedene Unsicherheitskontexte entstehen. Hierzu ist es zunächst wichtig zu verstehen, dass jede und jeder von uns eine Entscheidung treffen muss – die Entscheidung, selbst zu denken. Gleichzeitig plädieren wir dafür, dass wir uns sowohl als Individuen als auch auf gesellschaftlicher Ebene trauen, mehr Unsicherheit zu wagen und zu akzeptieren, dass Unsicherheit zum menschlichen Leben dazugehört. Denn Unsicherheit mag zwar unangenehm sein, aber ist eben auch ein Preis für unsere freiheitlich-demokratische Grundordnung. Das Ziel dieses Buchs liegt nun aber keineswegs darin, Ängste zu schüren. Ganz im Gegenteil wir plädieren für eine neue Aufklärung. Dieses Buch ist ein Appell an die individuelle Verantwortlichkeit eines Jeden – zu denken.

Pandemie

Vertrauen und Gemeinschaftssinn

Am Sonntag, den 22. März 2020 verkündete die damalige deutsche Bundeskanzlerin Angela Merkel, dass sie und die Ministerpräsidentinnen und Ministerpräsidenten Deutschlands im Kampf gegen die Ausbreitung des neuartigen Coronavirus vereinbart haben, dass öffentliche Versammlungen und das Zusammenkommen von mehr als zwei Personen vorübergehend für 14 Tage verboten werden[1]. Damals klang das noch sehr lang und man konnte sich nicht vorstellen, wie sich die Lage entwickeln würde. Bewegungseinschränkungen und Maßnahmen zur physischen Distanzierung hat es in der Bundesrepublik Deutschland bis dahin noch nie gegeben. Damit war unklar, wie die Bevölkerung darauf reagieren würde.

Die COVID-19-Pandemiesituation hat einen neuen und, wenn man so sagen will, mehrdimensionalen Unsicherheitsbereich geschaffen. Auf sämtlichen Ebenen traten auf einmal Sorgen hervor. Hier nur einige Beispiele:

- *Gesundheit*: Wie wird es mir und meine Liebsten ergehen? Wird es einen Impfstoff geben? Wird dieser helfen?
- *Finanzen & Arbeitsplatz*: Wird die Firma überleben? Wie werden wir das finanzieren?
- *Soziale Beziehungen*: Wie verändern sich meine sozialen Kontakte? Wann können wir Oma wieder besuchen?

Die COVID-19-Pandemie hat viele Fragen aufgeworfen und tut es heute noch. Es wundert daher wenig, dass seither unzählige wissenschaftliche Studien gemacht und in wissenschaftlichen Journalen publiziert wurden [2]. Gibt man beispielsweise die Begriffe „COVID-19" und „psychology" in Google Scholar ein, erhält man aktuell 1.110.000 Ergebnisse. Doch trotz dieser enormen Forschungsleistungen sind bislang zentrale Fragen ungeklärt. Blicken wir aus soziologisch-psychologischer Perspektive stellen sich etwa folgende:

- Weshalb reagieren Menschen so unterschiedlich auf die Pandemie-Situation? Zum Beispiel hinsichtlich
  - Vertrauen in die Wissenschaft
  - Impfbereitschaft
  - Einhaltung der Maßnahmen zu Distanzierung und öffentlichen Gesundheit
  - Psychische Verfassung / Reaktion auf die Situation und ihre Entwicklung
- Welche Kommunikationsmaßnahmen sind für welche Zielgruppen adäquat?

Die Sozialwissenschaften bieten eine Fülle an Theorien zur Vorhersage und Erklärung des menschlichen Verhaltens unter extremen Bedingungen — wie einer Pandemie. Mit die ersten Forscherinnen und Forscher, die die Anwendung relevanter Erkenntnisse aus den Sozial- und Verhaltenswissenschaften im Zusammenhang mit der COVID-19-Pandemie empfahlen, waren Van Bavel und seine Kolleginnen und Kollegen [3].

Auch wir wollten einen Beitrag leisten, um besser zu verstehen, wie sich Menschen in dieser neuen Situation verhalten [4]. Deshalb war es für uns wichtig zu untersuchen, welche Variablen für die Akzeptanz der Maßnahmen und die Verhaltensreaktionen in diesem Zusammenhang zentral sind. Basierend auf früheren Studien im Bereich Pandemien (z. B. Ebola [5]), Präventionsmaßnahmen [6]) und Risikokommunikation [7] wählten wir eine Reihe von potenziell relevanten Variablen aus. Dazu gehörte u. a. Vertrauen.

Wir halten Vertrauen für eine besonders wichtige Variable. Vertrauen ist jedoch ein weit gefasster Begriff und kann sich je nach Perspektive auf unterschiedliche Aspekte beziehen. Die für uns relevante Perspektive zum Zeitpunkt dieser Studie war das Vertrauen in die Infektionsstatistiken der offiziellen Behörden — also die Zahlen zu Infizierten, die von offiziellen Institutionen und Regierungen übermittelt wurden.

Vorausgehende Studien haben gezeigt, dass Vertrauen positiv mit der Akzeptanz von Präventionsmaßnahmen in einer Gesellschaft in Zusammenhang steht (z. B. Anti-Terror-Maßnahmen [8]) und mit der Einhaltung von Gesetzen verbunden ist [9]. Auch Rowe und Calnan [10] haben gezeigt, dass das Vertrauen in öffentliche Systeme und Behörden die Art und Weise, wie Menschen Anweisungen befolgen, positiv beeinflusst. Ein größeres Vertrauen in politische Institutionen wird mit mehr Befolgung von gesundheitspolitischen Maßnahmen wie Tests oder Quarantäne in Verbindung gebracht. Diese Zusammenhänge konnten auch bei vergangenen Pandemien nachgewiesen werden (z. B. Ebola [11]; asiatische Grippe und H1N1-Pandemie [12]). Es gibt einige gute wissenschaftliche Überblicksartikel zur Relevanz von Vertrauen im Zusammenhang mit der Coronavirus-Pandemie [13]. Erst kürzlich wurde im Zusammenhang mit der COVID-19-Pandemie gezeigt, dass Vertrauen in Institutionen mit einer geringeren Sterblichkeitsrate verbunden ist [14].

Da die Gesundheitsbehörden ihre strengen Vorschriften mit Infektions- und Todesstatistiken begründeten und jeden dazu aufforderten, zur „Abflachung der Kurve" (der Neuinfektionen) beizutragen, erwarteten wir, dass das Vertrauen in diese offiziellen Statistiken ein wichtiger Prädiktor für die Einhaltung der Schutzmaßnahmen sein würde. Daher haben wir das Vertrauen in offizielle Informationen aus verschiedenen Quellen untersucht.

Die Ergebnisse unserer Studien, die wir im März 2020, April 2020 und April 2021 durchgeführt haben, zeigten, dass verschiedene offizielle Quellen für Infektionsstatistiken unterschiedlich wahrgenommen wurden (siehe Abbildung 1). Während den Daten vom Robert Koch Institut am meisten Vertrauen geschenkt wurde, zeigten die Ergebnisse ferner, dass dies am wenigsten auf die Daten aus China zutraf.

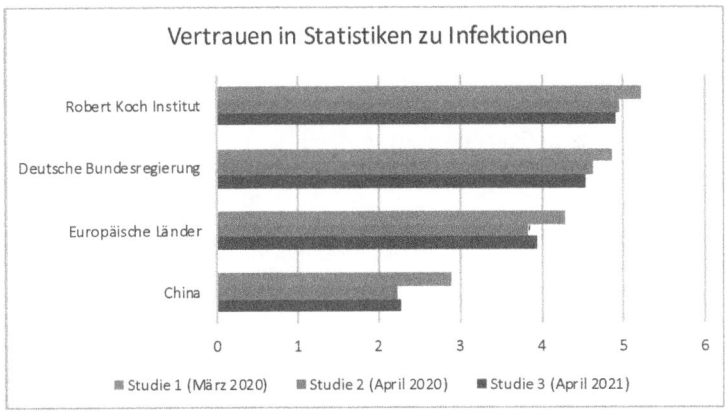

Abbildung 1: Vertrauen in Statistiken über Infektionen aus offiziellen Quellen: 0 = kein Vertrauen in die Daten aus ... bis 6 = starkes Vertrauen in die Daten aus ...

Die Ergebnisse zeigten ferner, dass Personen die mehr Vertrauen in offizielle Statistiken hatten weniger dazu tendierten, Vorratskäufe (z. B. Klopapier) zu tätigen und sich mehr an die Maßnahmen hielten zum Schutze anderer, wie auch für sich selbst, als die Personen, die weniger Vertrauen in die Statistiken hatten.

Zu der Zeit unserer ersten Studie hierzu rief der US-amerikanische Forscher Jay Van Bavel von der New York University weltweit Kolleginnen und Kollegen über Twitter auf, repräsentative Daten aus ihren jeweiligen Ländern zusammenzutragen. Dem Aufruf Van Bavels folgten mehr als 250 Wissenschaftlerinnen und Wissenschaftler aus der ganzen Welt — darunter auch wir. Gemeinsam erhoben die Forscherinnen und Forscher im Zeitraum von April bis Mai 2020 Daten von nahezu 50.000 Personen aus 67 Ländern. Mittels dieser Daten untersuchten wir, in welchem Maße die jeweiligen Bürgerinnen und Bürger die Vorgaben seitens der lokalen Regierungen, physische Kontakte einzuschränken, Hygienevorgaben einzuhalten und politische Maßnahmen zu unterstützen, befolgten und was die Akzeptanz der neuen Maßnahmen besonders fördert.

Nationale Identifikation erwies sich als der stärkste positive Prädiktor für die Unterstützung der öffentlichen Gesundheit [15]. Flavio Azevedo [15] von der Universität Jena sagt hierzu:

„Personen, die sich stärker mit ihrer Nation identifizieren, sind am meisten bereit, die hohen Belastungen in Kauf zu nehmen, die sich aus schützenden Verhaltensweisen und der Unterstützung der öffentlichen Gesundheitspolitik ergeben."

Wichtig ist hierbei, dass das Konstrukt nationale Identifikation nicht Nationalismus, kollektiven Narzissmus, nationale Überlegenheitsgefühle oder nationalistische Ideologien meint. Weltweit zeigt sich, dass Personen, die höhere Werte darin angeben, sich mit der eigenen Nation identifizieren zu können, die gesundheitspolitischen Vorgaben stärker unterstützen. Bestätigt werden diese Ergebnisse mittels der Daten einer zweiten Studie [15]. Hierzu verglichen die Forscherinnen und Forscher die Daten zur nationalen Identifikation aus dem „World Values Survey" mit von Google erhobenen Mobilitätsdaten aus dem Frühjahr 2020. Das Ergebnis: In Ländern, in denen die durchschnittliche nationale Identifikation höher ausgeprägt ist, reduzierten die Bürgerinnen und Bürger ihre Mobilität stärker.

Diese Ergebnisse führen u. a. die Bedeutung von Vertrauen, welches sozusagen das Gegenteil von Unsicherheit ist, und des Zusammengehörigkeitsgefühls für die Bewältigung einer globalen Krise vor Augen.

Gefahr durch Gewohnheit: Theorie der gelernten Sorglosigkeit

Ein anderer Zugang aus psychologischer Perspektive zum Unsicherheitskontext Pandemie findet sich in den Prozessen unserer Wahrnehmung und wie wir mit neuen und vertrauten Situationen umgehen.

Wenn wir etwas für uns Neues sehen, fällt uns das eher auf. Denken Sie beispielsweise an die neue Baustelle auf Ihrem Heimweg, da, wo früher das alte Gebäude war, klafft nun eine große Lücke zwischen den Häusern. Diese Baustelle konnten Sie gar nicht übersehen. Mit zunehmender Zeit jedoch gewöhnt sich Ihr Gehirn an die nun nicht mehr so neuen Bilder und dementsprechend schenken Sie der Baustelle auch immer weniger Aufmerksamkeit. Ganz ähnlich verhält es sich auch mit taktilen Reizen, also wenn wir etwas berühren. Ein berühmtes Beispiel hierfür sind die Untersuchungen des Nobelpreisträgers Eric Kandel. Kandel konnte an Meeresschnecken (Aplysia californica) zeigen, dass die wiederholte Berührung der Atemröhre dazu führt, dass der Kiemenrückzugsreflex abnimmt[16]. Dieser Effekt findet sich auch bei menschlichen Neuronen. So ist die Informationsweiterleitung zwischen den Nervenzellen nicht mehr so stark, wenn man sich an etwas gewöhnt hat. Man spricht hier von synaptischer Depression[17].

Gewöhnungsprozesse sind im Allgemeinen hilfreich, denn sie tragen zur Ressourcenschonung bei. In gewissem Maße kann man sagen, sie reduzieren den Unsicherheitsbereich. Das System lernt z. B. die neue Regel, dass keine weiteren Aktionen nötig oder Reize zu befürchten sind und nimmt diese damit ins Repertoire auf. Denken Sie an das Beispiel mit der Baustelle auf Ihrem Heimweg. Sie fällt Ihnen nach einiger Zeit nicht mehr auf. Ihr Gehirn schont Ressourcen.

So unangenehm der Zustand von Unsicherheit sein mag, so gefährlich kann jedoch auch der Zustand von Gewöhnung sein. Das lässt sich auch auf unseren Umgang mit der Pandemie übertragen. Mit der Theorie der gelernten Sorglosigkeit von Frey und Schulz-Hardt[18] lässt sich beschreiben, wie es aufgrund von Gewöhnungseffekten zu riskantem Verhalten kommen kann[19]. Wenn wiederholt die Erfahrung gemacht wird, dass negative Folgen auf gefährliches Verhalten ausbleiben, steigt die Risikobereitschaft. Nach der Theorie der gelernten Sorglosigkeit haben wir die Monopolhypothese: „Alles ist gut und wird auch von selbst gut bleiben". Wenn negative Folgen aufgrund riskanten Verhaltens ausbleiben, kann das dazu führen, dass sich der Schluss verfestigt alles im Griff zu haben.

BEISPIEL

Nehmen wir folgendes Beispiel: Alex fährt jeden Morgen mit dem Fahrrad zur Arbeit. Meist ist das Wetter gut, die Fahrt fühlt sich sicher an und hin und wieder lenkt Alex auch mal mit nur einer Hand. An manchen Tagen fährt Alex stellenweise sogar freihändig. All das klappt hervorragend. Es spricht nun also seinem Gefühl nach auch nichts dagegen, mal auf dem Heimweg ein Eis während der Fahrt zu genießen oder während der Fahrt mit dem Handy am Ohr zu telefonieren. Durch die Gewöhnung, dass alles gut ist und von selbst auch gut bleiben wird, wird das Risiko eines Unfalls subjektiv geringer eingeschätzt und es kommt zu gelernter Sorglosigkeit.

Aufgrund solcher Gewöhnungsprozesse, also wenn wir uns sicher fühlen, kann es dazu kommen, dass wir unser Verhalten an das verzerrte Sicherheitsgefühl anpassen — statt an das objektive Risiko in der Situation[20].

Ähnliches erleben wir im Zusammenhang mit der Pandemie-Situation: Die Inzidenz steigt objektiv, aber unser Verhalten wird nicht immer entsprechend angepasst. Für manch einen ist es gar so, als gäbe es das Virus nicht mehr. Eine Erklärung hierfür könnte das subjektiv empfundene Sicherheitsgefühl hierzu sein. Natürlich spielen hier weitere Faktoren eine Rolle, nicht zuletzt wird dieses Sicherheitsgefühl auch getrieben durch die Impfungen. Ein weiterer Grund mag ein gewisser Grad an Erschöpfung sein, die sogenannte Pandemiemüdigkeit. Viele haben einfach genug von diesem Thema und denken sich: „Diese Pandemie soll jetzt endlich zu Ende sein". Dazu kommt, dass dieses Wunschdenken dann zu kognitiver Dissonanz führen kann (siehe Kapitel Politik, Führung und Kontrolle) — also einem unangenehmen Spannungsgefühl, das wir abbauen möchten. Eine Möglichkeit wäre dann, dass wir unsere Aufmerksamkeit überwiegend auf Informationen richten, die unserer eigenen Meinung zuträglich sind.

Studien belegen, dass je länger wir die Erfahrung machen, dass negative Konsequenzen auf „erfolgreiches" riskantes Verhalten ausbleiben, desto mehr erhöht sich die Wahrscheinlichkeit dafür, dass wir dieses Verhalten auch zukünftig zeigen[21].

Die gelernte Sorglosigkeit wird von einem weiteren Effekt begünstigt: Gefahren, denen wir regelmäßig begegnen, werden als weniger bedrohlich eingeschätzt als Gefahren, denen wir nur selten begegnen[22]. Ein Beispiel hierfür sind die Ergebnisse einer Studie, die die Risikoeinschätzung, sich mit dem HI-Virus anzustecken, untersucht hat. Die Ergebnisse zeigen, dass die Studienteilnehmerinnen und -teilnehmer die Wahrscheinlichkeit, sich mit dem Virus bei einmaligem Geschlechtsverkehr mit einer unbekannten Person anzustecken, größtenteils überschätzten.

Anders dagegen bei mehrmaligen sexuellen Kontakten, hier wurde die Wahrscheinlichkeit eher unterschätzt[23]. Ähnlich verhält es sich in den meisten Fällen mit unserem Umgang mit der COVID-19-Pandemie. Der Virus ist nicht sichtbar und riskantes Verhalten, z. B. keine Maske tragen, wird nicht direkt mit der Corona-Erkrankung sanktioniert (schon allein wegen der Inkubationszeit).

Der Umgang mit Unsicherheit aber auch konkreten Gefahren hängt maßgeblich davon ab, wie wir die jeweilige Situation wahrnehmen. Diese Wahrnehmung ist u. a. davon beeinflusst, dass wir Reize relational interpretieren. Unsere Wahrnehmung findet in Kontrasten statt. Wir können z. B. etwas sehen, weil es sich von seiner Umwelt unterscheidet. Ähnlich ist es mit unserer bewussten Wahrnehmung. Wir bemerken etwas vor allem dann, wenn es sich vom Selbstverständlichen unterscheidet. Wir sind diesem Prozess jedoch nicht willkürlich ausgeliefert. Denn was für uns selbstverständlich wird, darauf können wir einwirken – und auch das, worauf wir unsere bewusste Aufmerksamkeit und Achtsamkeit richten. Wir haben hier verschiedene Möglichkeiten. Wir können z. B. unsere Aufmerksamkeit trainieren, risikokompetenter werden oder uns Strukturen schaffen, die uns im Alltag helfen, Situationen bewusst zu reflektieren. Möglichkeiten wie die hier angesprochenen, beschreiben wir eingehender im Kapitel „Mehr Unsicherheit wagen" am Ende des Buchs.

Risiko? Kann ich. Nicht!

Die COVID-19 Pandemiesituation hat nicht nur einen enormen Unsicherheitskontext geschaffen, sondern auch viele bis dahin stabile Lebensbereiche (z. B. Arbeit, Wirtschaft) nicht nur gefühlt unsicherer gemacht. Diese neue Situation verlangt von uns eine ausgeprägtere Risikokompetenz – und das ist tatsächlich etwas, was wir bewusst lernen müssen.

Der Mensch ist kein guter Wahrscheinlichkeitsschätzer. Wahrscheinlichkeiten, die dann auch noch mit negativen potenziellen Konsequenzen einhergehen, also Risiken einzuschätzen, gelingt uns gleich noch viel weniger gut. Diese Kompetenz aber, wie etwa der Umgang mit den exponentiell zunehmenden Ansteckungszahlen, wurde uns vielfach im Rahmen der COVID-19 Pandemiesituation abverlangt. Schauen wir uns ein paar Beispiele an, die vor Augen führen, wie schwer uns der Umgang mit Wahrscheinlichkeiten fällt.

Sie kennen wahrscheinlich die berühmte Weizenkornlegende um Sissa ibn Dahir, dem, der Legende zufolge, Erfinder des Schachspiels. Zur Belohnung für einen Gefallen gewährte ihm ein indischer König einen Wunsch. Sissa bat, vermeintlich bescheiden, lediglich um ein Weizenkorn für das erste Schachbrettfeld und für jedes weitere Feld jeweils doppelt so viele Weizenkörner, wie auf dem Feld davor. Die Menge an Weizenkörnern, die nach 64 Schritten dieses Verfahrens (exponentiellen Wachstums) entsteht, liegt bei über 18 Trillionen, also einer Zahl mit 21 Stellen [24]. Eine Zahl auf die unser Gehirn nicht ausgerichtet ist. Darin sind wir nicht geübt.

Hierzu finden sich zahlreiche Beispiele. Wie etwa die Frage: Wie oft müsste man ein Blatt Papier falten, um damit eine Dicke zu erreichen, die der Distanz von der Erde bis zum Mond entspricht. Antwort: 42-mal [25]. Mit Zahlen dieser Größenordnung sind wir zwar geübter im Umgang, dennoch fehlt uns das intuitive Gefühl für gute Schätzungen dafür. Hier hilft auch nicht, wenn uns der Kontext vertrauter ist. Denn man könnte ja argumentieren, dass diese Beispiele ja doch stark von unserem Alltag und damit von unserem alltäglichen Denken verschieden sind. Aber auch das ändert wenig. Denken Sie nur an den Zinseszins-Effekt. Also dem eigentlichen Grund, weshalb sich Anlagen auf lange Sicht lohnen. Angenommen Sie legen jeden Monat 100 Euro zur Seite und haben eine Rendite von 5%. Dann haben Sie nach 20 Jahren 24.000 Euro eingezahlt, aber je nach Ausschüttungsintervall ein Eigenkapital von ca. 40.000 Euro, denn ca. 16.000 Euro kommen über Zinsen und den Zinseszins. Dieser Effekt wird in den meisten Fällen unterschätzt. Hierzu finden sich zahlreiche Belege in der Literatur[26].

Kommen nun noch affektive Reaktionen hinzu, also z. B. die Angst vor einer Gefahr, beeinflusst dies ebenfalls die Qualität unserer Schätzung. Nehmen wir zwei Beispiele:

Die meisten Menschen überschätzen die Wahrscheinlichkeit eines tödlichen Haiangriffs beim Baden in Südafrika. Hier übersteigt unsere subjektive Schätzung die objektive Wahrscheinlichkeit. Das Hai-Szenario erscheint lebhaft, erzeugt großen Schrecken und entsprechend wird dieses Ereignis subjektiv als wahrscheinlicher interpretiert als es objektiv der Fall ist. Tatsächlich waren es 2021 weltweit neun Fälle und in Südafrika ein Fall[27]. Gemessen an der Häufigkeit des Baden-Gehens ist diese Wahrscheinlichkeit verschwindend gering. Andersherum verhält es sich mit einem tödlichen Verkehrsunfall auf einer Landstraße. Dieser geschieht objektiv zwar viel häufiger als der Haiangriff, jedoch sehen wir diese Gefahr weniger bedrohlich vor unserem geistigen Auge. In Deutschland wurden für das Jahr 2021 2.569 Verkehrstote im Straßenverkehr erfasst[28]. Abbildung 2 visualisiert diese in der Risikoforschung schon als klassische Fehler bezeichnete Über- und Unterschätzung von seltenen und häufigeren Ereignissen.

Entsprechend reflektiert wird das auch in den Medien: Es gibt recht häufig Landstraßenunfälle, aber über diese wird seltener berichtet. Die Haiattacke allerdings kommt in die Schlagzeilen – das ist etwas Besonderes. Dass wir darauf ausgerichtet sind, auf besondere Ereignisse zu achten, macht aus evolutionärer Perspektive auch erst mal Sinn. Als Höhlenmenschen beispielsweise hat uns dieser Fokus sehr geholfen: „Da hinten war der Säbelzahntiger, da gehe ich nicht hin". Allerdings haben wir in unserer evolutionären Entwicklung sozusagen die Entwicklung unserer Intuition zwischenzeitlich überholt. Salopp gesagt: *Unser intuitives Gefühl ist in der Höhle geblieben.*

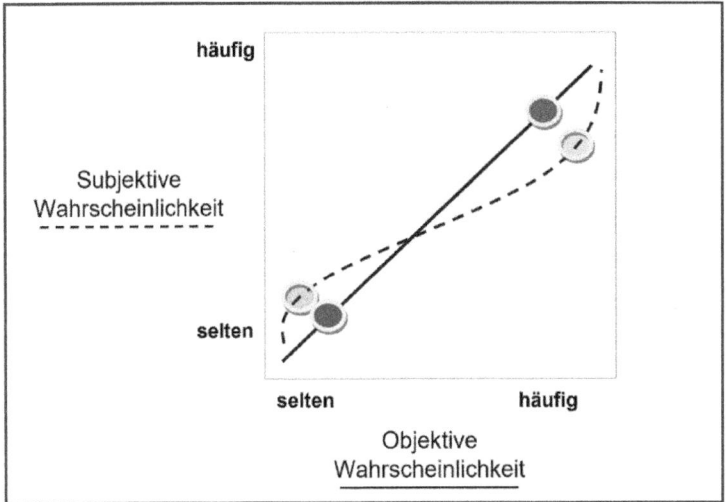

Abbildung 2: Klassische Fehler bei der Einschätzung von Wahrscheinlichkeiten. Das Eintreten seltener Ereignisse wird tendenziell eher überschätzt, wohingegen das Eintreten häufigerer Ereignisse eher unterschätzt wird [29].

Unser Gehirn ist nicht ideal ausgerichtet auf den Umgang mit den Gefahren und Wahrscheinlichkeiten der modernen Welt. Unser Umgang mit der COVID-19 Pandemiesituation zeigt das an einigen Stellen.

Konkret helfen für ein besseres Verständnis unseres Umgangs mit dem Virus auch Studien zum Denkstil. In unseren Studien konnten wir zeigen, dass die Art und Weise, wie wir denken, einen starken Einfluss darauf hat, wie hoch wir Risiken einschätzen und auch darauf, wie risikobereit wir uns verhalten [30]. Um das zu untersuchen, haben wir in verschiedenen

Studien die sog. *Construal Level Theory* angewandt. Diese Theorie beschreibt, dass wir grundsätzlich sehr verschieden über eine Sache nachdenken können. Nehmen wir ein Beispiel:

> **BEISPIEL**
>
> Stellen Sie sich vor, Sie haben Freunde zum Essen eingeladen. Nun werden Sie gefragt: „Was sind Ihre Assoziationen zu dieser Einladung?" Die Essenseinladung soll in vier Wochen stattfinden. Es ist sehr wahrscheinlich, dass Sie hier Antworten geben wie etwa: „Ach das wird toll, ein Investment in Freundschaft, Abspannen vom Alltag". Zudem ist es sehr wahrscheinlich, dass Sie hier Antworten geben, die eher abstrakt sind und wahrscheinlich stabil bleiben, auch wenn das Ereignis näher rückt. Anders verhält es sich, wenn Sie dieselbe Frage beantworten, aber der Zeitrahmen ein anderer ist. Das gemeinsame Essen soll nun schon heute Abend stattfinden. Dann ist es eher wahrscheinlich, dass Sie hier mit sehr konkreten Inhalten antworten, wie z. B. „Oh, jetzt habe ich gar nicht mehr so viel Zeit. Muss ich noch aufräumen? Habe ich schon alles eingekauft? Mag denn Lisa überhaupt Fisch?". Die Frage, ob Lisa Fisch mag, kommt Ihnen in der Frage nach den Assoziationen zur Essenseinladung in vier Wochen sehr wahrscheinlich gar nicht in den Sinn. Da wissen Sie ja vielleicht noch gar nicht, ob Lisa kommt. Auch hier macht die Theorie bewusst, wie beeindruckend ressourcenschonend unser Gehirn arbeitet. Die konkreten Assoziationen kommen uns automatisch dann in den Sinn, wenn sie dringlich sind. Denn die Frage, ob Sie für die Freunde noch aufräumen müssen, macht wenig Sinn, wenn die Einladung erst in vier Wochen stattfindet.

Laut der Construal Level Theory ist entscheidend, ob wir eher konkret oder abstrakt über etwas nachdenken, wie nah oder fern sich etwas anfühlt. Das kann z. B. in der Dimension Zeit der Fall sein. Ist das, worüber wir nachdenken, nah, erscheint es uns konkreter – denken Sie hier nur an Prüfungen in der Schule (morgen vs. in einem Monat) – als wenn es fern ist.

Man kann den jeweiligen Denkstil auch aktivieren. Zum Beispiel indem man selbst aktiv detailreich über etwas nachdenkt oder in Experimenten mittels sog. Denkstil-Manipulationen[31]. Hierzu gibt man beispielsweise den Teilnehmerinnen und Teilnehmern Aufgaben wie etwa fünf konkrete Fragen für die Gruppe, die für einen Moment einen konkreten Denkstil annehmen soll: „Bitte beschreiben Sie, was man konkret machen muss, wenn man eine Schleife bindet". Die andere Gruppe, also die Personen, die einen abstrakten Denkstil für den Moment annehmen soll, wird gebeten, fünf abstraktere Fragen zu beantworten, z. B.: „Warum spenden Menschen?". Im Anschluss werden beide Gruppen gebeten, Risiken einzuschätzen. Unsere Studien haben gezeigt, dass Personen, bei denen ein konkreter Denkstil aktiviert war, Risiken als wahrscheinlicher einschätzten, als die Gruppe an Personen, die wir dazu brachten, eher abstrakt zu denken[32]. Dieser Effekt zeigte sich auch in Verhaltensstudien. Die Teilnehmerinnen und Teilnehmer, bei denen für den Moment ein konkreter Denkstil aktiviert war, zeigten bei verschiedenen Aufgaben (z. B. Risikospiel am Computer) mehr Risikobereitschaft als die Teilnehmerinnen und Teilnehmer, bei denen für einen Moment ein abstrakter Denkstil aktiviert war.

Inwiefern helfen diese Erkenntnisse nun dabei, unseren Umgang mit dem Unsicherheitsbereich Pandemie besser zu verstehen? Das Virus ist etwas sehr Abstraktes für uns. Wir können es nicht sehen und die Konsequenzen bei riskantem Verhalten erfolgen, sofern wir uns anstecken, zeitversetzt. Entsprechend der Studienergebnisse zur Construal Level Theory wäre eine Erklärung für einen vielfach zu beobachtenden risikohaften

Umgang mit der Situation die geringere Risikoeinschätzung, da uns das Risiko sehr abstrakt erscheint. Anders verhält es sich, wenn wir sehr konkret darüber nachdenken. Das tun wir beispielsweise, wenn wir etwa mit negativen Folgen der Viruserkrankung im nahen Umfeld konfrontiert werden. Wenn wir einen schweren Verlauf bei einem geliebten Menschen erleben, wird das Virus viel konkreter für uns und unser Umgang daher mit hoher Wahrscheinlichkeit präventionsorientierter.

An dieser Stelle sei daran erinnert, dass dieser Zugang ebenfalls nur einer unter vielen ist, mit denen die Psychologie dazu beitragen kann, unser komplexes Erleben und Verhalten besser beschreiben, erklären und damit idealerweise positiv beeinflussen zu können. Wichtig ist hierbei, dass wir ein paar Ausgangsbedingungen akzeptieren. Hierzu zählt, dass die Psychologie eine sog. weiche Wissenschaft ist. In der Forschung identifizierte Effekte treten im Alltag nicht immer auf und treffen auch nicht immer auf alle zu. Ferner lässt sich festhalten, dass wir nicht besonders gut darin sind, Risiken objektiv abzuwägen. Aber bereits das Wissen darum, kann dabei helfen in diesem Bereich besser zu werden. Welche konkreten Möglichkeiten wir haben, um unseren Umgang mit Unsicherheit durch trainierte Risikokompetenz zu verbessern, dazu mehr im Kapitel „Unsicherheit wagen".

Politik, Führung und Kontrolle

„Glück ersetzt Reflexion", schreibt Anders Indset[1] und bezieht sich dabei auf unseren Umgang mit Medien. Allerdings lässt sich diese Feststellung auf sämtliche Bereiche übertragen. So auch auf den Umgang mit Aussagen von Politikerinnen und Politikern. Es ist leichter und angenehmer, Bestätigung unserer Ansichten oder einfach nur schöne Berieselung zu erfahren, als etwas kritisch zu hinterfragen. Eine psychologische Erklärung hierzu findet sich im bereits angesprochenen *Bestätigungsfehler* (confirmation bias). Allein aus Gründen der Selbstwerterhöhung und des Selbstwertschutzes sind wir offener für Informationen, die uns schmeicheln, guttun, ein Gefühl von Sicherheit schenken und unserem Weltbild entsprechen. Denn wir wollen uns ja gut fühlen, nicht sorgen müssen und richtig liegen, so wie wir die Welt sehen. Beispielhaft sind hier zahlreiche Aussagen Donald Trumps. Wie etwa in der letzten Präsidentschaftsdebatte mit Joe Biden im Oktober 2020, als Trump erklärte, dass das Coronavirus von selbst verschwinden würde — als wisse er mehr: „Es wird weggehen und ich sage euch: Wir machen die Wende, wir kriegen die Kurve. Es geht weg." („It will go away and as I say: We are rounding the turn, we are rounding the corner. It's going away.")[2]. Natürlich hört sich das schöner an, als zu dieser Zeit realistischere und mehr Schutz orientierte Aussagen wie etwa in Joe Bidens Antwort: „Wir befinden uns in einer Situation, in der es jeden Tag Tausende von Todesfällen gibt, tausend Todesfälle pro Tag." („We're in a situation where there are thousands of deaths a day, a thousand deaths a day."[3])

Nichtsdestotrotz war es letztlich Joe Biden, der das Rennen um die 46. Präsidentschaft der USA gemacht hat. Jedoch war dies alles andere als ein Selbstläufer und das, obwohl sich Trump viel zu Schulden kommen hat lassen – hinsichtlich Handlungen, die zu Strafverfahren geführt haben oder mindestens als moralisch verwerflich zu betrachten sind. Man denke beispielsweise an die Bezeichnung der Erstürmung des Kapitols als „legitime politische Stellungnahme"[4].

Wie aber lässt sich erklären, dass Führungspersönlichkeiten wie Donald Trump so eine große Anhängergemeinde erlangen? Warum wuchs diese und deren Zusammenhalt noch mit den Entgleisungen und Verfehlungen? Aus psychologischer Perspektive sind mögliche Erklärungen dafür nicht nur an die Person gebunden. Denn dieses Phänomen findet sich auch bei anderen autoritär agierenden (nicht nur politischen) Führungspersonen.

Verschiedene Phänomene und Theorien in der Psychologie können als Erklärungen dafür dienen, wie antiliberale und antidemokratische Angebote Attraktivität gewinnen können. Einige davon seien hier hervorgehoben:

- Vorteile und Gefahren wahrer Narzissten
- Automatische Prozesse gegen unangenehme Gedanken
- Extreme Gruppenentscheidungen
- Bedürfnis nach Kontrolle

Vorteile und Gefahren wahrer Narzissten

Eine Erklärung aus psychologischer Perspektive, weshalb autoritäre Meinungsführer auch trotz massiven Fehlverhaltens eine große Anhängerschar entwickeln und halten können, findet sich im Kontext des Phänomens Narzissmus.

Mark Stein[5], Professor für Leadership and Management an der School of Business der University of Leicester, beschreibt die Vor- und Nachteile einer narzisstischen Persönlichkeit für Machtpositionen, am Beispiel von Richard „Dick" Fuld. Richard Fuld spielte lange Zeit eine zentrale Rolle in der Geschichte des Bankhauses Lehman Brothers und prägte deren Entwicklungen maßgeblich. Interessant ist hierbei, dass seine Persönlichkeit in den Jahren zwischen 1993 und 2005 konstruktiv für das Bankhaus war. Ab 2005 hingegen wendete sich das Blatt und u. a. genau diese Persönlichkeitseigenschaften trugen schließlich dazu bei, dass das traditionelle Bankhaus Lehman Brothers 2008 Insolvenz anmelden musste. Im Jahr 1969 begann Dick Fuld als Anleihenhändler bei Lehman Brothers und stieg 1994 zum Vorstandsvorsitzenden der Investmentbank auf. In der Zeit von 1993 bis 2005 prägte Fuld die Kultur der Bank besonders dahingehend, dass er sich zunehmend mit Bewunderern und überwiegend kriecherischen Kolleginnen und Kollegen umgab. Der ehemalige Lehman-Insider Joseph Tibman berichtet hierzu: Er habe immer das letzte Wort gehabt und soll ein Gefühl der Allmacht ausgestrahlt haben, welches stets von einer äußerst kämpferischen, geradezu aggressiven und kompromisslosen Art begleitet war. Mit dieser Art schien es Fuld gelungen zu sein, viele der unternehmensinternen Kämpfe unter Kontrolle zu bringen. Stein erklärt u. a. damit die Bereitschaft der Angestellten der Bank, diesen autokratischen Führungsstil zu akzeptieren. Denn die überwiegende Mehrheit schien ihm dafür dankbar zu sein.

Bis zum Jahr 2005 gibt es wenig Belege, dass Fulds Führungsstil Lehman Brothers geschadet hätte. Ganz im Gegenteil. Stein berichtet weiter, dass Fuld maßgeblich daran beteiligt war, Lehman ab 1993 aus den Problemen, die die Bank zu der Zeit hatte, herauszuholen. Sein narzisstischer Stil war hierfür konstruktiv und half ihm dabei, Grabenkämpfe zu reduzieren und Abteilungen der Bank zu vereinen. Die Bank florierte und viele Mitarbeitende konnten von diesem Erfolg enorm profitieren.

Markant ist allerdings, dass Fuld konsequent alle Warnzeichen ausblendete, die von der ab 2005 aufziehenden Finanzkrise ausgingen. Auch direkt an ihn ausgesprochene Warnungen soll Fuld, so Stein, nicht hören haben wollen. Vor allem wenn sie seiner Meinung widersprachen. Fuld entließ die Risikomanagerin Madelyn Antoncic, nachdem sie regelmäßig ihre Sorgen um den Markt und um das zu hohe Risiko der Bank bekundete[6].

Spätestens ab hier wird deutlich, dass eine narzisstische Führung auch destruktive Eigenschaften für Systeme haben kann und verschiedene Gefahren von einer von ihr gestalteten Kultur ausgehen. Der einstige Held, der die Bank aus der Krise und den Zerwürfnissen zum Erfolg geführt hatte, weigerte sich, die neue Krise zu sehen. Gedanken an einen möglichen Verkauf der Lehman Brothers Bank wurden schon gar nicht akzeptiert. Ganz im Gegenteil. 2007 sagte Fuld:

> *„[a]s long as I am alive this firm will never be sold ... [a]nd if it is sold after I die, I will reach back from the grave and prevent it" (Übers. „Solange ich lebe, wird diese Firma nicht verkauft... und sollte sie nach meinem Tod verkauft werden, komme ich zurück aus dem Grab und werde das verhindern.")*[7]

Zwar ist man in der Zukunft meist klüger, doch, so berichten Louise Story und Ben White[8], hätte es rückblickend betrachtet einige Möglichkeiten für Richard Fuld gegeben, mit der Krise besser umzugehen.

Was lässt sich nun aus diesem Beispiel für den Umgang mit Unsicherheit ableiten? Narzisstische Persönlichkeiten vereinen eine Menge an Attributen, die sehr förderlich sein können, sie in Machtpositionen zu hieven. Die für sie vorteilhaften Eigenschaften können, sofern der Kontext passt, konstruktive Folgen haben und damit auch vorteilhaft für andere sein – wie im Fall von Dick Fuld in den Jahren von 1993 bis 2005. Allerdings laufen Personen mit ausgeprägtem Narzissmus Gefahr, die Realität verzerrt wahrzunehmen, u. a. indem sie den Fokus zu sehr auf ihre Machtposition und ihren Machterhalt richten. Sie überschätzen ihre Kompetenzen oftmals und zeigen mehr Risikobereitschaft, was zahlreiche Studien belegen[9]. Problematisch wird es dabei außerdem, wenn die Anhängerschaft, das können z. B. Mitarbeitende oder Parteimitglieder sein, davon profitiert, wenn negative Eigenschaften ihrer Führungsperson verharmlost oder im Sinne eines höheren Zwecks gerechtfertigt werden. Eine solche Kultur lässt keine kritischen Stimmen mehr zu. Mehr noch: Eine pathologische Entwicklung und daraus entstehende, negative Folgen sind nahezu unvermeidlich. Denn es fehlt ein Regulativ. Von demokratischen Strukturen ganz zu schweigen. Diese werden bereits im Keim verhindert.

Das Beispiel des Narzissten als Führungspersönlichkeit hilft dabei zu verstehen, weshalb diese Art von Persönlichkeit leicht in Machtpositionen gelangt und autokratische Strukturen schaffen kann — besonders in Zeiten, in denen ihr Umfeld ein hohes Maß an Unsicherheit wahrnimmt. Im hier geschilderten Beispiel lassen sich auch Parallelen zu Trump und anderen Führungspersönlichkeiten finden. Allerdings erklärt Narzissmus nicht, warum Führungspersönlichkeiten mit normabweichendem Verhalten ihre große Anhängerzahl und Popularität weiterhin behalten. Eine Erklärung hierfür findet sich in der Theorie der kognitiven Dissonanz.

Automatische Prozesse gegen unangenehme Gedanken

Der damals 35-jährige Sozialpsychologe Leon Festinger (1919 – 1989) hat sich genau diese Frage gestellt: Was passiert eigentlich, wenn Überzeugungen grundlegend in Frage gestellt werden? Hierzu hat er zusammen mit Kollegen eine spannende Beobachtungsstudie unternommen.[10] Die Forscher schleusten sich in eine esoterische Sekte um Dorothy Martin (1900–1992) ein, auf die sie über einen Zeitungsartikel aufmerksam geworden waren. In diesem prophezeit Martin, eine Hausfrau aus Chicago, dass es in (damals) nicht allzu ferner Zukunft, genau genommen am 21. Dezember 1954, zu einer schrecklichen Katastrophe kommen würde. Eine riesige Flut, werde nicht nur Chicago, sondern auch die USA, Kanada und Teile Europas überschwemmen. Martin wisse dies, da sie Nachrichten von höheren Wesen vom Planeten Clarion erhalte. In diesen wurde ihr gesagt, dass sie und ihre Anhänger gerettet würden, indem ein Raumschiff kommen werde, das sie mitnimmt, bevor die Flut kommt.

Je näher der Zeitpunkt kam, desto mehr bereiteten sich die Mitglieder der Sekte auf das Verlassen der Erde und die Apokalypse vor. So etwa kündigten manche ihre Jobs und verkauften ihr Eigentum. Dann aber blieb der Untergang aus und auch das UFO kam nicht. Nun sollte man meinen, dass das Gedankengerüst der Sekte eingestürzt war, denn es war offensichtlich: An der Prophezeiung muss etwas falsch gewesen sein. Anzunehmen wäre gewesen, dass sich die Mitglieder der Sekte nun von Dorothy Martin und ihrem bis dahin bestehenden Glauben abwendeten.

Doch genau das Gegenteil war der Fall. Die Sektenmitglieder waren bestärkt in ihrem Glauben und mehr denn je der Überzeugung, richtig zu liegen. Sie waren der Meinung, dass sie es gewesen waren, die die Welt vor dieser Katastrophe mit ihren Gebeten bewahrt hatten. Durch ihre Gebete war es ihnen gelungen, Gott davon zu überzeugen, die Menschen auf der Erde zu verschonen. Die Konsequenz war also nicht die Auflösung der Sekte, sondern, dass ihre Mitglieder voller Überzeugung begannen leidenschaftlich zu missionieren.

Auf dieser Basis entwickelte Leon Festinger eine der heute wichtigsten psychologischen Theorien: die *Theorie der kognitiven Dissonanz*. Diese Theorie beschreibt das unangenehme Gefühl, das wir haben, wenn wir mit einander widersprechenden Kognitionen (z. B. Gedanken) konfrontiert sind. Wenn also zum Beispiel Überzeugung und Realität, wie in dem Fall der Prophezeiung von Dorothy Martin in Konflikt stehen. Diesen Zustand, wenn etwa Informationen nicht zur bestehenden Meinung passen, nennt man kognitive Dissonanz. Die Theorie beschreibt außerdem, wie wir mit solchen unangenehmen Spannungszuständen umgehen. Denn üblicherweise sind Menschen bestrebt, dieses unangenehme Gefühl der kognitiven Dissonanz möglichst schnell loszuwerden. Hier gibt es verschiedene Möglichkeiten, um die Spannung abzubauen. An dieser Stelle seien drei der möglichen Fälle beschrieben.

BEISPIEL

Stellen Sie sich folgende Situation vor: Jana hält sich selbst für ziemlich vorurteilsfrei, freundlich, hilfsbereit, offen und aufgeschlossen. Sie ist der Überzeugung „Partei X ist super". Eines Tages erhält Jana die Information, dass die führenden Politiker in Partei X anscheinend doch radikaler und deutlich rechtsorientierter sind, als es ihr eigentlich lieb ist und sie bislang dachte.

Nun kommt es zu einem kognitiven Konflikt, denn an sich findet Jana die Partei X ja super — nur die neuen Nachrichten passen nicht ins Bild. Es kommt zu einem unangenehmen Gefühlszustand, einem Spannungszustand, den Jana schnell abbauen möchte. Es gibt verschiedene Prozesse, die in diesem Moment ganz automatisch ablaufen können. Unser Gehirn ist erstaunlich gut in diesen Prozessen des Spannungsabbaus. Weil es sich gut anfühlt, ist es sehr wahrscheinlich, dass wir diese Prozesse einfach laufen lassen.

Möglichkeit 1 zur Dissonanzreduktion: *Addition neuer konsonanter Kognitionen (Informationen, die zur eigenen Meinung passen)*

> **BEISPIEL**
>
> Jana sucht neue, weitere Informationen, die zu ihrer Meinung passen. Sie sucht, bis sie für ihre Meinung passende Informationen gefunden hat, die sie beruhigen, wie etwa: „Ah, die Zeitschrift *Echte Wahrheit* berichtet, dass Partei X wieder etwas Prosoziales bewirkt hat. Also, das ist doch das, um was es geht".

Es ist ein basales, menschliches Bedürfnis, die eigene Meinung nicht ändern zu müssen — denn sonst würde Unsicherheit entstehen, was wir vermeiden möchten [11]. Bei der eigenen Meinung zu bleiben, dient dem Selbstwertschutz und der Selbstwerterhöhung. Es ist dagegen unangenehm, sich eingestehen zu müssen, die Welt vielleicht falsch gesehen zu haben. Das erklärt u. a. auch, warum es uns schwerfällt, Fehler zuzugeben. Daher sind wir bei kognitiver Dissonanz besonders offen für Informationen, die unsere Meinungen bestätigen — und stellen diese dann auch nur selten in Frage.

Möglichkeit 2 zur Dissonanzreduktion: *Subtraktion dissonanter Kognitionen (Ignorieren und Verdrängen)*

> **BEISPIEL**
>
> Jana hat zwar nun von den neuen Informationen (wie z. B. „Partei X ist stark rechtsorientiert") gehört, die ihrer Überzeugung „Partei X ist super" widersprechen, beginnt diese aber zu verdrängen, zu ignorieren oder zu entkräften. Etwa indem sie sich sagt: „Die Aussagen sind ja vollkommen aus

dem Kontext gerissen. So rechtsradikal, wie das hier nun dargestellt wird, sind die Politiker der Partei X ja eigentlich gar nicht."

Auch diesen Prozess beherrscht unser Gehirn erstaunlich gut. Um das eigene Denkmuster zu schützen, kommen einem ganz automatisch beschwichtigende, erklärende Argumente in den Sinn. Auch so lässt sich wieder der Spannungszustand kognitiver Dissonanz reduzieren: Durch radikales Verschließen vor Argumenten, die die persönliche Weltanschauung in Gefahr bringen. Letztendlich kann das so weit führen, dass die Realität verzerrt wahrgenommen wird, wie der Fall der Sekte um Dorothy Martin, aber auch viele weitere Beispiele zeigen.

Möglichkeit 3 zur Dissonanzreduktion: *Substitution dissonanter durch konsonante Kognitionen*

__ BEISPIEL __

Jana ersetzt unangenehme Gedanken durch angenehme: „Die Zeitschrift *Echte Wahrheit* schreibt es ja auch: Alles nur Fake News, die Partei X ist keineswegs so extremistisch, wie sie in den anderen, verunglimpfenden Medien dargestellt wird. Außerdem hat die Partei X jetzt noch mehr Mitglieder gewonnen. Wenn die Partei so wäre, wären ja nicht so viele dafür. Denn so viele Menschen können sich nicht irren."

Auch dieser Prozess zum Abbau der kognitiven Dissonanz läuft nahezu automatisch ab und führt dazu, dass sich damit sehr leicht das Spannungsgefühl reduzieren lässt.

Diese Beispiele lassen sich sehr gut auf aktuelle politische Entwicklungen übertragen. Mit Hilfe der Theorie der kognitiven Dissonanz finden sich Erklärungen für einige politische bedrohliche Unsicherheitskontexte und warum deren Verantwortliche Anhänger finden und behalten. Daher ist es wichtig, dass bekannter wird, wie stark solche psychologischen Prozesse sein können, wenn es darum geht, den Selbstwert zu schützen. Sich eingestehen zu müssen, oder gar vor anderen zugeben, dass man falsch gelegen hat und seine Meinung neu überdacht hat, ist meistens unangenehm und vielfach leichter gesagt als getan. Deutlich angenehmer sind stattdessen die hier beschriebenen Möglichkeiten zur Dissonanzreduktion – diese Prozesse laufen automatisch ab, sie müssen nicht bewusst angestoßen werden. Das Überdenken der eigenen Einstellung aber schon [12].

Schlechte Gruppenentscheidungen und 20% Fett

Politische Entscheidungen können ganz unterschiedliche Effekte auf Gruppen haben. Denn wie auch jede/r Einzelne sind Gruppen verschieden und gehen daher unterschiedlich mit Informationen um. Vielfach aber wird davon ausgegangen, dass Gruppen zu besseren Entscheidungen kommen, als die einzelnen Mitglieder im Mittel. Das ist wahrscheinlich mit ein Grund, weshalb auch im Arbeitskontext viel in Gruppen beschlossen wird – neben weiteren ebenfalls positiven Effekten wie etwa, dass sich dabei jeder (zumindest theoretisch) beteiligen kann.

Gruppen aber können mit ihren Einschätzungen und Entscheidungen, wie auch jede/r Einzelne, so richtig danebenliegen. Die Psychologie hat hierzu mit einer Fülle an Forschungsergebnissen einige interessante Prozesse identifiziert, die dazu beitragen, dass Gruppen noch viel schlechtere Entscheidungen treffen, als es ihre Mitglieder einzeln tun würden.

Besonders Sozialpsychologinnen und -psychologen haben zahlreiche Studien mit Gruppen durchgeführt. Phänomene, die sich relativ stabil immer wieder finden – unabhängig von den

Mitgliedern und ihren Eigenschaften — sind u. a. der *Groupthink Effekt* sowie der *Effekt der Gruppenpolarisation*. Sie eignen sich sehr gut, um Phänomene wie z. B. *Sezessionen*, also politische Abspaltungen, zu erklären. An sich gründen alle gesellschaftlichen Sezessionen in psychologischen Prozessen [13].

Betrachten wir das Beispiel der Entscheidung für den EU-Austritt des Vereinigten Königreichs (BREXIT). Hier hat sich eine große Gruppe (aus mancher Perspektive sogar die Mehrheit) dafür entschieden, mehr Vorteile im Austritt aus der EU denn im Verbleib zu sehen. Die Frage, die sich viele stellen: Wie konnte es dazu kommen? Weshalb entscheiden sich viele Menschen für einen unsicheren Weg, statt einen bekannten, vielleicht nicht immer idealen weiterzugehen?

Bevor wir hierzu die Gruppenphänomene näher betrachten, soll vorab der sog. *Framing-Effekt* geschildert werden. Dieser kann helfen, insbesondere die letzte oben gestellte Frage zu beantworten.

__BEISPIEL __

Sie haben die Wahl: Kaufen Sie lieber einen Joghurt der 80% fettfrei ist oder wählen Sie lieber den, auf dessen Verpackung groß steht: „Mit 20% Fett"?

Die Entscheidung fällt wohl eher leicht. Die schönere Beschreibung ist für die meisten die fettfreie. Dieses Joghurt-Beispiel beschreibt den Einfluss der Rahmung (framing): Unterschiedliche Formulierungen einer Nachricht führen zu abweichenden Wahrnehmungen [14].

Der Framing-Effekt gilt als äußerst robust und kann auf verschiedene Kontexte übertragen werden. Das klassische Paradigma zur Darstellung des Einflusses der Rahmung ist das sog. *Asian Disease Problem* [15]. Aus heutiger Perspektive ist wohl anzunehmen, dass dieses über 40 Jahre alte Paradigma eine neue Qualität bekommen hat. Hierbei wird ein Szenario mit zwei Gruppen durchgeführt:

> **BEISPIEL**
>
> „Angenommen Ihr Heimatland bereitet sich auf den Ausbruch einer Epidemie vor, an der voraussichtlich 600 Menschen sterben werden. Für welche Intervention würden Sie sich entscheiden?"[16].
>
> Gruppe 1 werden zwei positiv formulierte Möglichkeiten zur Intervention vorgelegt, von denen sie sich für eine entscheiden muss:
>
> - Intervention A: 200 Menschen werden sicher gerettet.
> - Intervention B: Es gibt eine ⅓-Wahrscheinlichkeit, dass 600 Menschen gerettet werden und eine ⅔-Wahrscheinlichkeit, dass niemand gerettet wird.

Bei dieser *positiven Rahmung* entschieden sich in der Originalstudie von Tversky und Kahneman[15] 72% der Teilnehmerinnen und Teilnehmer für die sichere Intervention A. Demnach gibt es eine *Risikoaversion* (lieber nicht die ⅓ zu ⅔ Wahrscheinlichkeit), wenn ein sicherer Gewinn (lieber 200 sicher retten) zur Wahl steht.

> **BEISPIEL**
>
> Gruppe 2 erhält analog zwei negativ formulierte Interventionsmöglichkeiten und auch sie soll hier eine Entscheidung fällen:
>
> - Intervention C: 400 Menschen werden sicher sterben.
> - Intervention D: Es gibt eine ⅓-Wahrscheinlichkeit, dass niemand stirbt und eine ⅔-Wahrscheinlichkeit, dass 600 Menschen sterben.

Im Falle der *negativen Rahmung* entschieden sich 78% der Personen für die *risikoreichere* Intervention D. Demnach tendieren wir dazu, die risikoreichere Alternative (lieber die ⅓ zu ⅔ Wahrscheinlichkeit) zu wählen, wenn wir mit der Option eines sicheren Verlusts (lieber nicht sicher 400 verlieren) konfrontiert werden.

Diese Effekte sind weltweit sehr gut repliziert. Sie zeigen deutlich, dass die Beschreibung einer Situation die Wahrnehmung dieser beeinflusst. Damit wird einmal mehr deutlich, dass Entscheidungen unterschiedlich ausfallen können, je nachdem wie Informationen und Alternativen zu einem Sachverhalt formuliert werden.

Dieser Effekt nützt nun nicht nur Joghurt-Herstellern und der Werbeindustrie. Er hilft auch dabei, eine Erklärung für den BREXIT zu finden. Für die pro-BREXIT-Wählerinnen und Wähler wirkte wahrscheinlich die Vorstellung des Austritts aus der EU, demgemäß ein großes Risiko für das Vereinigte Königreich, attraktiver als der Verbleib in der EU. Der Fokus der Wählerinnen und Wähler lag wohl zu sehr auf den Nachteilen, also gefühlt: dem *sicheren Verlust*.

Warum aber wurden hier von einer großen Gruppe die Nachteile so stark gewichtet und nicht die Vorteile? Dies lässt sich mit dem *Groupthink*-Effekt erklären.

> **BEISPIEL**
>
> Stellen Sie sich folgende Situation vor: Drei Personen kommen zusammen und überlegen, ob sie sich für A oder B entscheiden sollen. Hierzu tauschen sie sich aus und bringen Argumente ein. Abbildung 3 beschreibt die Situation. Hierbei steht jede Ellipse für eine Person, die Argumente A1-A3 für Option A, die Argumente B1-B4 für Option B und die Schnittmenge der Ellipsen für das gemeinsam geteilte Wissen. Also alle drei Personen wissen, dass sie A1, A2 und A3 als Argumente für Option A teilen. Für Option B teilen sie lediglich das Wissen um Argument B1. Nun hätte jede Person noch ein weiteres Argument für B in petto. Aber sie bringt dieses gar nicht mehr ein, denn es scheint ja schon klar, dass die meisten Argumente für A sind. Wenn jedoch jede/r diesen Gedanken hat, fällt nie auf, dass es eigentlich mehr Argumente für B gegeben hätte als für A. Daher entscheidet sich die Gruppe für A, obwohl an sich mehr für B spricht.

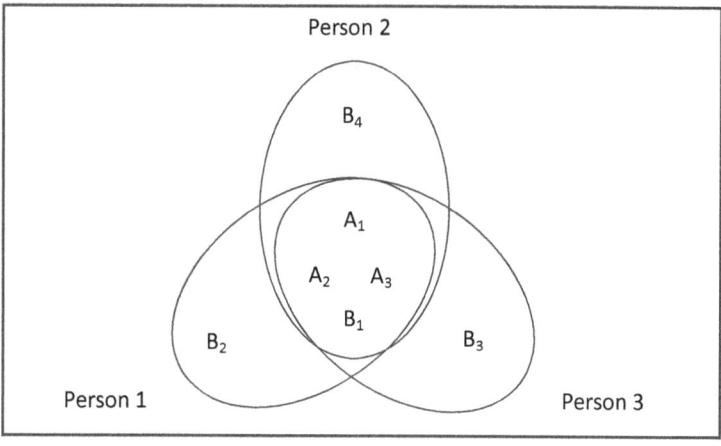

Abbildung 3: Groupthink-Effekt

Damit wird deutlich, dass die Qualität von Gruppenentscheidungen maßgeblich davon abhängig ist, wie gut die Mitglieder darin sind, relevante Informationen auszutauschen [17]. Speziell Informationen, die nur wenigen bekannt sind, werden in Gruppendiskussionen selten genannt. Ganz im Gegenteil: Meistens wird über Inhalte gesprochen, die den meisten bereits bekannt sind. Außerdem werden Informationen, die bereits am Anfang einer Diskussion allen Mitgliedern der Gruppe bekannt sind, öfter im Austausch durch andere wiederholt bzw. wieder aufgebracht als Inhalte, die nur wenigen bekannt und für die anderen neu sind. Hierfür gibt es verschiedene Gründe. Einer findet sich im *Social-proof*-Effekt, sozusagen dem Soziale-Orientierungs-Effekt. Inhaltlich ist damit gemeint: „Ich schau mal, was die anderen machen. Wenn alle über diese Information verfügen, scheint diese wichtig zu sein". Eine weitere Erklärung dafür, weshalb in Gruppendiskussionen vor allem über Inhalte gesprochen wird, die eh schon viele kennen, ist das *impression management*, also der bewusste oder unbewusste Einsatz von Techniken, um die eigene Person in ein vorteilhaftes Licht zu stellen. Inhaltlich und etwas überspitzt dargestellt, könnte hier z. B. gemeint sein: „Wenn ich etwas sage, bei dem mir alle zustimmen, erhalte ich damit sehr wahrscheinlich mehr Kompetenzzuschreibung, als wenn ich etwas sage, was allen unbekannt und dadurch vielleicht sogar irritierend ist".

Auf das BREXIT-Beispiel bezogen, würde das bedeuten, dass der Informationsaustausch in Gruppen wohl nicht ideal war. Sehr wahrscheinlich wurden vielfach mehr bestehende Meinungen bekräftigt, als neue Argumente gehört. Das allein erklärt jedoch noch nicht, weshalb Gruppen dazu tendieren, extremere Entscheidungen zu treffen, als es der/die Einzelne tun würde. Hierfür eignet sich ein Blick in die Forschung zum Effekt der *Gruppenpolarisation*.

Vor allem in beruflichen Kontexten werden Entscheidungen häufig in Gruppen gefällt. So werden beispielsweise Expertengremien eingesetzt, wenn es darum geht, Risiken potenzieller Bedrohungen abzuschätzen und entsprechende Handlungsempfehlungen daraus abzuleiten. Gruppenentscheidungen können allerdings deutlich risikoreicher ausfallen, als der Durchschnitt der Einzelentscheidungen[18]. Dies zeigt bereits ein Experiment aus dem Jahr 1961. Hier wurden Studienteilnehmerinnen und -teilnehmer um die Einschätzung gebeten, wie viel Risiko eine fiktive Person in gewissen Situationen eingehen sollte. Im Anschluss an die individuelle Einschätzung wurden die Personen gebeten, die Situationen in der Gruppe zu diskutieren und als Gruppe zu einer Einschätzung zu kommen. Die Ergebnisse der Studie zeigten, dass die Entscheidungen der Gruppe risikoreicher waren, als die Entscheidungen der Einzelnen im Mittel, siehe Abbildung 4. Dieses Phänomen wurde in zahlreichen Folgestudien repliziert und unter dem Begriff *risky shift* (Risikoschub) bekannt. Außerdem zeigten weitere Studien, dass bereits die Diskussion in der Gruppe dazu führen kann, dass die Mitglieder zu risikoreicheren individuellen Entscheidungen kommen.

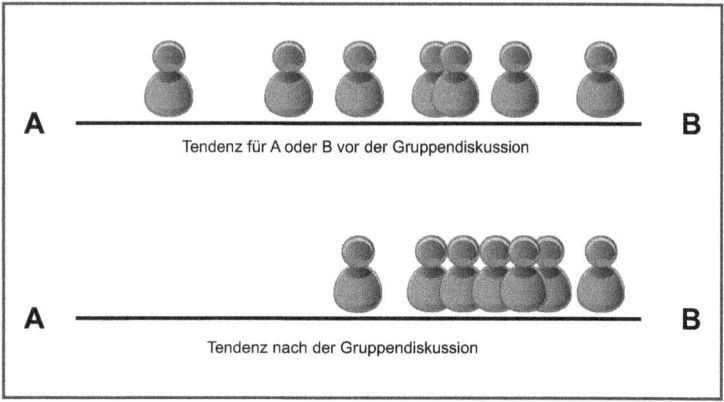

Abbildung 4: Gruppenpolarisierung zu mehr Risiko (*risky shift*)

Jedoch fand sich in den Studien auch der gegenteilige Effekt, dass Gruppen zu einer weniger risikoreichen Entscheidung kamen. Hier spricht man vom *cautious shift* (Sicherheitsschub). Diese Art von Studienergebnissen belegen, dass Gruppen zu extremeren Entscheidungen tendieren — die in beide Richtungen gehen können. Daher spricht man auch von der sogenannten *Gruppenpolarisierung*. Zusammengefasst ist damit gemeint, dass die *Meinung des Einzelnen nach einer Gruppendiskussion extremer ist als vorher*, also dass die Gruppendiskussion die anfängliche individuelle Tendenz (z. B. in Richtung Vorsicht oder Risiko) verstärkt[19]. Relevant ist außerdem, dass dieser Effekt auch bei virtuellen Kontakten auftritt. Das birgt natürlich auch weitere Gefahren, wie etwa, dass es extremistische Gruppen dadurch leichter haben, Anhänger zu akquirieren und zu mobilisieren[20].

Weshalb verstärken Diskussionen in Gruppen die Meinungen von Einzelnen? Ein entscheidender Faktor hierfür ist, dass wir unsere Meinung im Vergleich zu anderen Gruppenmitgliedern bewerten. Dabei streben wir vor allem nach einem positiven Selbstbild, was zu einer Verstärkung der eigenen Meinung in Richtung der Gruppenmeinung und sogar darüber hinausführen kann[21]. Ein weiterer Erklärungszugang findet sich in der *Selbstkategorisierungstheorie*[22]. Diese legt nahe, dass das Phänomen der Gruppenpolarisierung auf *Konformitätsprozessen* basiert. Da unsere soziale Identität stark durch Mitgliedschaften in Gruppen beeinflusst wird, sind wir sehr sensibel dafür, wie andere Mitglieder mit gewissen Situationen, vor allem unsicheren, umgehen. Wir fragen uns (unbewusst): *Worum geht es der Gruppe und was sind die Normen der Gruppe?* Als Mitglied der Gruppe passen wir uns schnell der vorherrschenden Norm an. Damit verstärken wir unser Zugehörigkeitsgefühl[23]. Gerade in Situationen mit hoher Unsicherheit haben wir die Tendenz, anzunehmen, dass die Interpretation der anderen zutreffender ist als unsere eigene. Ferner will man meist nicht negativ auffallen. Dies verstärkt die Tendenz, eine Meinung zu vertreten, die der Gruppenmeinung entspricht oder zumindest nahekommt.

Weitere starke Einflüsse auf die Gruppenmeinung und damit auch auf die Polarisierung können von hierarchisch höher gestellten oder sehr dominant auftretenden Personen ausgehen. So hat etwa die Meinung des Vorgesetzten meist zentrales Gewicht bei der Abwägung von Entscheidungen im Team. Diese aber kann sehr stark geprägt sein durch verschiedenste Faktoren, wie etwa Selbstüberschätzung (overconfidence) oder selektive Aufmerksamkeit für spezifische Themen.

Sehr wahrscheinlich liegt die Ursache für das Phänomen der Gruppenpolarisierung im Zusammenspiel verschiedener Prozesse. Mit den hier geschilderten lassen sich Erklärungen finden für Sezessionstendenzen und Prozesse, die zu Ereignissen, wie etwa dem BREXIT, führen.

Bedürfnis nach Kontrolle

Schlechte Gruppen- und Einzelentscheidungen können ganz schlicht durch die Sehnsucht nach Erklärung und Lösungen bedingt werden. Diese Sehnsucht ist besonders stark ausgeprägt, wenn wir viel Unsicherheit erleben. In einem aktuellen Artikel haben Frey et al. die *Theorie der kognizierten Kontrolle*, die u. a. anderem diese Sehnsucht beschreibt, zur Analyse des Aufstiegs, der Etablierung sowie der Akzeptanz der nationalsozialistischen Bewegung herangezogen. Diese Gedanken lassen sich auch auf aktuelle Geschehnisse anwenden und liefern somit mögliche Erklärungen für an sich unvorstellbare Entwicklungen. Die Theorie bietet einen Analyserahmen für antiliberale Entwicklungen und gibt Anhaltspunkte für deren Prävention[24].

Zahlreiche psychologische Studien belegen ein Grundbedürfnis nach Kontrolle. Kontrolle wird u. a. definiert als die Überzeugung, erwünschte Zustände herbeiführen und unerwünschte vermeiden zu können — entweder durch tatsächliche Veränderung oder bereits durch die Annahme der Veränderbarkeit[25]. Für ein Kontrollerleben kann es daher auch ausreichen, wenn wir nur ein Gefühl der Kontrolle haben oder auch nur indirekt Kontrolle ausüben können. Was damit gemeint ist, lässt sich gut an Experimenten zeigen, in welchen Studienteilnehmerinnen und -teilnehmer gebeten wurden, Lärm zu ertragen[26]. Anschließend wurden unter anderem ihre Frustrationstoleranz und kognitive Leistung gemessen. Allerdings gab es verschiedene Bedingungen: Eine Gruppe konnte den Lärm beeinflussen und durch einen Knopf ganz abschalten, die andere nicht. Die Ergebnisse zeigten, dass die Gruppe, die den Knopf drücken konnte, eine höhere Frustrationstoleranz aufwies und auch bessere Leistungen in der anschließenden kognitiven Aufgabe zeigte. Dieser Effekt fand sich auch, wenn der Studienleiter die Teilnehmerinnen und Teilnehmer in der ersten Gruppe darum bat, auf den Knopfdruck zu verzichten oder wenn das Abstellen des Lärms nur dadurch zu erreichen war, dass die Studienteilnehmerinnen und -teilnehmer einer weiteren Person ein Signal hätten geben müssen. In Folgestudien[27] konnte ebenfalls gezeigt werden, dass in stressauslösenden Situationen bereits der Glaube daran, über Kontrolle zu verfügen, zu weniger Stress-Symptomen führt.

Insgesamt finden sich in der psychologischen Forschungsliteratur zahlreiche Beispiele aus unterschiedlichsten Bereichen für positive Effekte durch die Wahrnehmung von *Beeinflussbarkeit*. Neben der Beeinflussbarkeit tragen noch weitere Wahrnehmungen bzw. Annahmen zum Kontrollerleben bei. Die Theorie der kognizierten Kontrolle beschreibt, dass wir Kontrolle erleben, wenn wir Situationen *erklären* und/oder *vorhersagen* und/oder *beeinflussen* können. So etwa konnte mittels Studien gezeigt werden, dass Menschen v. a. in Situationen, deren Ursache unbekannt ist und die deshalb ein hohes Maß an Unsicherheit bergen, im Nachhinein dazu tendieren, *Erklärungen* zu finden[28].

Dies dient nicht nur dazu, sich die Situation verständlicher zu machen, sondern auch zur Förderung des Gefühls, Einfluss nehmen zu können. Wenn wir uns einen Hergang erklären können, reduziert das Unsicherheit und erhöht die Chance darauf, einwirken zu können.

Ähnlich und doch verschieden verhält es sich mit der *Vorhersagbarkeit* von Ereignissen. Im Allgemeinen streben Menschen danach, Ereignisse vorhersagen zu können, denn zeitliche Unvorhersagbarkeit kann Stress auslösen. Weitere Experimente zum Ertragen von Lärm zeigten beispielsweise, dass Personen, die mit vorhersehbarem Lärm konfrontiert wurden, eine höhere Frustrationstoleranz aufwiesen und bessere Leistungen zeigten als ihre Kontrollgruppe, die unvorhersehbarem Lärm ausgesetzt wurde[29]. Allerdings ergänzt Miller[30] hierzu, dass wir nur so lange Vorhersagbarkeit präferieren, so lange wir gleichzeitig der Annahme sind, zumindest potenziell Einfluss nehmen zu können. Also im Sinne von: „Wenn ich mein Schicksal eh nicht beeinflussen kann, will ich es auch nicht kennen".

Die Auseinandersetzung mit diesen Theorien und Studienergebnissen macht deutlich, dass Situationen mit hoher Unsicherheit, also wenig Kontrollerleben, unangenehme Zustände erzeugen. Wie eingangs angesprochen, lassen sich mit der Theorie der kognizierten Kontrolle verschiedene gesellschaftliche Entwicklungen und Gruppenverhalten klarer fassen und analysieren. Allen und Greenburger[31] sehen beispielsweise destruktives Verhalten, wie etwa Vandalismus und das Bemalen von Wänden, sowohl als mögliche Reaktion auf wahrgenommenen Kontrollverlust, als auch als Möglichkeit zur Wiederherstellung eigener Einflussmöglichkeiten[28]. Diese Annahme konnten sie durch Laborexperimente verfestigen. Hierbei zeigte sich, dass mittels destruktiven Verhaltens das Gefühl wahrgenommener Kontrolle gesteigert werden konnte — insbesondere wenn im Vorfeld ein Misserfolg erlebt wurde.

Diese kontrolltheoretischen Überlegungen dienen auch der Erklärung von Fremdenfeindlichkeit[32]. So etwa deuten zahlreiche Studienergebnisse darauf hin, dass latente Vorurteile zu tatsächlichen Diskriminierungen führen können, je stärker ein Kontrollverlust erlebt wird[28]. Diese Überlegungen haben Frey und Rez zur Hilfe genommen, um Erklärungen für den Nationalsozialismus zu finden[32]. Sie leiten daraus folgende Argumentationskette ab: Die Zeit nach dem ersten Weltkrieg sowie der Weimarer Republik war geprägt von Krisen und damit erlebter Instabilität – also hoher Unsicherheit. Dies führte bei vielen Menschen zu einem stark ausgeprägten Gefühl des Kontrollverlustes und resultierte in einem wachsenden Bedürfnis, Kontrolle wieder herzustellen. Genau das nutzte die nationalsozialistische Bewegung, indem sie konkrete Möglichkeiten zur Wiederherstellung von Kontrolle anbot, z. B. Versprechen von Arbeit, Sicherheit, Schutz vor Kommunismus und der Wiederherstellung der alten Ordnung. Je mehr die Versuche zur Wiederherstellung in der Weimarer Republik scheiterten, desto mehr stieg die Akzeptanz für die nationalsozialistische Bewegung.

„Hitlers Strategie war es, in allen Sektoren eine scheinbare und aber fatale Kontrolle wiederherzustellen, deren Eindruck in der Bevölkerung durch die nationalsozialistische Propaganda noch verstärkt wurde"[33].

Blicken wir auf Europa und die Entwicklungen der letzten Jahrzehnte stellen wir fest, dass diese sehr von Frieden und Wohlstand geprägt waren. Zunehmend jedoch wächst Unsicherheit in verschiedenen Kontexten. Hierzu zählen etwa die Euro- und Finanzkrise Griechenlands, die Zinsentwicklung, der EU-Austritt des Vereinigten Königreichs, weltweit zu verzeichnende Wahlerfolge politisch rechtsorientierter Parteien sowie wachsende Anhängerscharen antidemokratischer Strömungen, terroristische Anschläge sowie die sog. Europäische Flüchtlingskrise. Insbesondere Entwicklungen der Zeit seit 2019 wie die COVID-19 Pandemie verstärken das Gefühl des Kontrollverlustes und das Bedürfnis, Kontrolle wieder herzustellen.

Weltweit lässt sich ausmachen, dass sich politische Führungspersonen genau dessen bedienen, umso mit (u. a. populistischen) Aussagen zur Wiederherstellung von Kontrolle zahlreiche Anhängerinnen und Anhänger zu gewinnen. Deutlich wird dies z. B. im Slogan des Präsidentschaftswahlkampfs von Donald Trump. Mit *„Make America great again"* wird eben dieses Bedürfnis nach der *guten alten Zeit* getriggert und Angebote für vermeintlich mehr Kontrollmöglichkeiten gemacht. Beispiele für den Erfolg von Führungspersönlichkeiten mit antiliberaler Haltung finden sich leider zahlreich. Gemein ist diesen vielfach, dass sie sich des hier angesprochenen Musters bedienen. Dabei wird der Fokus auf Unsicherheit gelegt, indem etwa ein Außenfeind definiert (z. B. Immigranten) und/oder Instabilität thematisiert (z. B. Sicherheit) wird und hierzu populistische Lösungen angeboten (z. B. Bau einer Mauer) werden – ohne dabei die (v. a. langfristigen) Konsequenzen der Angebote zu reflektieren oder die Umsetzbarkeit zu prüfen. Denn dies würde kognitive Dissonanz erzeugen und damit würde die vermeintliche Sicherheit wieder in Frage gestellt. Die Thematisierung der negativen Langzeitfolgen würde eben vor Augen führen, dass die vermeintlich einfache Lösung nicht nur positive Effekte hat. Unsere These ist daher, dass in der Konsequenz durch die zuvor beschriebenen Muster und Strategien antiliberaler Führungspersönlichkeiten langfristig noch mehr Unsicherheit erzeugt wird.

Digitalisierung, technologischer Fortschritt und künstliche Intelligenz

Kaum ein Faktor hat im vergangenen Jahrhundert gesellschaftliche Veränderungen so stark vorangetrieben, wie der technologische Fortschritt. Dieser umfasst inzwischen alle Lebensbereiche und hat unbestreitbar viele Verbesserungen mit sich gebracht. Man denke hierbei an den medizinischen Fortschritt, die im Durchschnitt stark gestiegene Lebenserwartung der Menschen oder den erhöhten Wohlstand und Lebensstandard. Gleichzeitig zu den immensen Vorteilen der rasanten technologischen Entwicklungen gibt es jedoch auch eine weniger erfreuliche Kehrseite: Neben den schwerwiegenden Problemen für Umwelt, Klima und der globalen Ungleichheit, werden Menschen oder auch gleich ganze Gesellschaftsgruppen zunehmend abgehängt. Vereinfacht gesagt, zahlen Menschen in ärmeren Ländern auf dieser Welt den Preis für den Wohlstand der westlichen Welt, indem sie für die „erste" Welt günstige Rohstoffe liefern oder billige Arbeitskraft zur Produktion von Waren zur Verfügung stellen. Ein wesentlicher Treiber, der insbesondere in den letzten Jahren den technologischen Fortschritt maßgeblich ausgemacht, ermöglicht und gekennzeichnet hat, ist in diesem Zusammenhang die Digitalisierung.

In welchem rasanten Tempo die Entwicklungen hier voranschreiten, zeigt ein Blick auf die *technology adoption rate*. Die Rate, mit der wir gegenwärtig neue Technologien oder Entwicklungen annehmen, ist beeindruckend hoch (siehe Abbildung 5).

62 Digitalisierung, technologischer Fortschritt und künstliche Intelligenz

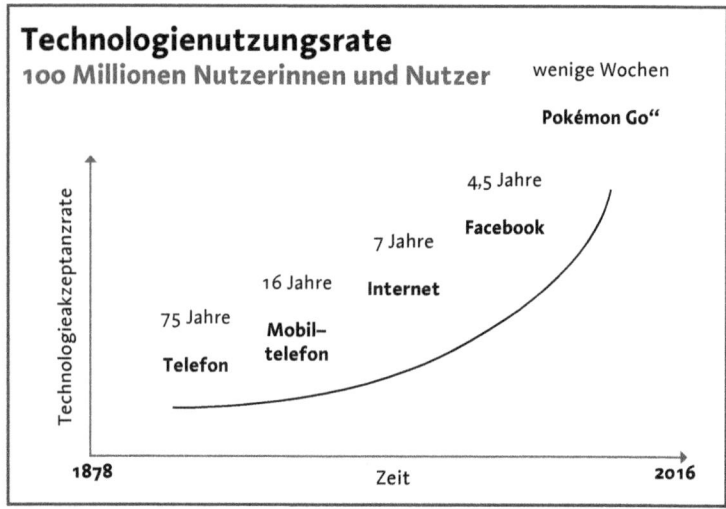

Abbildung 5: Schematische Darstellung zur Rate der Technologieakzeptanz von verschiedenen Innovationen im Kommunikationsbereich. Eine höhere Technologieakzeptanzrate bedeutet, dass eine Technologie schneller die Marke von 100 Millionen Nuzterinnen und Nutzern überschritten hat. [1]

Während das Telefon (ab etwa 1878) noch rund 75 Jahre benötigte, bis es 100 Millionen Nutzerinnen und Nutzer hatte, waren es etwa 100 Jahre später beim Handy (ab ca. 1979) nur noch 16 Jahre. Das Internet (ab etwa 1990) brauchte dann nur noch sieben Jahre, Facebook (ab 2004) nur noch viereinhalb Jahre, WhatsApp (ab 2009) drei Jahre und vier Monate, Instagram (ab 2010) zwei Jahre und vier Monate und Pokémon Go (ab 2016) nur mehr wenige Wochen[1]. Natürlich sind die zuvor genannten Technologien nicht eins zu eins vergleichbar und weisen unterschiedliche Voraussetzungen auf. So müssen für die Nutzung eines Telefons oder Smartphones zunächst entsprechende Geräte gekauft werden, für die Nutzung von Facebook oder Pokémon Go genügt dagegen ein Klick im AppStore des Smartphones. Dennoch zeigen diese Zahlen, dass Veränderungen im Kontext der Digitalisierung immer schneller erfolgen und neue Entwicklungen in immer kürzeren Zeitabständen Teil unseres Alltags werden.

Diese Veränderungen machen dabei im Grunde vor keinem Lebensbereich Halt. Sei es

- der Umgang mit neuer Technologie in der Arbeitswelt (z. B. neue Kommunikationskanäle, wie der Austausch in Unternehmen über Slack, einem webbasierten Instant-Messaging-Dienst ähnlich wie WhatsApp),
- im Gesundheitsbereich (z. B. Apps am Smartphone zum Hautkrebsscreening mittels künstlicher Intelligenz),
- bei der Fortbewegung (z. B. selbstfahrende Kraftfahrzeuge, wie die Emilia Busse in Regensburg oder Teslas Autopilot),
- beim Einkaufen (z. B. vollautomatische Supermärkte, in denen es keine Kassen mehr gibt) oder
- im Haushalt (z. B. Smart-Home in Form von Sprachassistenten wie Alexa von Amazon oder „intelligenten" Kühlschränken),

um nur einige Beispiele zu nennen. Dementsprechend groß sind auch die damit verbundenen Auswirkungen auf individueller Ebene.

Zunächst einmal ergibt sich ein – oftmals diffuses – Gefühl, dass man einfach nur zuschauen kann. Denn den zuvor beschriebenen Entwicklungen liegt oftmals keine bewusste Entscheidung der oder des Einzelnen zugrunde. Im Regelfall erfolgte bzw. erfolgt kein Diskurs in der Gesellschaft, ob wir fortan alle ein Smartphone statt dem Handy nutzen bzw. ob wir das überhaupt wollen, ob wir selbstfahrende Autos wirklich brauchen oder wie sinnvoll oder wünschenswert es ist, dass

Kassierer an den Kassen durch vollautomatische Supermärkte ersetzt werden. Etwas vereinfacht ausgedrückt könnte man sagen, dass der technologische Fortschritt und damit einhergehenden Veränderungen einfach so passieren. Natürlich ist das so nicht ganz richtig, da die meisten dieser Entwicklungen von den großen Tech-Unternehmen, insbesondere in den USA und China, gezielt vorangetrieben werden. Die Konzerne erhoffen sich davon, auf diese Weise höhere Gewinne erzielen zu können. Letztendlich müssen sich die Menschen aber anpassen und im Grunde ist es immer schwerer möglich, sich diesen Veränderungen zu entziehen.

So wird beispielsweise das Online-Banking ohne Smartphone zunehmend komplizierter und es ist durchaus vorstellbar, dass Bankgeschäfte mittelfristig nur noch mittels Smartphone oder Tablet ausgeführt werden können[2]. Aus psychologischer Sicht kann dies zu einem Gefühl von Kontrollverlust führen, also der Empfindung, dass man die Geschehnisse um sich herum nicht mehr wirklich beeinflussen kann. Mit Kontrolle ist auch in diesem Zusammenhang nicht ein Kontrollieren in Form von Überwachung gemeint, sondern Folgendes:

„[...] wahrgenommene Kontrolle stellt die Überzeugung von Personen dar, gewünschte Ereignisse herbeiführen und unerwünschte Ereignisse vermeiden zu können"[3].

Dieses zentrale Motiv von Menschen wurde in der Psychologie aus verschiedenen Blickwinkeln intensiv beforscht. Dabei zeigen sich eindeutig positive Auswirkungen einer entsprechenden Kontrollwahrnehmung. So wird beispielsweise das Wohlbefinden, ebenso wie das Selbstwertgefühl oder die emotionale Stabilität, positiv beeinflusst. Interessant ist dabei, dass in manchen Situationen bereits die subjektive Wahrnehmung von Kontrolle genügt, damit sich positive Empfindungen einstellen — auch dann, wenn es aus objektiver Sicht gar keine

Möglichkeiten zur Einflussnahme gibt. Dies wird in der Psychologie dann als *Illusion von Kontrolle* bezeichnet[4]. Wie so oft kann die individuelle Wahrnehmung folglich wichtiger sein als die tatsächlichen Umweltbedingungen. Erfreulicherweise ergeben sich dadurch auch Möglichkeiten, das Kontrollerleben von Menschen positiv zu beeinflussen, wenn die Situation schlichtweg keine Beeinflussbarkeit zulässt. Hierbei spielen die beiden Aspekte Vorhersagbarkeit und Erklärbarkeit eine zentrale Rolle[5].

BEISPIEL

Ein kurzes Beispiel soll verdeutlichen, was damit gemeint ist. Stellen Sie sich vor, Sie müssen zu einer Magenspiegelung. Für viele Menschen ist dies eine eher unangenehme Angelegenheit. Dazu kommt, dass es sich um eine Situation handelt, in der man als Patientin oder Patient naturgemäß nur wenig Einfluss auf den Ablauf nehmen kann. Wenn der behandelnde Arzt/die behandelnde Ärztin im Vorfeld der Untersuchung genau darüber informiert, was der Zweck davon ist und wie der Ablauf erfolgen wird sowie zudem darauf vorbereitet, mit welchen Empfindungen zu rechnen ist, dann zeigten Patienten typischerweise weniger Anzeichen von Stress und benötigten weniger Beruhigungsmittel[4].

Kommen wir nun von unangenehmen Arztbesuchen wieder zurück zum eigentlichen Ausgangspunkt, nämlich der enormen Rate an technologischen Entwicklungen und damit verbundenen Veränderungen. Anders als bei der aus psychologischer Sicht optimal vorbereiteten Magenspiegelung, fehlt es hier im Regelfall an echten Einflussmöglichkeiten. Wir können zwar mehr oder weniger entscheiden, ob wir bestimmte Technologien in unserem Alltag verwenden; die damit verbundenen Auswirkungen auf der gesellschaftlichen Ebene können wir jedoch nicht beeinflussen. Ebenso ist es mit Erklärbarkeit und Vorhersagbarkeit oftmals nicht so weit her. Psychologisch betrachtet ist dies ein eher ungünstiger Vorgang, da auf diese Weise ein zentrales Grundbedürfnis, nämlich das Kontrollmotiv des Menschen, beeinträchtigt wird.

Nun mag man entgegenhalten, dass es doch auch schon früher tiefgreifende Veränderungen aufgrund von technologischen Entwicklungen gab, die zunächst zu Verunsicherung geführt haben. Und die wir heute inzwischen doch auch ganz selbstverständlich nutzen. Man denke hier beispielsweise an die ersten Eisenbahnen. Damals war die Skepsis groß, viele fürchteten sich vor den lauten Lokomotiven und es wurden Gerüchte verbreitet, dass das Zugfahren gesundheitsschädlich sei. Ein entscheidender Unterschied zur damaligen Situation liegt jedoch in der Geschwindigkeit der Transformation. Zwischen der ersten Eisenbahnlinie zwischen Nürnberg und Fürth im Jahr 1835 bis zur Inbetriebnahme des ICE-Systems im Jahr 1991 sind über 150 Jahre vergangen. Vom ersten kommerziellen Mobiltelefon (1983) bis zum ersten Vorläufer des Smartphones im Jahr 2000 durch das Ericsson R380 waren es nicht mal mehr 20 Jahre. Führt man sich dann noch die enormen Entwicklungen seit der Vorstellung des ersten iPhones von Apple im Jahr 2007 vor Augen, lässt sich deutlich die starke Beschleunigung erkennen.

Unsere These ist, dass genau die Kombination aus fehlender Beeinflussbarkeit bzw. empfundenem Kontrollverlust in Kombination mit einer noch nie da gewesenen Geschwindigkeit technologischer Entwicklungen als ein wesentlicher Unsicherheitstreiber fungiert. Hinzu kommt, dass die Veränderungen in den 2020er nicht nur mehr oder weniger isoliert einen bestimmten Lebensbereich betreffen, sondern global auf die Gestaltung unserer Routinen und unseren Alltag wirken – und somit unser Leben viel stärker beeinflusst wird. Die Auswirkungen sind für uns alle direkt spürbar, erlebbar und erfahrbar. Die

Eisenbahn, wenngleich von zentraler Bedeutung für die Industrialisierung, hatte dagegen überschaubare direkte Konsequenzen auf den Alltag der meisten Menschen.

Smartphones – Fluch und Segen?

Betrachtet man den technologischen Fortschritt genauer, so sticht dabei vor allem die Digitalisierung als zentraler Aspekt im Zusammenhang mit Unsicherheit hervor. Wie auch beim technologischen Fortschritt im Allgemeinen bietet die Digitalisierung viele Möglichkeiten und Chancen unser Leben und unseren Alltag zu verbessern und zu erleichtern. Dies hat nicht zuletzt die Coronapandemie eindrucksvoll vor Augen geführt. Denn in Zeiten von Lockdown und Social Distancing haben es v. a. die digitalen Tools ermöglicht, dass wir mit anderen Menschen weiterhin in Kontakt bleiben oder unserer Arbeit aus dem Homeoffice nachgehen können. Dem gegenüber stehen jedoch auch weniger positive Auswirkungen, die insbesondere unser Mensch-sein, unsere Kommunikation und unsere Wahrnehmung betreffen.

Stellen Sie sich vor, es brennt und Sie könnten eine Sache mitnehmen, was wäre das? Über 50% der befragten Personen in einer Studie aus den USA dachten dabei an ihr Smartphone[6]. Werfen wir daher mal einen Blick auf die durchschnittliche Smartphone-Nutzung.

Nochmal eine Frage, was denken Sie: Wie viele Minuten pro Tag nutzen Sie Ihr Smartphone? Laut einer aktuellen Studie mit Zahlen aus dem Jahr 2021[7] beträgt die durchschnittliche Nutzungsdauer 4,8 Stunden pro Tag. Geht man davon aus, dass ein Mensch pro Nacht acht Stunden schläft, so wäre dies fast ein Drittel (!) unserer wachen Zeit. Spitzenreiter bei der Smartphone-Nutzung sind übrigens Brasilien, Indonesien und Südkorea, die jeweils die 5-Stunden-Marke pro Tag knacken. Deutschland liegt mit 3,5 Stunden pro Tag zwar deutlich unter dem Durchschnitt, aber im Verhältnis zu unserer Wachzeit macht dies immer noch mehr als ein Fünftel aus.

Nun mag man entgegenhalten, dass das Smartphone sicherlich auch für sinnvolle Dinge genutzt wird. Beziehungsweise genutzt werden könnte. Denn über alle Länder hinweg betrachtet, werden sieben von zehn Minuten am Smartphone mit Social Media- oder Foto-/Video-Apps (damit sind Formate wie YouTube oder TikTok gemeint) verbracht. Für Deutschland liegt der Anteil mit „nur" etwa fünf von zehn Minuten zwar wieder niedriger, dazu kommen aber nochmal zwei Minuten für Gaming-Apps.

Letztlich kann man es drehen und wenden, wie man will. Wir verbringen einfach sehr viel Zeit mit diesen kleinen Geräten. Die Nutzungszeit lässt sich übrigens auch auf eine andere Weise beschreiben. Wie oft blicken Sie pro Tag auf Ihr Smartphone? Eine Studie aus den USA zeigt, dass Menschen im Durchschnitt 344-mal pro Tag ihr Smartphone überprüfen[6]. Zieht man wieder die acht Stunden Schlaf ab, so bedeutet das, dass wir knapp alle drei Minuten einmal auf unser Smartphone blicken.

Natürlich wirkt sich dies auch auf uns aus. Dies betrifft nicht nur die – im Grunde fast schon triviale Feststellung –, dass uns diese Zeit dann an anderer Stelle fehlt. Sondern es geht auch um Auswirkungen aus psychologischer Sicht wie unser Wohlbefinden, Stresserleben oder Ängste. Hier deuten verschiedene Anzeichen darauf hin, dass die Smartphone-Nutzung für viele Menschen inzwischen einen suchtähnlichen Charakter hat. Besteht für einen gewissen Zeitraum nicht die Möglichkeit, das Smartphone zu nutzen – weil man es beispielsweise vergessen hat, der Akku leer ist oder kein Empfang besteht – berichten immer mehr Menschen von Gefühlen starker Unruhe bis hin zu Angstzuständen. Hierfür gibt es inzwischen auch schon einen eigenständigen Begriff: die *NoMoPhobie*. Zusammengesetzt aus *No Mobile Ph*one und Ph*obie* wurde dieses Phänomen erstmals im Jahr 2008 in einer Studie beschrieben, die vom UK Post Office in Auftrag gegeben und vom Meinungsforschungsinstitut YouGov durchgeführt wurde. Demnach waren damals bereits die Hälfte aller britischen Handynutzerinnen und -nutzer von Nomophobie betroffen[8]. Ein Überblicksartikel aus dem Jahr 2021 zeigt dabei, dass die Tendenz weiter steigend ist[9].

Nomophobie bedeutet dabei konkret, dass eine Person Angst hat, ohne ihr Handy bzw. Smartphone zu sein. Die Angst bezieht sich zum einen darauf, dass man das Smartphone genau dann nicht zur Verfügung hat, wenn man es unbedingt brauchen würde. Zum anderen geht es darum, dass man nicht mit anderen Menschen kommunizieren und das Internet nicht benutzen kann. Etwas allgemeiner könnte man Nomophobie daher auch als die Angst auffassen, von der digitalen Welt abgeschnitten zu sein[10]. Passend hierzu sind die Ergebnisse einer aktuellen Umfrage zur Smartphone-Nutzung unter 9.000 Personen in Europa[11]. Dabei gaben 95% der Befragten an, dass sie mit dem Smartphone im selben Raum schlafen, wobei fast vier von fünf Befragten das Smartphone innerhalb der ersten 15 Minuten nach dem Aufwachen zum ersten Mal überprüfen. Oftmals merken wir dabei gar nicht mehr, dass wir unser Smartphone überhaupt benutzen. So gaben in einer anderen Befragung zwei Drittel der Befragten an, dass sie sich nicht bewusst bei Facebook anmelden würden, sondern dass dies einfach so passiert.

Ein ähnliches Muster zeigt sich auch beim Abrufen der E-Mails[12]. Derartige Phänomene waren auch schon Gegenstand psychologischer Untersuchungen und werden als Phantomempfindungen bezeichnet. Dabei haben Menschen dann beispielsweise das Gefühl, ihr Telefon habe geklingelt oder vibriert, obwohl es gar keinen Anruf oder neue Nachricht gab. Hierbei hat sich gezeigt, dass sowohl individuelle Eigenschaften als auch die Nutzungsgewohnheiten sowie der Kontext einer Situation in Zusammenhang mit derartigen Phantomempfindungen stehen[13]. So nehmen Menschen mit einem hohen Geltungsbedürfnis, die ihr Gerät exzessiv nutzen oder eine hohe Bindung dazu berichten, öfters ein Phantomklingeln oder -vibrieren wahr. Zusätzlich kann die Erwartung eines Anrufs bzw. einer Nachricht sowie das Gefühl auf Abruf sein zu müssen derartige Empfindungen verstärken. Hier haben sich folglich bereits sehr starke Routinen und Mechanismen in unseren Verhaltensweisen etabliert. Das Smartphone scheint für viele Menschen untrennbarer Teil ihres Alltags und ein ständiger Begleiter geworden zu sein. Ein Blick auf das Handy läuft inzwischen im Grunde genauso automatisch ab, wie der prüfende Blick vor dem Überqueren der Straße.

Aus der ständigen Nutzung unserer Smartphones und der damit einhergehenden Beschallung mit Reizen und Informationen ergibt sich noch ein weiteres Problem: Wir verlernen Situationen oder Menschen unsere volle Aufmerksamkeit zu schenken. Gleichzeitig finden wir keine Zeit mehr zum Nachdenken. Stattdessen lenken wir uns lieber ab, indem wir auf unsere Smartphones schauen, sobald ein Gefühl von nicht beschäftigt oder Alleinsein aufkommt. Auf diese Weise verpassen wir regelmäßig Momente, in denen wir ein wenig zur Ruhe kommen oder nachdenken könnten.

BEISPIEL

Stellen Sie sich vor, Sie sind gemeinsam mit einer guten Freundin im Restaurant zum Abendessen. Zwischen Hauptspeise und Dessert geht Ihre Begleitung für einige Minuten auf die Toilette. Sobald Sie allein an Ihrem Tisch sitzen, geht der Griff Ihrer Hand ganz automatisch in Richtung Smartphone. Auch wenn Sie gar keine Mails erwarten oder schreiben müssen, die Zeit will trotzdem überbrückt werden.

> Und wenn dann tatsächlich ein Mail im Postfach liegt, dem man eine gewisse Wichtigkeit beimisst, dann sitzt zum Dessert plötzlich die Arbeit mit am Tisch. Dies führt dazu, dass wir – zumindest gedanklich – nicht mehr voll beim Abendessen sind, weil wir doch schon die Aufgaben strukturieren und planen, die uns am nächsten Morgen im Büro erwarten.

Dies kann ebenfalls zu einem diffusen Gefühl von Unsicherheit beitragen. Hier geht es dann jedoch weniger um Kontrollverlust als vielmehr darum, dass es einfach nicht aufhört. Das Rad dreht sich immer weiter und dementsprechend auch die Gedanken im Kopf. Wie hat man das nur früher gemacht, als es noch keine Smartphones gab? Vielleicht hätte man einfach die anderen Gäste um sich herum im Restaurant beobachtet. Oder aus dem Fenster geschaut. Oder einfach mal nichts gemacht. Sherry Turkle[14] beschreibt viele solcher Beispiele aus dem Alltag von Menschen, bei denen das Smartphone omnipräsent ist. Denn oftmals schenken Menschen ihre Aufmerksamkeit lieber ihrem Handy als der Situation, in der sie sich gerade befinden. Dies lässt sich gleichermaßen beobachten bei Studierenden, die während der Vorlesung in den sozialen Medien unterwegs sind, wie bei Top-Managern in Unternehmen, die während der Vorstandssitzungen ihre Mails am Smartphone checken. Beim Essen ist es keine Seltenheit, dass Personen lieber in ihre Handys schauen, als sich miteinander zu unterhalten oder auch einfach nur das Essen zu genießen. Selbst auf Beerdigungen während der Trauerrede sieht man Menschen, die in ihre Smartphones tippen.

Das Muster dabei ist stets dasselbe: Wir entziehen den Menschen um uns herum oder uns selbst die Aufmerksamkeit und berauben uns auf diese Weise relevanter Erfahrungen. Man ist zusammen, ohne zusammen zu sein. Denn wer bei einer Beerdigung seine Mails überprüft, verpasst einen wichtigen Moment, um Abschied von dem gestorbenen Menschen zu nehmen. Gleichermaßen wird die Lernerfahrung des Studierenden beeinträchtigt. Oder die Führungskraft, die den Ausführungen ihrer Vorstandskolleginnen und- kollegen nur noch mit halbem Ohr zuhört, läuft Gefahr, wichtige Inhalte zu verpassen.

Alles überall und zu jeder Zeit

Die Digitalisierung verändert nicht nur die Art und Weise, wie wir miteinander kommunizieren und mit unserer Zeit umgehen, sondern es wurden auch neue Standards in Bezug auf unsere Bedürfnisbefriedigung gesetzt. Hier lässt sich ebenfalls eine hohe Geschwindigkeitssteigerung feststellen. Spätestens mit der Option des sogenannten Same Day Delivery hat Amazon im Jahr 2016 auch in Deutschland neue Maßstäbe gesetzt, was die Erwartung des Konsumenten an Lieferzeiten betrifft. In einigen Städten und Ballungsregionen wurde mit Prime Now sogar noch eins draufgesetzt: für bestimmte Artikel wurde eine Lieferung innerhalb von zwei Stunden möglich. Wer gedacht hat, dass sich das nicht noch weiter steigern lässt, wurde im Jahr 2020 eines Besseren belehrt. Gorillas, ein Lieferdienst für Lebensmittel, wurde gegründet und verspricht in bestimmten Großstädten die Zustellung der bestellten Ware innerhalb von 10 (!) Minuten.

Was aus logistischer Sicht durchaus eine beeindruckende Leistung darstellt und im Alltag auch mal praktisch sein mag, hat aber auch seine Kehrseiten. Denn was macht ein derartiges Angebot mit uns? Kurz gesagt: Unsere Erwartungshaltung steigt. Und zwar enorm. Im Grunde wollen wir am besten gar nicht mehr warten, wenn wir etwas bestellen. Die Sachen sollen bitte sofort geliefert werden. Damit verlernen wir nicht nur, dass wir durchaus in der Lage sind, auf eine unmittelbare Bedürfnisbefriedigung zu verzichten, sondern wir können auch immer weniger Vorfreude erleben. Wir haben einen Wunsch und dieser wird — zumindest bei frischen Lebensmitteln — fast im Handumdrehen durch Gorillas oder entsprechende Konkurrenzdienstleister erfüllt.

Paradoxerweise macht uns die Verfügbarkeit derartiger Angebote nicht automatisch zu glücklicheren Menschen. Es scheint vielmehr, dass mit den immer höher werdenden Ansprüchen eben auch das Risiko steigt, dass wir enttäuscht werden. Anstatt uns über eine immer noch schnellere Zustellung des Pakets am nächsten Tag zu freuen, ärgern wir uns lieber, wenn Same Day Delivery einmal nicht klappt oder das Paket unverschämterweise beim Nachbarn abgegeben wurde. Dass mit steigendem Wohlstand und Lebensstandard unsere Lebenszufriedenheit nicht gleichermaßen steigt, sondern wir paradoxerweise schneller unzufrieden werden, ist ein Phänomen, das sich anhand von diversen Beispielen belegen lässt[15]. Interessanterweise denken nur wenige Menschen über die Sinnhaftigkeit von Lieferoptionen à la Gorillas nach. Ist es — gerade in einer Großstadt, in der es zum nächsten Supermarkt im Regelfall nicht so weit ist — wirklich erforderlich, dass frische Lebensmittel innerhalb von wenigen Minuten bis zur Haustüre geliefert werden? Die enormen Bewertungen von Unternehmen von derartigen Lieferdiensten — Gorillas wird gegenwärtig etwa mit etwa 2,6 Milliarden bewertet[16] — lassen zumindest vermuten, dass die Investoren dieser Meinung sind.

Ob sie Recht behalten werden, wird sich zeigen. Im Jahr 2021 machte Gorillas noch große Verluste, einzelnen Berichten zu Folge sogar 30 bis 50 Millionen pro Monat[17]. Unabhängig von der Tragfähigkeit des Geschäftsmodells ist rational betrachtet das Angebot sicherlich nicht erforderlich. Es mag bequem sein, faszinierend oder aber praktisch. Manche Menschen fühlen sich vielleicht auch als etwas Besonderes, weil Gorillas ihnen ein ähnliches Lebensgefühl ermöglicht, als ob sie eigene Bedienstete hätten. Man muss nicht mehr selbst einkaufen gehen und dann geht das auch noch so unfassbar schnell. Über den Preis der Dienstleistung und des „crazy growth"[18] macht man sich jedoch keine Gedanken. Wir sehen im Regelfall auch nicht, was dahintersteckt. Damit sind sowohl die schlechten bis teils miserablen Arbeitsbedingungen sowie die Ausbeutung der Kurierfahrer gemeint[19], als auch ökologische Fragen sowie Auswirkungen für die Umwelt. Leider ist noch niemand darauf gekommen, Gorillas im grünen Gewand zu denken. Anstatt die Lieferzeit immer weiter bis auf ein Minimum zu reduzieren, wäre es mit derartigem logistischen Know-How ebenso eine Möglichkeit, das Produktsortiment dahingehend zu optimieren, dass lediglich oder zumindest primär Produkte regionaler Herkunft ausgeliefert werden. Dann wären zwar die Lieferzeiten sicherlich länger und unter Umständen die Preise auch etwas höher, aber es würde sich um ein Geschäftsmodell handeln, dass echten gesellschaftlichen Nutzen hat. Stattdessen wird uns Konsumentinnen und Konsumenten suggeriert, dass Gorillas ein dringendes menschliches Bedürfnis erfüllen würde. Bloß handelt es sich dabei mit Sicherheit nicht um ein menschliches Grundbedürfnis.

Alles KI oder was?

Ein weiteres Thema, das in den letzten Jahren geradezu allgegenwärtig im Zusammenhang mit technologischem Fortschritt und der Digitalisierung genannt wird, ist die Entwicklung im Bereich der künstlichen Intelligenz (KI). Dabei ist KI keineswegs neu. Bereits im Jahr 1956 wurde der Begriff „künstliche Intelligenz" das erste Mal öffentlichkeitswirksam verwendet. John McCarthy und Marvin Minsky veranstalteten ein Forschertreffen am Dartmouth College mit mehreren amerikanischen Wissenschaftlern der Psychologie, Mathematik, Informatik und Informationstheorie. Diese sogenannte Dartmouth-Konferenz markierte den Beginn von KI als eigenes Forschungsgebiet[20].

In den darauffolgenden Jahren wurde das Thema intensiv diskutiert, jedoch gab es nicht die erhofften Durchbrüche in der Forschung[21].

Seit einigen Jahren erlebt künstliche Intelligenz nun eine Renaissance. Insbesondere dank verbesserter Computerleistungen und Entwicklungen im Bereich Deep Learning (DL) und Machine Learning (ML) haben sich zahlreiche neue Anwendungsmöglichkeiten für KI ergeben. Darüber hinaus sind die Kosten für die Verwendung von KI drastisch gesunken, was die Verfügbarkeit und Zugänglichkeit erhöht[22].

Doch was bedeutet KI überhaupt? Erstaunlicherweise lässt sich diese Frage gar nicht so leicht beantworten. Denn je nach Sichtweise werden ganz unterschiedliche Definitionen und Beschreibungen des Begriffs verwendet. Aus einer anwendungsorientierten Perspektive kann unter künstlicher Intelligenz „die Eigenschaft eines IT-Systems, ‚menschenähnliche‘, intelligente Verhaltensweisen zu zeigen"[23] verstanden werden. Zu einer ähnlichen Auffassung kommt das europäische Parlament[24]: „Künstliche Intelligenz ist die Fähigkeit einer Maschine, menschliche Fähigkeiten wie logisches Denken, Lernen, Planen und Kreativität zu imitieren". Ein entscheidender Faktor, der ein modernes Verständnis von KI kennzeichnet, ist folglich, dass derartige Systeme in der Lage sind, sich weiterzuentwickeln bzw. zu „lernen". Das heißt, sie erhalten Daten und können dann aus diesen Daten neue Schlüsse und Erkenntnisse ableiten. Warum aber nun „lernen" und nicht lernen? Zumindest aktuell gibt es noch deutliche Unterschiede zwischen dem „Lernen" von künstlichen Intelligenzen und dem Lernen von Menschen. Dies hat zunächst einmal damit zu tun, dass das „Lernen" von KI binär, d. h. mit den Zahlen 0 und 1 kodiert wird, wohingegen das menschliche Lernen an physiologische Komponenten gebunden ist. Menschliches Lernen bedeutet vereinfacht gesagt, dass im Gehirn neue Neuronen aufgebaut oder Verbindungen zwischen Neuronen geschaffen werden. So verdreifacht sich bspw. die Gehirnmasse eines Kindes im ersten Lebensjahr[25]. Während ein Kind relativ schnell den Unterschied zwischen einem Hund und einer Katze erlernen kann, müssen einer KI erst tausende Bilder von Hunden und Katzen gezeigt werden, damit diese anhand der Materialien typische Merkmale zur Unterscheidung der beiden Tiere extrahieren kann. Erst dann kann der Algorithmus zukünftig zwischen Hunden und Katzen unterscheiden.

Es lässt sich folglich leicht erkennen, dass menschliches und maschinelles Lernen nicht gleichgesetzt werden sollte. Nichtsdestotrotz funktioniert maschinelles Lernen inzwischen ziemlich gut, wie verschiedene Anwendungsfälle von KI demonstrieren. Denken wir hierfür beispielsweise an AlphaGo, eine KI, die im Jahr 2017 wiederholt den damals besten menschlichen Spieler Ke Jie des Brettspiels Go besiegt hat[26]. AlphaGo wurde im Vorfeld mit Millionen von Partien, gespielt von menschlichen Meistern, trainiert. Kurz darauf gab es bereits einen Nachfolger, AlphaGo Zero. Beeindruckend hierbei ist, dass dieses Programm nicht mehr mit Aufzeichnungen von gespielten Partien trainiert wurde. Vielmehr hat AlphaGo Zero „autodidaktisch" gelernt, indem es sehr oft gegen sich selbst gespielt hat. AlphaGo Zero wurden zuvor nur noch die Regeln und Prinzipien des Spiels beigebracht[27]. Wenngleich dies ein beeindruckender Fortschritt ist, muss einschränkend angemerkt werden, dass die Alpha Gos nur domänenspezifisch funktionieren und agieren können. Sie können zwar besser Go spielen als jeder Mensch, aber eben auch nur das. Dabei ist davon auszugehen, dass Alpha Go Zero nicht einmal „weiß", was es da überhaupt tut bzw. was ein Spiel überhaupt ist. Hier zeigt sich ein weiterer Unterschied zwischen KI und Mensch: Die menschlichen Fähigkeiten sind insgesamt sehr viel breiter und flexibler als die von Maschinen und Computern.

Dass künstliche Intelligenz in den letzten Jahren so große Fortschritte erzielen konnte, dabei auch noch echte Probleme lösen und nicht nur Brettspiele gewinnen kann, ist grundsätzlich eine positive Entwicklung. Man denke hierbei beispielsweise an autonom fahrende Fahrzeuge wie Teslas Autopilot oder ähnliche Entwicklungen von anderen Automobilherstellern, die zunehmend nachziehen [28]. Mittelfristig ist davon auszugehen, dass durch autonom fahrende Fahrzeuge die Zahl der Unfälle in hohem Maß reduziert werden kann. Bis zum Jahr 2021 sind immerhin 90% aller Unfälle auf menschliches Versagen zurückzuführen [29]. Zudem besteht die Möglichkeit, dass der Fahrstil der Fahrzeuge ökonomischer und somit Sprit bzw. Strom sparender wird [30].

Ein weiteres Beispiel für einen vielversprechenden Anwendungskontext von KI ist der medizinische Bereich. Hier können Algorithmen z. B. bei der Auswertung von Bildmaterial (z. B. Röntgenbilder oder MRT-Aufnahmen) unterstützen. Bei vielen Krankheiten ist es für eine erfolgreiche Behandlung sehr wichtig, dass die Diagnose möglichst frühzeitig gestellt werden kann. Besonders relevant ist dies unter anderem bei der Früherkennung von Hautkrebs. Hier wurde bereits im Jahr 2017 ein Algorithmus im Fachjournal Nature vorgestellt, der bei verschiedenen Testdurchläufen zur Diagnose von Karzinomen und Melanomen ebenso gute Leistungen erzielen konnte wie Fachärzte [31]. Dies verdeutlicht das große Potenzial für die Nutzung von künstlicher Intelligenz im medizinischen Bereich.

2022 steht die Forschung und Entwicklung von derartigen Lösungen hier noch eher am Anfang. Eine spannende Frage neben der reinen Entwicklungsarbeit an Algorithmen ist die Betrachtung psychologischer Fragestellungen. Wie wird KI von den Ärztinnen und Ärzten angenommen? Und wie stehen die Patientinnen und Patienten derartigen Ansätzen gegenüber? Würden Sie sich auf den medizinischen Rat einer KI verlassen? Mit dieser Fragestellung haben wir uns in einer experimentellen Studie zur Patientensicht von KI-Systemen im Gesundheitsbereich befasst. Im Zuge der Untersuchung wurden die befragten Personen in verschiedene Gruppen eingeteilt. Der Versuchsablauf war für alle Befragten gleich, jedoch wurden sie mit verschiedenen Bedingungen konfrontiert. Die erste Gruppe wurde gebeten, sich vorzustellen, dass sie vor kurzem geimpft worden sind und nun Beschwerden haben, die auch Besorgnis erregen. Sie fragen sich daher, ob dies noch normal ist. In der zweiten Gruppe ging es nicht um einen selbst, sondern um einen deutschen Durchschnittsbürger. Das heißt, die Personen wurden gebeten, sich das gleiche Szenario in Bezug auf eine durchschnittliche Person vorzustellen. Im nächsten Schritt wurde allen Teilnehmenden gesagt, dass sie selbst bzw. die fiktive Durchschnittsperson auf einer Online-Plattform medizinischen Rat suchen würden. Dort erfolgt die Zuweisung zu einem medizinischen Kontakt. Diese medizinische Kontaktperson war nach dem Zufallsprinzip entweder eine Ärztin, ein Arzt oder eine künstliche Intelligenz, wobei darauf hingewiesen wurde, dass sowohl Mensch als auch KI für das zuvor beschriebene Gesundheitsproblem hinreichend geschult bzw. trainiert und kompetent seien. Die Ergebnisse zeigen, dass die befragten Personen den Rat von menschlichen Ärztinnen und Ärzten den Empfehlungen von einer KI vorziehen, wenn es um ihre eigene Situation geht. Wenn es dagegen um die Diagnose und Nutzung von KI für den deutschen Durchschnittsbürger, also wenn es nicht um die eigene Person geht, konnten keine Unterschiede festgestellt werden. Dann wurden die Empfehlungen sowohl von den menschlichen Ärztinnen und Ärzten als auch von der KI als gleich attraktiv bzw. hilfreich eingeschätzt[32]. Wir bezeichnen dieses Phänomen als „not in my health's backyard"-Effekt[33], d. h. für andere Menschen ist medizinischer Rat durch eine KI gut genug. Wenn es dagegen um einen selbst geht, dann bevorzugen wir weiterhin die uns bekannten menschlichen Ärztinnen und Ärzte. Für den Anwendungsfall unserer Studie scheinen einige Menschen derartigen Tools im Moment somit eher noch abwartend gegenüberzustehen. Zumindest dann, wenn es um eine klare Trennung zwischen KI und menschlichen Ärztinnen und Ärzten geht. Zukunftstauglich scheint daher eine Kombination bzw. „Zusammenarbeit" von Mensch und Algorithmus zu sein. Der KI käme dann eine unterstützende Funktion zu, die finale Entscheidung würde aber immer noch von einem Menschen getroffen werden. Diese Variante wird laut einer aktuellen Studie auch von Patientinnen und Patienten präferiert[34]. Demnach wünscht sich die Mehrheit der befragten Patientinnen und Patienten, dass KI in einer Form zu Anwendung kommen sollte, bei der Ärztinnen und Ärzte und Algorithmen wie ein Team zusammenarbeiten. Der Hauptvorteil wird vor allem in Hinblick auf eine schnellere Diagnosestellung gesehen. Die Genauigkeit von KIs im medizinischen Bereich wurde von den befragten Personen als Chance (wenn die KI funktioniert) und Risiko (wenn die KI zu falschen Diagnosen führt) zugleich gesehen. Die Mehrheit glaubt, dass auch in Zukunft die Kommunikation zwischen Arzt und Patient ein wichtiger Faktor bleiben sollte. Unter den richtigen Voraussetzungen konnten sich die Studienteilnehmenden dann auch vorstellen, dass sie die Nutzung von KI für die Diagnose von Hautkrebs an Freunde oder Familienmitglieder empfehlen würden.

Gleichzeitig gibt es aber auch kritische Stimmen. Bereits jetzt gibt es eine ernstzunehmende Rate an falsch positiven Diagnosen, d. h. dass bei Personen eine Krankheit diagnostiziert wird, obwohl diese gesund sind. So ergab eine Studie aus dem Jahr 2020 mit einem großen Datensatz aus Australien, dass über 50% der Melanome überdiagnostiziert werden[35]. Verschiedene Expertinnen und Experten befürchten daher, dass derartige Fehldiagnosen durch die Verwendung von KI-Systemen noch weiter zunehmen könnten. Insbesondere seitdem Google im letzten Jahr angekündigt hat, ein Tool auf den Markt zu bringen, das erlaubt, verdächtige Hautstellen mit dem eigenen Smartphone zu fotografieren. Ziel ist es, eine Ersteinschätzung zu erhalten, ob Verdacht auf Hautkrebs vorliege oder nicht[36].

Ein weiteres Problem ist darin zu sehen, dass bestehende Algorithmen zur Diagnose von Hautkrebs nicht für alle Menschen gleichermaßen gut funktionieren. Die Genauigkeit der Systeme ist insbesondere bei Menschen mit dunkler Hautfarbe beeinträchtigt. Dies hat natürlich nichts mit der Hautfarbe per se zu tun, sondern Menschen mit dunkler Hautfarbe sind in den Datensätzen, die zum Training der künstlichen Intelligenzen verwendet werden, unterrepräsentiert. Eine Studie, die 21 offen zugängliche Datensätze analysiert hat, kam zu dem Ergebnis, dass bei mehr als 100.000 Bildern in allen Datensätzen lediglich bei knapp 2.500 Bildern überhaupt der Hauttyp vermerkt war. Wiederum lediglich zehn (!) dieser 2.500 Bilder waren von Menschen mit dunkler Hautfarbe[37].

Stand 2022 besteht also ein realistisches Risiko, dass bestimmte Personengruppen mittel- bis langfristig systematisch benachteiligt werden und somit schlechtere Diagnosen und Behandlungsmöglichkeiten erhalten. Daher wäre es wichtig, dass Standards geschaffen werden, die vorgeben, welche Informationen in großen Trainingsdatensätzen, die zur Entwicklung der Algorithmen genutzt werden, enthalten sein müssen. Denn das Problem, dass künstliche Intelligenz keineswegs per se objektiv ist, sondern das Risiko für Verzerrungen (sogenannte Biases) besteht, ist nicht neu und hinlänglich bekannt[38]. Es handelt sich hierbei vielmehr um ein grundlegendes Problem von KI und selbstständig lernenden Algorithmen, das keineswegs nur auf den medizinischen Bereich begrenzt ist.

Ein weiteres Beispiel für Verzerrungen bei KI, ist ein Algorithmus, der von Amazon zur Personalauswahl entwickelt wurde. Im Jahr 2014 hatte das Unternehmen begonnen an einer KI zu arbeiten, die eigenständig die Lebensläufe von Bewerberinnen und Bewerbern sichten und basierend auf Kriterien, die für die jeweilige Stelle relevant sind, eine Auswahl treffen kann. Die Wunschvorstellung sei es, laut Aussage von am Projekt beteiligten Personen gewesen, dass man ein Tool zur Verfügung hat, dem man 100 Lebensläufe gibt und eine Auswahl mit den Top-5 Kandidaten erhält. Recht früh stellten die Entwickler jedoch ein Problem fest. Die KI replizierte einen Bias, der für die Tech-Branche üblich ist. Sie hatte eine Vorliebe für männliche Bewerber. Bewerberinnen wurden dagegen systematisch diskriminiert. Befasst man sich mit der Funktionsweise derartiger Algorithmen, so ist dies wenig überraschend. Denn im Grunde hat die KI lediglich einen bis dato bereits bestehenden Bias repliziert. Da sich diese Verzerrung auch in den Daten widerspiegelte, die für das Training der KI verwendet wurden, hat der Algorithmus fortgesetzt, was er vorgefunden hat [39]. Daran hat sich im Übrigen bis heute kaum etwas geändert. Prozentual sind bei GAFAM, also den fünf großen Tech-Unternehmen (Google, Amazon, Facebook, Apple und Microsoft), weibliche Angestellte in der Belegschaft weiterhin deutlich unterrepräsentiert, insbesondere wenn es um Führungspositionen geht [40].

Aber kommen wir zurück zur KI, die Frauen diskriminiert hat. Bemerkenswert ist, dass die Entwickler dem Algorithmus den Bias nicht abgewöhnen konnten. Die KI veränderte ihre Kriterien zur Auswahl immer wieder in einer Weise, dass sie Männer bevorzugte. Dabei war sie auch in der Lage, „kreative" Wege zu finden, diesen Bias aufrechtzuerhalten. Beispielsweise wurden Lebensläufe schlechter bewertet, die in irgendeiner Weise das Wort Frau/Frauen/weiblich (engl. „women's") enthalten haben (z. B. „women's chess club captain"). Ebenso wurden Bewerberinnen von Universitäten benachteiligt, an denen lediglich Frauen studieren können. Da der Algorithmus offensichtlich immer wieder neue Wege gefunden hat, um die Benachteiligung von Frauen aufrechtzuerhalten, wurde das Programm schließlich eingestellt [39]. Rückblickend betrachtet war es in diesem Fall glücklicherweise relativ einfach, den Bias des Algorithmus zu identifizieren. Denn die Differenzierung zwischen Mann und Frau fällt nicht sonderlich schwer. Angenommen das Tool wäre nicht aus dem Verkehr gezogen worden, so hätte einem aufmerksamen Recruiter immer noch auffallen können, dass hier etwas nicht mit rechten Dingen zugehen kann, wenn überwiegend nur noch Männer von der KI vorgeschlagen werden. Wie wäre es jedoch, wenn sich der Algorithmus ein subtileres Kriterium zur Diskriminierung „ausgesucht" hätte? Also eines, das nicht direkt sichtbar ist?

Möglicherweise würden dann bestimmte Personen oder Gruppen systematisch diskriminiert, ohne dass dies wirklich jemanden auffällt.

Tatsächlich waren ähnliche Systeme, wie die KI, die Amazon entwickeln wollte, bereits im Einsatz. Dabei ging es jedoch nicht um die Bewertung von Lebensläufen, sondern um die KI-gestützte Analyse von videobasierten Interviews. Die Kandidatinnen oder Kandidaten mussten hierfür ein 30-minütiges Videointerview mit einer KI durchführen, das aufgezeichnet und anschließend mittels eines Algorithmus ausgewertet wurde. Dabei wurden verschiedene Kriterien herangezogen, von der Mimik, über den Tonfall und die Stimmlage hin zu den gewählten Wörtern sowie dem verwendeten Satzbau. All diese Aspekte wurden im Anschluss von der KI analysiert mit dem Versprechen, die am besten geeignete Person aus dem Pool der Bewerber zu identifizieren. Tatsächlich wurde das Tool bereits von großen Unternehmen im US-amerikanischen Bereich eingesetzt[41]. Die Motivation dahinter mag nachvollziehbar sein. Derartige Tools werden damit beworben, dass sie „diskriminierungsfrei" seien und die Effizienz von Unternehmen aufgrund von Zeitersparnis beim Auswahlprozess und besseren Platzierungsentscheidungen erhöhen würden. Sprich, sie machen Personalauswahl besser und einfacher zugleich. Im Grunde wird somit also Komplexitätsreduktion und ein leichterer Umgang mit Unsicherheit verkauft.

Leider handelt es sich dabei jedoch um falsche Versprechungen. Denn die Qualität der Entscheidungen bzw. Vorschläge durch die KI ist oftmals kaum besser als die eines Zufallsgenerators[42]. Wie sollte dies auch möglich sein? Selbst wenn man annehmen würde, dass die Entwickelnden derartiger KI-Systeme über gute Trainingsdaten zur Entwicklung des Algorithmus verfügen würden, bleibt weiterhin das Problem bestehen, inwiefern Mimik, Gesicht oder Tonfall substantiell mit beruflichem Erfolg in Verbindung stehen sollten – von einigen wenigen Branchen oder Berufen (z. B. wenn direkter Kundenkontakt besteht) einmal abgesehen. Im Grunde sind derartige KI-Systeme nichts anderes als die pseudowissenschaftlichen Ansätze der Physiognomie. Dabei wird davon ausgegangen, dass von Körpermerkmalen, insbesondere den Gesichtszügen von Menschen, auf relevante persönliche Eigenschaften (z. B. Persönlichkeit) geschlossen werden kann. Aus wissenschaftlicher Sicht konnten sich diese Versuche nie bewähren. Vielmehr wurden diese Ansätze dazu eingesetzt, um Vorurteile oder rassistische Überzeugungen zu begründen[43]. So überrascht es auch nicht wirklich, dass die Physiognomie während der Zeit des Nationalsozialismus in Deutschland besonders viel Anklang gefunden hat. Dabei wurde dann beispielsweise an ermordeten KZ-Häftlingen „untersucht", ob diese typisch jüdisch-kommunistische Merkmale aufwiesen[44]. Derartige Ansätze sind per se menschenverachtend. Im Grunde sollte eine moderne Gesellschaft daher selbstverständlich davon Abstand nehmen. In Bezug auf die Wiederbelebung von physiognomischen Ansätzen durch künstliche Intelligenz sollten wir uns folglich die Frage stellen: Wollen wir das wirklich?

Wenngleich das Versprechen lautet, dass durch derartige Tools großartige Verbesserungen möglich und unsere Leben einfacher werden, ist dies eben nicht ausschließlich der Fall. Unsere These an dieser Stelle ist daher, dass durch derartige Algorithmen zugleich neue Formen der Unsicherheit geschaffen werden. Das hat u. a. damit zu tun, dass wir als Nutzende nicht nachvollziehen können (bzw. sollen), wie die Entscheidung einer KI zustande kommt. Die Funktionsweise der KI und die Auswertung der Daten ist eine Black Box, wobei Laien im Grunde keine Chance haben, die dahinterliegenden Prozesse zu durchdringen. Nun mag man entgegenhalten, dass dies bei Technik doch oft der Fall sei. Der Durchschnittsmensch weiß auch nicht, wie ein Flugzeug funktioniert oder was der Unterschied zwischen einem Diesel- oder Ottomotor ist. Wir benutzen diese Dinge trotzdem, ohne dass das mangelnde Verständnis ein Problem wäre. Jedoch gibt es einen gravierenden Unterschied: Weder das Flugzeug noch der Automotor treffen eine Entscheidung über die berufliche Zukunft einer Person oder geben zukünftig eine Empfehlung ab, welche Therapieform bei einer bestimmten Diagnose gewählt werden sollte.

Die Algorithmen haben in ihrer Auswirkung auf unser Leben also eine andere Qualität, als dies „normale" technologische Entwicklungen haben. Hier plädieren wir daher dafür zu lernen, genau zu differenzieren, welche Algorithmen einen wirklichen Mehrwert für uns haben (z. B. Früherkennung von Krankheitsbildern) und welche eben nicht (z. B. Physiognomie reloaded). Zusätzlich ist aus unserer Sicht relevant, dass wir unser eigenes Urteilsvermögen beibehalten bzw. wieder stärker schulen. Denn den Empfehlungen von Algorithmen und KI sollte zumindest aktuell nicht in jedem Kontakt blind vertraut werden. Dazu gehört auch zu akzeptieren, dass sich Unsicherheit in komplexen Situationen niemals vollständig eliminieren lässt. Zwar kann uns KI das Gefühl geben, dass wir es mit weniger Unsicherheit zu tun haben und unser Alltag fairer, gerechter und besser sei – tatsächlich gibt es zahlreiche Beispiele, dass dem nicht so ist. Künstliche Intelligenz ist mit den gleichen, wenn nicht sogar mehr, Verzerrungen konfrontiert, wie wir Menschen auch. Sollten wir uns daher dazu entscheiden, in der Zukunft immer mehr Entscheidungen an KIs abzugeben, dann laufen wir Gefahr, den Umgang mit Unsicherheit immer weiter zu verlernen.

Mein Freund der Roboter?

Stellen Sie sich vor, Sie sind bei Freunden eingeladen, die eine Tochter im Schulalter haben. Sophie besucht aktuell die Grundschule. Während Sie sich mit den Freunden gemütlich in der Küche unterhalten, hören Sie Sophie, die gerade ihre Hausaufgaben macht, aus ihrem Zimmer rufen: „Alexa, was ist 11 mal 7?". Sie überlegen: Ist das nun eine gute oder eine schlechte Entwicklung? Gehen Sie ruhig mal in sich und spüren Sie in sich hinein, was Ihre erste intuitive Reaktion ist. Einerseits könnte man sagen, dass die junge Schülerin eine gute Problemlösungsstrategie für sich gefunden hat und bereits weiß, wie sie moderne Technologien zu ihrem Vorteil einsetzen kann. Das ist durchaus schlau. Andererseits könnte man entgegenhalten, dass hier eine grundlegende Fähigkeit nicht mehr hinreichend vorhanden ist bzw. ausgebildet wird, nämlich das Kopfrechnen. Das ist eher ungünstig. Und zwar langfristig gedacht, weil Sophie dann in Zukunft in ihrem Leben auch bei einfachen Rechenaufgaben stets auf digitale Assistenten wie z. B. Siri oder Alexa angewiesen sein wird. Was passiert jedoch, wenn diese mal ausfallen, weil der Akku leer ist oder aus einem anderen Grund nicht verfügbar sind? Und zwar genau dann, wenn es wichtig wäre, eine grundsätzliche Einschätzung mit Hilfe einer einfachen Rechenaufgabe vorzunehmen? Sehr wahrscheinlich würde Sophie dann nicht nur eine deutliche Unsicherheit erleben, sondern es würde sich auch eine ganz reale Hürde in der analogen Welt ergeben. Im Zusammenhang mit modernen Technologien geht es folglich auch um die Frage, wie stark grundlegende Basisfertigkeiten in Zukunft noch erlernt werden sollten. In diesem Beispiel das Lösen einfacher Rechenaufgaben, ebenso wichtig sind jedoch auch Fähigkeiten wie Lesen und Schreiben oder unser Orientierungssinn.

Dass dies keineswegs nur ein fiktives Szenario ist, zeigt der Selbstversuch, den die Autorin Rachel Botsman [45] in einem Artikel für die New York Times beschrieben hat. Botsman zeigte ihrer damals dreijährigen Tochter Grace den schwarzen Lautsprecher des Amazon Echo und meinte, dass sie mit Alexa spielen kann. Alexa sei wie Siri, nur ein bisschen schlauer. Grace könne Alexa alles fragen, was sie will. Es dauerte nicht lange, bis sich die beiden „anfreundeten". Grace wollte von Alexa wissen, ob es regnen würde und welche Nahrung Pferde essen. Am nächsten Morgen hat Grace dann als erstes mit Alexa gesprochen und beauftragte den schwarzen Lautsprecher, Blaubeeren für sie zu kaufen. Am dritten Tag des Selbstversuchs wurde dann nochmal eine neue Qualität erreicht. Grace fragte Alexa: „Was soll ich heute machen?" und „Was soll ich heute anziehen?". Die kurze Zeitspanne von gerade einmal drei Tagen hat folglich ausgereicht, dass Grace genug Vertrauen zu der schwarzen Box aufgebaut hat, um Entscheidungen, die ihr eigenen Verhalten betreffen, an Alexa abzugeben. Im Grunde wurde Alexa von Grace wie ein ganz normaler Mensch oder Spielkamerad behandelt.

Dass dies kein Einzelfall ist, zeigen Ergebnisse einer Studie, die vom MIT Media Lab durchgeführt wurde[46]. Insgesamt wurden 26 Kinder im Alter von drei bis zehn Jahren untersucht. In mehreren Sessions sollten die Kinder in kleinen Gruppen mit verschiedenen KI-Systemen wie Alexa, Google Home, Cozmo oder Julie Chatbot spielen. Im Anschluss wurden sie jeweils zu ihren Wahrnehmungen befragt. Die überwiegende Mehrheit der Kinder war sich einig, dass alle Systeme freundlich gesinnt waren. Ebenso waren 80% der Kinder der Meinung, dass die Systeme vertrauenswürdig seien und die Wahrheit sagten. Dabei ist es faszinierend, welche Schlüsse die Kinder aus der Interaktion mit verschiedenen Systemen zogen. Ein Kind beschrieb beispielsweise, dass Google etwas schlauer als Alexa sei, da es eine Frage über Faultiere beantworten konnte, bei der Alexa nichts gesagt habe. Ebenso interessant waren die Strategien der Kinder, um zu herauszufinden, wer oder was die Systeme sind.

Der Ausgangspunkt waren dabei typischerweise Fragen, die sie auch Gleichaltrigen oder anderen Menschen stellen würde (z. B. „Hey, Alexa, wie alt bist du?"). Je länger die Kinder mit den Systemen interagierten und je vertrauter sie damit wurden, desto mehr wurden auch deren Grenzen ausgelotet (z. B. „Kannst du Türen öffnen?" oder „Ist es ok, wenn ich dich esse?"). Ebenso testeten die Kinder, ob sie auf die gleiche Frage immer die gleiche Antwort erhalten. Spannend ist zudem, wie die Kinder die Systeme hinsichtlich ihrer Emotionalität und Intelligenz einschätzten. Bei Cozmo, einem kleinen Roboter, der sich im Gegensatz zu den anderen Systemen auch bewegen und bestimmte Gesichtsausdrücke über einen Bildschirm imitieren kann, gingen die Kinder davon aus, dass er Gefühle habe. Denn „er kann seine Augen wie ein Mensch bewegen". Die Kinder setzten folglich den Ausdruck und die Kommunikation von Emotionen mit dem Erleben von Gefühlen gleich. Diese Studie ist somit sehr aufschlussreich, da sie demonstriert, wie Kinder derartige autonome Systeme wahrnehmen. Die Frage, die sich aus unserer Sicht hier aufdrängt: Wie kann Kindern ein passender Umgang mit modernen Technologien beigebracht werden, sodass sie den Unterschied zwischen Mensch und Maschine verstehen lernen? Oder wie es Botsman treffend auf den Punkt bringt: „Ist es nicht mein Job als Mutter, meiner Tochter beizubringen, wie man entscheidet, was man anzieht?"[45].

Wir kommen an dieser Stelle an einen Punkt zurück, den wir bereits in Zusammenhang mit Smartphones angeschnitten haben. Dort hatten wir festgestellt, dass wir zunehmend die Fähigkeit zum Alleinsein verlernen. Oder wir sind mit anderen zusammen und doch nicht richtig zusammen, weil wir ihnen keine Aufmerksamkeit schenken. Turkle[14] beschreibt dazu Ausschnitte aus ihrer Forschung. Demnach hätten Menschen in zahlreichen Interviews wiederholt angegeben, dass sie das Gefühl haben, dass ihnen keiner mehr zuhört. Aus psychologischer Sicht ist dies eine ungute Sache, da gleich mehrere Grundbedürfnisse beeinträchtigt werden. Der Lösungsvorschlag bzw. Wunsch der interviewten Person war daher umso überraschender: Anstatt Aufmerksamkeit von einem echten Menschen und einer Konversation mit selbigen, wünschen sie sich, dass in der Zukunft hoffentlich eine verbesserte Version von Siri in der Lage sein wird, mit ihnen über ihre Probleme zu sprechen und zuzuhören. Also mehr Maschine und weniger Mensch. Das Problem ist dabei jedoch: Auch wenn „Siri 2.0" einmal zu besserer Gesprächsführung in der Lage sein wird und dann auch vorgeben kann, Empathie zu zeigen, so ist dies eben keine echte Empathie. Auch Siri 2.0 wird keine Emotionen fühlen. Das können Menschen nicht – und es ist eine philosophische Frage, ob sie das jemals können werden. Aktuell lässt sich jedoch ein Trend dahingehend beobachten, dass die Grenzen zwischen Menschen und Maschinen, zwischen analoger und digitaler Welt zunehmend verwischen.

Ein weiteres Beispiel hierfür ist das sogenannte Metaverse. Spätestens seit der Umbenennung des Unternehmens Facebook in Meta ist der Begriff auch im Mainstream angekommen. Doch was kann man sich darunter vorstellen? Ursprünglich geht der Begriff auf den Science-Fiction-Roman Snow Crash von Neal Stephenson zurück. Darin wird mit dem Metaverse eine allumfassende digitale Welt beschrieben, die parallel zur realen Welt existiert. Man kann entweder phasenweise in die digitale Welt entfliehen oder auch dauerhaft mit dem Metaverse verbunden bleiben. Ob sich das Metaverse im 21. Jahrhundert, also in unserer realen Welt, in eine ähnliche Richtung entwickeln wird, lässt sich Stand 2022 noch nicht vorhersagen. Vieles deutet aber tatsächlich darauf hin. So beschreibt Mark Zuckerberg das Metaverse als einen Ort, an dem man sich mit Freunden treffen, arbeiten oder lernen kann. Ebenso soll es möglich sein, dort Spiele zu spielen und shoppen zu gehen[47]. Dabei können sich die Nutzerinnen und Nutzer einen eigenen Avatar, also eine digitale Version von sich selbst, erstellen. Stand 2022 ist das Metaverse noch in der Entwicklung begriffen und besteht aus verschiedenen Welten und Plattformen. „Vor Ort" sieht das dann entweder aus wie in einem Comic oder es wird gezielt versucht, Orte aus der echten Welt möglichst realitätsgetreu nachzubilden. Verschiedene Architekten und Computerspieleentwicklerinnen und -entwickler haben sich bereits auf die Entwicklung von Gebäuden im Metaverse spezialisiert. Dabei werden teils große Summen bezahlt. Ende 2021 wurde beispielsweise ein Stück (digitales) Land in der „Sandbox" — einer Plattform im Metaverse — für die Rekordsumme von 4,3 Millionen US-Dollar verkauft[48]. Wenig überraschend gehen Analysten, Banken und Investoren davon aus, dass sich das Metaverse zu einem bedeutenden Wirtschaftsfaktor entwickeln wird. Einem Bericht der Citibank zufolge, könnte das Metaverse im Jahr 2030 bereits bis zu fünf Milliarden Nutzer haben und eine Wirtschaftsleistung zwischen acht und 13 Billionen US-Dollar aufweisen[49].

Wenngleich diese Zahlen natürlich beeindruckend klingen, sollten wir uns dennoch die Frage stellen, ob das Metaverse eine rundum wünschenswerte Entwicklung darstellt. Dass das Metaverse keineswegs nur ein positiver Ort ist, zeigt der Bericht einer Frau, die dort von einer Gruppe von männlichen Avataren sexuell belästigt wurde[50]. An diesem Beispiel lässt sich leicht erkennen, dass das Metaverse eben keineswegs nur ein Ort ist, an dem man der Realität der echten Welt sorgenfrei entfliehen kann. Vielmehr werden auch hier wieder neue Unsicherheiten geschaffen und zahlreiche Fragen aufgeworfen: Wie soll eine Aufteilung und Balance aus realer und digitaler Welt erfolgen und gelingen? Welche Aktivitäten verlagern sich ins Metaverse, was bleibt noch in der realen Welt? Was kennzeichnet erfolgreiches Verhalten im Metaverse? Letztlich münden diese Fragen in eine ähnliche Richtung, und zwar: Was macht das Menschsein aus? Denn in absehbarer Zeit wird unser Tun und Wirken im digitalen Raum immer mehr Effekte auf unser Leben in der echten Welt haben.

Nullzinsen, Kryptowährungen und Inflation

Im Jahr 2008 passierte etwas bis dato nur schwer Vorstellbares: Die US-amerikanische Bank Lehman Brothers ging pleite. Die Folge war eine dramatische Kettenreaktion. Weltweit brachen die Börsenkurse ein und die Finanzmärkte gerieten massiv unter Druck. Das Vertrauen der Anlegenden war zerstört. Am Ende des Jahres 2008 notierte der deutsche Aktienindex (DAX) über 40% niedriger als zu Jahresbeginn. Insbesondere die Kurse der im DAX vertretenen Banken mussten herbe Verluste hinnehmen. Direkt nach der Pleite von Lehman Brothers versuchten die Regierungen, ihre besorgten Bürgerinnen und Bürger zu beruhigen, indem beispielsweise Garantien für Sparguthaben in Höhe von bis zu 100.000 Euro ausgesprochen wurden. Gleichzeitig wurden Hilfspakete in Milliardenhöhe verabschiedet. Die US-Regierung schnürte ein „Rettungspaket" in Höhe von 800 Milliarden US-Dollar. Wenig später zog die deutsche Bundesregierung mit einem 500 Milliarden Euro schweren Hilfsprogramm nach.

Nicht wenige waren damals erstaunt über die Größenordnung dieser Summen und wie schnell diese immer größer wurden. Galten bis dato dreistellige Millionenbeträge als hohe Investitionen, über die typischerweise intensiv diskutiert wurde, ging es nun plötzlich um dreistellige Milliardenbeträge. Damit haben sich die Größenordnungen in nur kurzer Zeit um den Faktor 1.000 verändert. Zum Vergleich: Der Bau der Münchner Allianzarena kostete insgesamt 346 Millionen Euro und wurde im Jahr 2001 erst nach einem positivem Bürgerentscheid reali-

siert, wobei im Vorfeld der Abstimmung die Bevölkerung der Stadt dem Projekt noch sehr zwiegespalten gegenüberstand[1].
Wenig später folgte auf die Finanz- bzw. Bankenkrise die Eurokrise. Denn als Folge dieser Krise stiegen die Staatsschulden weltweit deutlich an. Dies führte wiederum dazu, dass Staaten im südlichen Europa plötzlich vor dem Bankrott standen. Nachdem die unsolide Haushaltspolitik Griechenlands offengelegt wurde, begannen verschiedene Akteure an den Finanzmärkten sich auf das Land „einzuschießen" und auf eine Zahlungsunfähigkeit zu setzen[2]. Es dauerte nicht lange und es wurden Stimmen laut, die den Fortbestand des Euro in Frage stellten. Erneut wurden Rettungspakete geschnürt. Für finanziell strauchelnde Euro-Länder wurde ein „Rettungsschirm" verabschiedet[3].

Durch die Finanzkrise wurde das bis dato gültige Verständnis von Geld, Finanzmärkten und Finanzpolitik zunehmend auf den Kopf gestellt. Denn das darauffolgende Jahrzehnt war geprägt von immer weiter sinkenden Zinsen. Sowohl die europäische als auch die US-amerikanische Zentralbank senkten den Leitzins auf 0%[4]. Für Einlagen von institutionellen Anlegern oder Banken für Guthaben bei der europäischen Zentralbank (EZB) wurden sogar Negativ- bzw. Strafzinsen fällig[5]. In der Folge etablierte sich eine Phase der Niedrig- bzw. Nullzinsen. So kündigte Mario Draghi, der damalige Chef der EZB, am 10. März 2016 an, dass die Zinsen für einen langen Zeitraum sehr niedrig bleiben würden[6]. Er sollte Recht behalten. Tatsächlich wurde durch die niedrigen Zinsen sowie die Anleihenkäufe durch die Zentralbanken die Kreditvergabe, die durch die Finanz- und Eurokrise ins Stocken geraten war, wieder angekurbelt. Wenngleich dieser Teil der Rechnung aufgegangen zu sein scheint, ergaben sich auf der anderen Seite durch die niedrigen Zinsen Probleme für Sparende und private Haushalte. Denn wie sollten diese zukünftig ihr Geld sinnvoll anlegen? Auf Spareinlagen gab es so gut wie keine Zinsen mehr und wer höhere Erträge erwirtschaften wollte, musste zwangsläufig auf Anlagen mit höherem Risiko wie beispielsweise Aktien ausweichen. Ebenso wurde der Kauf von Immobilien attraktiver. Insgesamt profitierten in dieser Phase vor allem Akteurinnen und Akteure, die Schulden hatten oder machen konnten. Wer jedoch keine Möglichkeit hatte, in dieser Phase einen Kredit aufzunehmen, um beispielsweise eine eigene Wohnung oder ein eigenes Haus zu kaufen, konnte von den niedrigen Zinsen nicht wirklich profitieren.

Rückblickend lässt sich aus Sicht des Jahres 2022 natürlich leicht argumentieren, dass man nach der Finanzkrise doch einfach Aktien hätte kaufen sollen. Finanziell gesehen wäre man damit auch gut gefahren, da der DAX im Jahrzehnt nach der Finanz- und Eurokrise stark angestiegen ist. Vom Tief im Jahr 2009 bis zum Hoch im November 2021 hat sich der DAX mehr als vervierfacht. Doch lässt sich dies eben immer erst rückblickend sicher sagen. Zum damaligen Zeitpunkt war vielen Menschen noch der Absturz zu Beginn der Krise — immerhin mehr als 40% — im Gedächtnis. Und derartige Turbulenzen wirken nach, erzeugen Unsicherheit — insbesondere dann, wenn sich solche Entwicklungen innerhalb kurzer Zeitspannen ereignen.

Inflation – ein Gespenst aus vergangenen Zeiten?

Nach fast einem Jahrzehnt der Niedrigzinsen und etwas mehr als zwei Jahren Coronapandemie erschien dann 2022 ein neuer Unsicherheitstreiber auf der Tagesordnung, der für viele Jahre vergessen geglaubt schien: die steigende Inflation. Praktisch gesehen bedeutet dies, dass man für das gleiche Geld immer weniger kaufen kann, da die Preise für Produkte und Dienstleistungen des alltäglichen Lebens ansteigen. Bereits Ende 2021 hatte sich eine Steigerung der Preise abgezeichnet (Deutschland: 3,1%, USA: 4,7%), wobei hier seitens verschiedener Ökonomen allerdings noch die Hoffnung bestand, dass diese Anstiege ein einmaliger

Inflation – ein Gespenst aus vergangenen Zeiten?

Effekt sein könnten. Es wurde argumentiert, dass lediglich eine Kompensation der niedrigen Verbraucherpreise aus den vergangenen Jahren stattfinde, da während der Coronapandemie weniger Geld ausgegeben wurde[7]. Im Frühjahr 2022 zeichnete sich dann jedoch ab, dass die Steigerung der Preise weiter nach oben zeigt. Zusätzlich angetrieben durch die steigenden Energiekosten aufgrund des Ukraine-Kriegs konnten Inflationsraten jenseits der 7% (in den USA sogar über 8%) verzeichnet werden[8]. Auf das gesamte Jahr 2022 rechnet die EZB immer noch mit einer Preissteigerung von mehr als 5%[7]. Ebenso wie bei der Finanz- und Bankenkrise werden auch hier wieder ärmere Haushalte und Menschen mit geringeren Einkommen besonders stark von der steigenden Inflation betroffen sein[9]. Insgesamt ist davon auszugehen, dass die steigende Inflation als weiterer Unsicherheitstreiber in der gegenwärtigen Zeit wirken wird. Psychologisch betrachtet droht hier das Erleben von subjektivem Kontrollverlust, und zwar in Bezug auf den finanziellen Handlungsspielraum. Gleichzeitig besteht das Risiko, dass Vertrauen in staatliche Institutionen (z. B. Regierung, Zentralbanken) verloren geht. So konnten frühere Studien beispielsweise einen negativen Zusammenhang zwischen einer hohen Inflationsrate sowie dem Vertrauen in die EZB nachweisen. Dabei wurde das Vertrauen in die Zentralbank umso niedriger, je höher die Rate der Preissteigerungen war[10]. Denken wir an dieser Stelle noch einmal zurück an die Überlegungen aus dem Kapitel Politik. Hier haben wir gesehen, dass bestimmte politische Akteure sehr geschickt darin sind, das Gefühl von Unsicherheit bei potenziellen Wählerinnen und Wählern für sich nutzen. Denn durch populistische Aussagen, welche eine komplizierte Welt vermeintlich einfach erklären und einfache Lösungen versprechen, können verunsicherte Menschen leichter gewonnen werden. Steigende Preise und eine hohe Inflation könnten dafür den optimalen Nährboden bereiten.

Kryptowährungen als neue Form des Geldes?

Eine bis dato komplett neue Entwicklung, die zeitlich ziemlich genau mit der Finanzkrise zusammenfällt, markiert die Entstehung von Kryptowährungen. Am bekanntesten dürften hier aktuell Bitcoin und Ethereum sein. Tatsächlich gibt es jedoch inzwischen mehr als 10.000 verschiedene sogenannte „Coins", wobei sich die Anzahl seit 2021 mehr als verdoppelt hat. Die Wachstumsrate ist dabei immens. So kamen Stand Ende des Jahres 2021 monatlich etwa 1.000 neue Kryptowährungen auf den Markt[11]. Erstmals vorgestellt wurde Bitcoin im Jahr 2008 in einem Whitepaper durch das Pseudonym Satoshi Nakamoto[12]. Bis heute konnte nicht geklärt werden, wer oder welche Gruppe hinter diesem Pseudonym steckt. Die Idee von Bitcoin zielt darauf ab, ein elektronisches „Peer-to-peer"-Bezahlsystem zu etablieren, das direkte Zahlungen zwischen zwei Personen erlaubt, ohne dass die Transaktion über eine Bank oder anderweitige Institution abgewickelt werden muss. Anders als bei Transaktionen mit herkömmlichem Geld bzw. Währungen ist keine dritte Partei oder Institution – sei es Staat, Zentralbank oder Geschäftsbank – mehr erforderlich, um eine Bezahlung bzw. die Übertragung eines bestimmten Betrags zu garantieren. Vielmehr ist bei Kryptowährungen eine direkte Übertragung von A an B möglich. Hierfür wird eine dezentrale Datenbank, die sogenannte *Blockchain*, genutzt. Die Inhalte dieser Datenbank sind auf ein weltweites Netzwerk von Computern verteilt. Es werden sämtliche Transaktionen gespeichert, die jemals getätigt worden sind. Durch bestimmte kryptographische Prinzipien (daher auch der Begriff „Kryptowährung") wird dabei sichergestellt, dass die Datenbank vor Manipulationen geschützt ist. Zusätzlich zu den Eigenschaften der hohen Sicherheit sowie der dezentralen Abwicklung kommt ein weiterer Aspekt hinzu: Bei Bitcoin (sowie bestimmten weiteren, aber nicht allen Kryptowährungen) handelt es sich um ein deflationäres Zahlungsmittel. Denn die maximale Anzahl aller Bitcoins ist begrenzt und kann nicht über die Zahl von fast 21 Millionen hinaus erweitert werden. Nach aktuellem Stand ist damit zu rechnen, dass diese Obergrenze im Jahr 2140 erreicht wird[13]. Dieses Merkmal von Bitcoin markiert einen wesentlichen Unterschied zu herkömmlichen Währungen (Euro, US-Dollar etc.), dem sogenannten Fiatgeld. Denn bei diesen Währungen wird die im Umlauf befindliche Geldmenge von den Zentralbanken reguliert. Wird ein Anstieg der Geldmenge nicht durch entsprechendes Wirtschaftswachstum gedeckt, steigt das Risiko für Inflation und somit der Entwertung einer Währung[14]. Bei Bitcoin dagegen wirkt die festgelegte Obergrenze langfristig deflationär, weshalb häufig auch ein Vergleich mit Gold oder anderen Edelmetallen gezogen wird. Der letztendliche Status von Bitcoin ist dabei noch nicht geklärt. Ursprünglich konzipiert als ein Peer-to-peer-Bezahlsystem, reicht die Wahrnehmung aktuell von einem reinen Spekulationsobjekt bis zum krisensicheren Investment[15], wobei die meisten Studien darauf hindeuten, dass Bitcoin bisher noch nicht als neue Form des Geldes wahrgenommen wird[16]. Dies spiegelt sich nicht zuletzt in den teils starken Kursschwankungen von Bitcoin (und ebenso den anderen Kryptowährungen) wider. Beachtlich ist sicherlich der fantastische Wertzuwachs seit der Einführung von Bitcoin Anfang des Jahres 2009. Hätte man damals 100 Dollar in Bitcoin investiert und bis zum Allzeithoch immer gehalten, wäre dieses Investment einen zweistelligen Millionenbetrag wert. Insbesondere das ununterbrochene Halten des Investments macht dieses Szenario jedoch unwahrscheinlich – denn die meisten Menschen wären wahrscheinlich bereits früher aus dem Investment ausgestiegen, sobald sich der ursprüngliche Betrag um einen bestimmten Betrag vervielfacht hätte. Sie können ja mal überlegen: Ab welcher Summe hätten Sie ein ursprüngliches Investment von 100 Dollar verkauft: 1.000 Dollar, 10.000 Dollar oder erst später? Im April 2021 überschritt die Marktkapitalisierung von Bitcoin, also der Wert aller Bitcoins zusammengenommen, erstmals die Marke von einer Billion US-Dollar. Dieses Hoch war gefolgt von deutlichen Kursabschlägen und einem erneuten Anstieg einige Monate später. Seither zeichnet sich der Wert von Kryptowährungen durch eine recht hohe Volatilität aus, welche deutlich größer als die von etablierten Währungen ist[17]. Wie die Kursentwicklung in den nächsten Jahren weitergehen wird, lässt sich nicht vorhersagen. Wenig überraschend gehen die Prognosen weit auseinander: Befürworter von Bitcoin und Kryptowährungen sprechen von enormen Steigerungsraten und prognostizieren, dass der Wert aller Bitcoins in weniger als zehn Jahren den Wert des gesamten Goldes übersteigen wird. Die Gegenseite rechnet dagegen mit einem totalen Wertverfall[18]. Allein durch die Frage des zukünftigen Werts zeigt sich bereits, dass mit dem Thema Kryptowährungen ein gewisses Unsicherheitspotenzial verknüpft ist. Soll ich investieren und wenn ja wie viel und in welche? An dieser Stelle kommen wir auf das Konzept der *FOMO* (*Fear Of Missing Out*) zurück, also die Angst etwas zu verpassen. Wenngleich dieses Konstrukt vor allem im Bereich Social Media besondere Aufmerksamkeit zukommt, kann es auch auf den Bereich Investment und Kryptowährungen übertragen werden[19]. Hier kann sich FOMO auf verschiedene Weisen äußern. Zum einen kann es vorkommen, dass eine bestimmte Kryptowährung stark im Wert ansteigt und man diese nicht rechtzeitig gekauft hat, obwohl man sie zuvor als Investment in Betracht gezogen hatte. Ebenso kann es sein, dass man zwar in einen Coin investiert hat, dann jedoch nach einem starken Anstieg bedauert, nicht noch eine größere Summe gekauft zu haben. In beiden Fällen geht es um die Angst, einen weiteren Kursanstieg und damit einhergehende Gewinne zu verpassen. Dies kann dazu führen, dass irrationale Entscheidungen getroffen werden, indem beispielsweise (weitere) Investments getätigt werden, die über das eigentliche Budget hinausgehen. Verstärkt werden können derartige Tendenzen dadurch, dass von bestimmten Akteurinnen und Akteuren die Unsicherheit bewusst erhöht oder gezielt eine „fear of missing out" erzeugt wird. Hierbei lässt sich häufig ein bestimmtes Narrativ beobachten. Demnach seien Kryptowährungen und insbesondere Bitcoin wie eine Art digitales Gold ein „sicherer Hafen" zur Geldverwahrung, da sie nicht von Inflation betroffen seien. Die Regierungen könnten zudem keinen Einfluss auf die Wertentwicklung nehmen, um bestimmte geldpolitische Ziele zu erreichen[20]. Gerade vor dem Hintergrund der Finanz- und Eurokrise sowie im Hinblick auf die steigende Inflation sei es daher wichtig, in Bitcoin investiert zu sein. Ob sich diese Prognose bewahrheiten wird, ist ebenso offen wie die Erwartungen stark steigender oder fallender Kurse bei Kryptowährungen. Denn bisher ist der eigentliche Status bzw. Zweck von Bitcoin eben noch nicht geklärt. Ob es sich bei Bitcoin zukünftig wirklich um eine Art digitales Gold oder doch eher um ein spekulatives Investment handelt, bleibt abzuwarten.

Abgesehen von dem Unsicherheitspotenzial, das von einem möglichen Investment in Kryptowährungen ausgeht, erscheint eine weitere Perspektive auf die Thematik lohnenswert. Wie zuvor bereits angedeutet, ist im Kontext von Bitcoin & Co häufig ein bestimmtes Narrativ anzutreffen. Dabei stecken hinter der Idee des „sicheren Hafens" oftmals weitreichende Überzeugungen. Dies zeigt eine Studie eines Forschungsteams der Michigan State Universität in den USA[21]. Hierzu hat sich das Team über einen Zeitraum von mehreren Monaten mit Unterhaltungen und Diskussionen befasst, die von Befürwortern und Enthusiasten von Kryptowährungen auf der Plattform Reddit geführt wurden, und diese analysiert. Die Forscherinnen und Forscher stellten dabei fest, dass interessanterweise weniger über Technologie als vielmehr über Vertrauen gesprochen wurde. Demnach werden Kryptowährungen als Alternative zu einem nicht richtig funktionierenden Staat und einer nicht richtig funktionierenden Gesellschaft gesehen. Als ein Beispiel für die Dysfunktionalität wurde oftmals Korruption von Politikerinnen und Politikern sowie Unternehmen angeführt. Korruption sei demnach eine unvermeidliche Schwäche der Menschheit, die sich nur technologisch überwinden lasse. Kryptowährungen scheinen hierfür eine Lösung zu sein, da die Blockchain-Technologie vertrauensfrei funktioniert und somit Unabhängigkeit von gesellschaftlichen Institutionen garantiere. Demnach könne das Kaufen und Halten von Kryptowährungen als Motivation, die Gesellschaft zu verändern, verstanden werden, quasi als eine Form des politischen oder gesellschaftlichen Aktivismus. Im Kern geht es darum, das Vertrauen in Regierungen und Institutionen durch das Vertrauen in Technologie zu ersetzen. Die Autoren der Studie ziehen daher auch Parallelen zu einer ideologischen Haltung.

Ob diese Überzeugungen tatsächlich dazu beitragen könnten, gesellschaftliche Probleme zu lösen, bleibt offen. Durchaus fraglich erscheint dies, wenn man einen Blick auf die Vermögensverteilung von Kryptowährungen, insbesondere Bitcoin, wirft. Eine Untersuchung von Wissenschaftlern der London School of Economics und des MIT hat kürzlich gezeigt, dass sich die aktuell etwas mehr als 19 Millionen Bitcoins höchst ungleich verteilen [22]. So wird mehr als ein Viertel aller Bitcoins von lediglich 0,01% aller Bitcoin-Holder kontrolliert. Dies entspricht einer noch krasseren Ungleichverteilung von Vermögen, als dies ohnehin schon für unsere Gesellschaften kennzeichnend ist. Als Referenz diente in der Studie die Vermögensverteilung in den USA. Dort gehören dem reichsten oberen Prozent der Bevölkerung etwa ein Drittel aller Vermögensgegenstände. Setzt man die beiden Aufteilungen zueinander in Bezug, so ist die Ungleichverteilung bei Bitcoin nochmal um den Faktor 75 größer als dies ohnehin schon bei allen anderen Vermögensgegenständen der Fall ist. Ähnliche Verteilungsprobleme ergeben sich dabei auch bei anderen Kryptowährungen [23].

Möglicherweise ist dies daher keine so gute Ausgangslage für eine neue Gesellschaftsform? Denn zum einen macht diese ungleiche Verteilung das gesamte Bitcoin-Netzwerk anfälliger für systemische Risiken. Und zum anderen geht der Großteil der Gewinne aus steigenden Preisen und der zunehmenden Verbreitung an eine unverhältnismäßig kleine Gruppe von Personen.

Ebenfalls problematisch an Kryptowährungen sowie Bitcoin im speziellen ist der hohe Energieverbrauch. In der gleichen Studie konnte nachgewiesen werden, dass 90% des Transaktionsvolumens auf der Bitcoin-Blockchain nicht mit wirtschaftlich sinnvollen Aktivitäten verbunden sind, sondern ein Nebenprodukt des Bitcoin-Protokolls sowie der Vorliebe vieler Teilnehmenden, anonym zu bleiben, sind[22]. Zusätzlich werden große Mengen an Energie benötigt, um neue Bitcoins zu „minen". Insgesamt verbraucht die Bitcoin-Blockchain mit über 90 Terawattstunden pro Jahr mehr Strom als ein Land wie Finnland mit etwa 5,5 Millionen Einwohnern[24]. Oftmals wird dabei angeführt, dass die Energie dafür überwiegend aus erneuerbaren Quellen stamme. Wie hoch dieser Anteil jedoch tatsächlich ist, lässt sich nur schwer eindeutig bemessen. Die Schätzungen bewegen sich zwischen knapp 40% bis zu fast 75%. Nachweislich negativ auf die Energiebilanz hat sich dabei das chinesische Verbot in der ersten Jahreshälfte 2021 zum Schürfen neuer Bitcoin ausgewirkt. Denn dort wurde die Energie hauptsächlich aus Wasserkraft, also einer erneuerbaren Energiequelle gewonnen, die in bestimmten Regionen während der Regenzeit im Überfluss vorhanden ist. Seit den chinesischen Verboten hat sich die CO_2-Bilanz von Bitcoin daher deutlich verschlechtert, da vermehrt wieder auf fossile Energieträger zur Gewinnung von Bitcoin gesetzt wird[25]. Die schwedische Finanzaufsichtsbehörde sowie die Umweltschutzbehörde gibt zudem zu bedenken, dass auch eine überwiegende Nutzung von erneuerbaren Energien den hohen Energieverbrauch nicht per se unproblematisch macht. Denn diese Energie könnte dann an anderer Stelle fehlen, um fossile Brennstoffe im Rahmen der Energiewende zu ersetzen[26].

Es zeigt sich, dass — wie wir auch bereits bei der Digitalisierung im Allgemeinen oder dem Thema künstliche Intelligenz gesehen haben — auch bei Kryptowährungen eine differenzierte Betrachtung sinnvoll und wichtig ist. Die Idee von Kryptowährungen ist unbestreitbar faszinierend wie elegant, da sie sich ideal in eine digitale Welt einfügt. Sie bietet eine Lösung an, wie Zahlungen, Transaktionen oder auch sonstige Nachweise von Eigentum in digitalen Räumen erfolgen könnten. Sicherlich werden sich dabei effizientere Formen zur Abwicklung von Transaktionen etablieren, als dies aktuell bei Bitcoin der Fall der ist. Möglicherweise haben sich die Entwickler von Bitcoin mit dem „proof of work" schlichtweg für den „falschen" Standard entschieden, da dieser zwar maximale Sicherheit garantiert, dafür aber eine große Skalierbarkeit verhindert bzw. diese sehr ineffizient macht. „Falsch" ist dabei natürlich eine Frage der Perspektive. Ebenfalls ist es denkbar, dass eine digitale Währung nach dem Vorbild von Bitcoin eingeführt wird, die von den Zentralbanken ausgegeben wird. Hierfür gibt es bereits konkrete Überlegungen. Die EZB prüft derzeit die Einführung eines digitalen Euro, der dann ebenfalls den Status eines gesetzlichen Zahlungsmittels hätte[27]. Inwiefern ein derartiger digitaler Euro dann noch Vorteile gegenüber „klassischem" Geld bietet, sei jedoch dahingestellt.

Unsicherheit für alle?

Die Entwicklungen an den Finanzmärkten in den 2010er Jahren haben bisher gültige Gewissheiten und Überzeugungen teilweise komplett in Frage gestellt. Nach einem Jahrzehnt der Niedrigzinsen kehrt nun eine hohe Inflationsrate zurück. Beides stellt für viele Menschen eine neue Erfahrung dar. Denn derart niedrige Zinsen bzw. Nullzinsen gab es erst in Folge der Finanz- und Eurokrise und eine höhere Inflation im Grunde seit den 1990er Jahren nicht mehr. Den höchsten Wert erreichten Preissteigerungen zuletzt im Jahr 1992 mit 5%, wobei dies nur einen kurzen Ausschlag nach oben darstellte. Eine länger anhaltende Inflation gab es zuletzt in den 1970er und 1980er Jahren[28]. Dabei ist nicht absehbar, in welche Richtung die Entwicklungen in den nächsten Jahren gehen werden. Hier ergibt sich folglich eine allgemeine Unsicherheit im Hinblick auf das (globale) Finanzsystem.

Zudem gibt es einen weiteren Faktor, der Unsicherheit begünstigt. Es droht sich eine zunehmende Spaltung der Gesellschaft abzuzeichnen[29]. Die aktuellen Entwicklungen sind besonders schwierig für alle Menschen, die nicht zur Oberschicht oder oberen Mittelschicht zählen, wobei es umso schwieriger wird, über je weniger Geld oder Vermögenswerte eine Person verfügt[30]. Es geht dabei aber nicht nur um das faktische Wohlstandsniveau, sondern es genügt bereits das Gefühl auf der „falschen" (d. h. zu armen) Seite zu stehen, damit Menschen Unsicherheit hinsichtlich ihrer finanziellen Situation erleben. Auch wenn eine Person nach objektiven Kriterien verhältnismäßig wohlhabend ist, sich nun aufgrund von steigenden Zinsen aber die lang ersehnte Eigentumswohnung nicht mehr kaufen kann, wird sie sich eben nicht an ihrem verhältnismäßig hohen Wohlstand erfreuen. Vielmehr wird sie damit hadern, nicht schon früher eine Immobilie gekauft zu haben, und sich möglicherweise darum sorgen, ob dies zukünftig noch möglich sein wird. Hieran werden Entwicklungen wie Kryptowährungen wenig ändern können. Auch wenn diese für unser Finanzsystem langfristig interessante Möglichkeiten bieten, werden sie kurzfristig das Gefühl der Unsicherheit nicht reduzieren können. Dafür ist der Kreis der Menschen, der bisher von Kryptowährungen profitiert hat, schlichtweg zu klein. Insgesamt ist somit davon auszugehen, dass die aktuellen finanzpolitischen Entwicklungen auch in den nächsten Jahren ein wesentlicher Unsicherheitstreiber für viele Menschen — und zwar unabhängig von ihrem tatsächlichen Wohlstandsniveau — sein werden. Hier werden daher Politik und Institutionen wie die Zentralbanken besonders gefordert sein, um zu verhindern, dass diese empfundene Unsicherheit nicht in Vertrauensverluste mündet.

Fake Numbers, Fake Stories und Fake News

Durch das Internet und Social Media haben wir die Möglichkeit bekommen, weltweit miteinander zu kooperieren und uns einfach, effizient und kostengünstig zu organisieren. Dies kann sowohl positive als auch negative Effekte haben. Positiv ist dabei u. a., dass es heutzutage sehr einfach ist, Menschen zu finden, die gleiche Interessen haben (z. B. Sport oder andere Hobbies) oder auch an der gleichen Krankheit leiden. Auf diese Weise kann man sich miteinander vernetzen, in Kontakt bleiben, gegenseitig unterstützen, Informationen austauschen oder auch Selbsthilfegruppen gründen. Auf der anderen Seite kann die einfache und weitreichende Vernetzung natürlich auch negative Effekte haben.

So können sich nicht nur sportbegeisterte Menschen zum gemeinsamen Lauftraining verabreden, sondern auch radikale Gruppierungen wie Neonazis oder radikale Islamisten sich weltweit einfach organisieren. Mit nur einem Klick können sie Gleichgesinnte erreichen und mit ihren menschenverachtenden Theorien beeinflussen. Ähnlich verhält es sich mit dem Zugang zu Informationen. Eine der großen Errungenschaften des Internets ist zweifelsohne darin zu sehen, dass Informationen und Wissen sehr viel einfacher zugänglich geworden sind. Heute reicht — zumindest in Staaten mit demokratischer Grundordnung — ein Internetzugang, damit sich eine Person eigenständig informieren und fortbilden kann. Inzwischen gibt es diverse Lernplattformen, auf denen hochwertige Inhalte zur Verfügung gestellt werden und gezielt Kompetenzen (z. B. Programmieren, Buchhaltung) erworben werden können. Auch etablierte Universitäten bieten offene und oftmals kostenfreie Online-Angebote für interessierte Menschen an (z. B. auf EdX).

War früher Wissen ein Privileg derjenigen, die über eine gute Schulbildung verfügt haben und eine Brockhaus-Enzyklopädie im Wohnzimmerschrank hatten, besteht heutzutage ein einfacher und niederschwelliger Zugang zu Wissen und Informationen für viele Menschen. Nicht ohne Grund hat sich der Begriff „googeln" in unserem Wortschatz etabliert, um zu beschreiben, dass wir im Internet etwas „nachschlagen" wollen oder eine bestimmte Information suchen. Die einfache Zugänglichkeit zu Wissen und Informationen ist einerseits ein unglaublicher Fortschritt und kann als große Errungenschaft gesehen werden.

Auf der anderen Seite gehen diese Entwicklungen auch mit verschiedenen Problemen einher: Wer garantiert für die Qualität von Informationen und Wissen? Wie kann eine einzelne Person unterscheiden, ob eine bestimmte Information fundiert und zutreffend oder einfach nur frei erfunden ist? Tatsächlich zeigt die Praxis, dass viele Informationen im Internet einer soliden Grundlage ermangeln. Wir unterscheiden hierzu im Folgenden zwischen Fake Numbers, Fake Stories und Fake News.

Der Begriff Fake News ist spätestens seit Donald Trump's Präsidentschaft (2017–2021) in unserem Alltag angekommen – wenngleich es dieses Phänomen natürlich bereits wesentlich länger gibt. So beschreiben Gordon Pennycook und David Rand[1] in ihrem Überblicksartikel ein Beispiel, das noch weit in die Zeit vor den Massenmedien zurückreicht. Die New Yorker Zeitung „The Sun" veröffentlichte im Jahr 1835 sechs Artikel über angebliches Leben auf dem Mond, die später als „Great Moon Hoax" bekannt wurden. Grundsätzlich sind Fake News, also Falschnachrichten, gezielte Desinformationen. Nach Markus Appel und Nicole Doser[2] handelt es sich um Fake News, wenn „eine Aussage oder die Darstellung eines Ereignisses [...] in der Form (look and feel) eines journalistischen Beitrags präsentiert [wird] und die Aussage oder Darstellung [...] nicht mit der Faktenlage überein[stimmt]".

Hinzu kommt, dass derartige Aussagen typischerweise bewusst erfunden wurden, um mit ihr kommerzielle oder politische Ziele zu verfolgen. Diese Informationen zu aktuellen Themen und Ereignissen lassen sich durch die sozialen Medien und unabhängig von einer z. B. journalistischen Qualifikation schnell und an ein großes Publikum verteilen. Die sonst in Verlagen typischen Kontrollmechanismen, wie die redaktionelle Gegenrecherche und der Faktencheck entfallen.

Problematisch ist also die Kombination aus einer großen Reichweite bei fehlender Qualitätskontrolle[3]. Wie groß die Reichweite von Fake News sein kann, zeigen Daten der Online Nachrichtenplattform BuzzFeed News zur Verbreitung von Nachrichten und Falschnachrichten in den Wochen vor der Präsidentschaftswahl in den USA von 2016. In den letzten drei Monaten vor der Wahl generierten die 20 reichweitenstärksten Fake News-Artikel zur Präsidentschaftswahl auf Facebook mehr Nutzer-Interaktionen (in Form von Kommentaren, Reaktionen und Weiterleitungen), als die 20 meistgelesenen Online-Nachrichtenartikel zu dem Thema von 19 großen Nachrichtenorganen wie der New York Times, Washington Post und Huffington Post zusammengenommen[4].

Falsche Informationen im Internet kommen dabei aber nicht nur in Form von vermeintlichen journalistischen Beiträgen vor. Es kursieren auch außerhalb eines journalistischen Deckmantels irreführende oder schlicht falsche Informationen. Hierzu zählen Fake Numbers und Fake Stories. Oftmals findet sich hierbei ein Verweis auf vermeintliche (wissenschaftliche) Studien, um auf diese Weise die Integrität und Glaubwürdigkeit zu erhöhen. Präsentiert und verbreitet werden derartige „Fakten" dann über Blogeinträge oder Artikel im Internet sowie in Social Media. Drei Beispiele sollen dies verdeutlichen.

Das erste Beispiel hierfür ist die Anzahl der Entscheidungen, die das menschliche Gehirn pro Tag angeblich trifft. Befragt man Google in Bezug auf diese Fragestellung, so liest man recht schnell die Zahl von täglich durchschnittlich 35.000 Entscheidungen. Es wird dabei auf „Studien" verwiesen, ohne dass diese konkret genannt werden. Im ersten Moment mag man nun denken „Wow, das menschliche Gehirn ist echt faszinierend und kann halt was". Doch ist diese Information tatsächlich zutreffend? Recherchiert man nach wissenschaftlichen Publikationen zu dieser Frage, lässt sich keine fundierte Antwort finden. Es gibt nämlich keinerlei wissenschaftliche Belege für die Zahl von 35.000 Entscheidungen, wenngleich sie – leider – in einzelnen wissenschaftlichen Publikationen unkritisch zitiert und wiedergegeben wird[5]. Versuchen wir das mal kurz nachzuvollziehen: Der Tag hat 86.400 Sekunden. Gehen wir davon aus, dass davon acht Stunden geschlafen werden, so bleiben 57.600 Sekunden übrig. Bezogen auf angebliche 35.000 Entscheidungen würde das bedeuten, dass wir ca. alle 1,6 Sekunden eine Entscheidung treffen. Sofern wir das Wirken des autonomen Nervensystems, das sich um die Vitalfunktionen unseres Körpers (also Atmung, Stoffwechsel etc.) kümmert, bei diesen Entscheidungen ausschließen, scheint die Annahme von einer bewussten Entscheidung alle 1,6 Sekunden also doch mehr als unrealistisch. In diesem Fall ist der mögliche Schaden durch diese Falschinformation sicherlich sehr gering. Schlimmstenfalls hat eine Person in der Folge eine falsche Vorstellung von der Wirkweise des Gehirns, aber es ist nicht davon auszugehen, dass auf Basis dieser Information kritische Entscheidungen getroffen werden.

Beim zweiten Beispiel könnten die Auswirkungen schon etwas weitreichender sein. Auch hier geht es wieder um eine Zahl. Diesmal ist es 65%. Damit ist gemeint, dass 65% aller Kinder, die heute zur Grundschule gehen, angeblich später in Jobs arbeiten werden, die es heute noch gar nicht gibt. Auch hier mag eine erste Reaktion „Wow! Wir leben wahrlich in disruptiven Zeiten" sein. Die Suche nach einer entsprechenden Quelle liefert auch hier ernüchternde, wenngleich doch wenig überraschende Ergebnisse. Recht schnell findet sich als viel zitierte Quelle ein Buch von Cathy Davidson[6], die als Professorin an der renommierten Duke University in New York tätig war. Was nach einer gut fundierten Quelle klingt, ist jedoch keine. Denn es gibt für die Zahl 65% offensichtlich keine belastbaren Daten. Auch in der von Davidson zitierten Quelle findet sich kein Hinweis auf eine entsprechende Studie oder zugrundeliegende Daten, die klären würden, wie die 65% zustande gekommen sind. Eine tiefergehende Auseinandersetzung in einem Blogbeitrag von Benjamin Doxtdator[7] mit der Thematik offenbart, dass erste Nennungen der Zahl auf das Jahr 1957 zurückgehen und bereits in den 1970er Jahren die 65% häufig herangezogen worden sind, um bevorstehende Veränderungen in der Arbeitswelt zu begründen. Die 65%-Aussage entbehrt somit nicht nur jeglicher Grundlage, sondern es ist auch noch alter Wein in neuen Schläuchen. Besonders problematisch ist jedoch, dass derartige Statements wie im vorliegenden Fall eine sehr große Popularität und Reichweite erlangen — nicht zuletzt, weil die Zahl auch von einflussreichen Organisationen wie dem Weltwirtschaftsforum oder der Organisation für wirtschaftliche Zusammenarbeit und Entwicklung (OECD) genannt und auf diese Weise qualitativ „abgesichert" wird. Letztgenannte Organisation geht dabei sogar so weit, nicht mal mehr eine Quelle anzugeben, sondern schlichtweg von „OECD evidence shows ..." zu sprechen[8]. Anders als bei 35.000 Entscheidungen könnte im Fall der 65% schon eine größere Wirkung eintreten. Bedenkt man, wie öffentlichkeitswirksam diese Zahl immer weiter verbreitet wird, wäre es hier durchaus vorstellbar, dass sich beispielsweise Politikerinnen und Politiker oder Führungspersonen in Unternehmen, die sich mit der Zukunft des Bildungssystems oder der Arbeitswelt befassen, davon beeinflussen lassen. Dies bedeutet nicht automatisch, dass dadurch schlechte Entscheidungen getroffen werden — aber in jedem Fall würde die Entscheidung auf falschen Annahmen beruhen. Grundsätzlich wäre es doch wünschenswert, wenn Menschen in verantwortungsvollen Positionen ihre Entscheidungen aufgrund von echten Daten anstatt frei erfundenen Prognosen treffen.

Ein weiteres Beispiel, das mehr als nur eine Zahl umfasst, ist die „Geschichte mit den Wölfen", die sich zeitweise großer Beliebtheit auf beruflichen Netzwerken wie LinkedIn oder Xing erfreut hat. Gezeigt wird ein Bild mit einem Wolfsrudel auf Wanderschaft durch eine winterliche Landschaft. In der Beschreibung ist zu lesen, dass die drei vordersten Wölfe die ältesten und schwächsten Tiere seien. Sie bestimmten die Geschwindigkeit des Rudels, um nicht zurückzubleiben. Ihnen folgten die stärksten Tiere und der Hauptteil der Gruppe. Der letzte Wolf mit etwas Abstand zur Gruppe sei schließlich der Alpha-Wolf, der die gesamte Situation von der hinteren Position aus kontrolliere. Typischerweise wird diese Geschichte im weiteren Verlauf dann als Metapher für erfolgreiche Führung bemüht. Wenngleich das Bild ein echtes Wolfsrudel auf Wanderung in Nordkanada zeigt, ist die Rollenverteilung doch eine komplett andere. Denn das Rudel wird angeführt von der Alpha-Wölfin, die als Spurläuferin den Weg durch den Tiefschnee für die anderen Tiere ebnet. Andernfalls würden die schwächeren Tiere die Wanderung nicht überleben. Problem: Falsche Schlussfolgerungen für den Führungsalltag. Auch hier zeigt sich wieder ein ähnliches Muster, das wir bereits bei den Beispielen zu den Fake Numbers gesehen haben. Demnach wird — diesmal auf Basis eines Bildes — eine vermeintlich plausible Geschichte konstruiert. Für den Laien ist es dabei nur schwer nachzuvollziehen, ob die getroffenen Aussagen gültig sind oder nicht.

Einmal in die Welt gesetzt, halten sich derartige Fake Numbers und Fake Stories oft recht hartnäckig. Ein Grund dafür ist der sogenannte Wahrheitseffekt (engl. illusory truth effect), welcher erstmals von Lynn Hasher et al. im Jahr 1977[9] beschrieben wurde. In einer experimentellen Studie wurde den Versuchspersonen eine Liste plausibler Aussagen vorgelegt, von denen einige wahr (z. B. Lithium ist das leichteste Metall) und einige falsch (z. B. das Wasserschwein ist das größte Beuteltiere) waren. Die Teilnehmenden mussten den Wahrheitsgehalt der einzelnen Aussagen beurteilen. Dieser Vorgang wurde dann in einer zweiten und dritten Sitzung wiederholt. Die Hälfte der Aussagen war jedoch bereits aus den vorhergehenden Sitzung(en) bekannt, während die andere Hälfte noch nicht bekannt war. Die Ergebnisse zeigten, dass die Teilnehmenden mit jedem weiteren Durchgang den Aussagen einen höheren Wahrheitsgehalt beigemessen haben, die sie bereits aus der vorherigen Sitzung kannten. Der Wahrheitseffekt besagt folglich, dass wenn wir dieselbe falsche Information immer und immer wieder hören, irgendwann glauben, sie sei wahr. Beunruhigend ist, dass dieser Effekt sogar dann auftritt, wenn man im Vorfeld darüber aufgeklärt wurde, dass die Information falsch ist. Ebenso funktioniert der Effekt auch dann, wenn die Information dem eigenen Wissen widerspricht[10]. Da viele der zuvor genannten Beispiele zu Fake Numbers und Fake Stories immer wieder über die sozialen Medien geteilt und verbreitet werden, setzt mit der Zeit eine Art Gewöhnungseffekt ein und wir beginnen die Informationen zu glauben. Denn wenn so viele auf LinkedIn oder Xing die Geschichte mit den Wölfen teilen und liken, wird schon etwas dran sein. Hinzu kommt ein weiterer Effekt, die sogenannte Expertenheuristik[11]. Diese besagt, dass wir uns häufig und gerne auf die Meinung von Expertinnen und Experten verlassen, d. h. wenn ein Experte etwas vorträgt, dann steigt die Wahrscheinlichkeit, dass wir uns auf diese Aussage verlassen. Wie bereits beschrieben, werden Fake Numbers und Stories nicht selten auch von Expertinnen und Experten aufgegriffen — sei es wie im Beispiel mit den 65% die OECD als bekannte öffentliche Institution oder (vermeintliche) Experten zum Thema Führung auf LinkedIn bei der Geschichte mit den Wölfen. Expertise schafft Glaubwürdigkeit. Dumm nur, wenn die Expertinnen und Experten vorher nicht die Belastbarkeit der Fakten prüfen. An dieser Stelle hilft oftmals nur, wenn jeder von uns individuell die Integrität von derartigen Aussagen überprüft und einen Blick in die Originalquellen wirft — sofern es diese denn gibt — oder zumindest kritisch in Frage stellt.

Warum Menschen anfällig für Falschinformationen sind

Aus psychologischer Sicht stellen sich nun vor allem zwei Fragen, die auch aus praktischer Sicht bedeutsam sind. Zum einen ist es interessant zu untersuchen, ob es Menschen gibt, die besonders anfällig für derartige Falschinformationen sind. Zum anderen ist es relevant zu erörtern, welche Möglichkeiten bestehen, die Verbreitung von Fake News und Co zu reduzieren und wie Menschen in ihrem Alltag darauf aufmerksam gemacht bzw. sensibilisiert werden können. Bereits Ende der 1940er Jahre konnte durch entsprechende Experimente nachgewiesen werden, dass wir grundsätzlich dazu neigen, allgemeingültige (und zugleich nichtssagende) Aussagen hinsichtlich unserer Persönlichkeit auf uns zu beziehen. Diese Tendenz wird als sogenannter Forer- oder Barnum-Effekt[12] bezeichnet.

Bertram Forer führte hierzu im Jahr 1948 eine Studie durch, bei der Studierende zunächst einen Persönlichkeitstest ausfüllen mussten. Anschließend erhielten sie eine vermeintlich individuelle Auswertung bestehend aus 13 Aussagen zu ihrer Persönlichkeit. Diese Auflistung war tatsächlich jedoch fingiert und für alle Teilnehmenden gleich, was diese nicht wussten. Forer hatte die Beschreibungen zuvor aus den Texten von Horoskopen aus Illustrierten und Zeitungen zusammengestellt. Als die Probanden dann gefragt wurden, als wie passend sie diese Beschreibung zu ihrer Persönlichkeit empfinden würden, gaben 87% der Befragten an, dass sie die Auswertung des Persönlichkeitstests als zutreffend oder sehr zutreffend empfinden. Dabei konnten keine Unterschiede zwischen den Testpersonen hinsichtlich Alter, Geschlecht oder Noten in einem Leistungstest festgestellt werden[13]. Im Folgenden finden Sie einige Beispiele für Aussagen aus der „Auswertung" der Studie von Forer[14]:

- Sie können durchaus selbstkritisch mit sich sein.
- Sie verfügen über zahlreiche ungenutzte Stärken, die Sie noch nicht zu Ihrem Vorteil einsetzen.
- Mit den Schwächen Ihrer Persönlichkeit können Sie typischerweise gut umgehen.
- Zeitweise sind Sie extrovertiert, freundlich und gesellig, wohingegen Sie manchmal auch introvertiert, misstrauisch und reserviert sein können.

Abgesehen davon, dass derartige „Barnum-Aussagen"[15] sehr allgemein formuliert sind und im Grunde auf jeden Menschen zutreffen könnten, lässt sich beobachten, dass oftmals mit Schmeicheleien oder positiven Aussagen gearbeitet wird. Auf diese Weise wird der sogenannte *self-serving bias* (selbstwertdienliche Verzerrung[16]) bedient. Dieser beschreibt die Tendenz oder das Bedürfnis von Menschen, das eigene Selbstwertgefühl zu erhalten oder zu steigern. Hierfür wird auch gerne mal eine verzerrte Wahrnehmung in Kauf genommen, d. h. die Gültigkeit negativer Rückmeldungen wird abgelehnt, eigene Fehler oder Misserfolge werden übersehen und umgekehrt werden Stärken oder Leistungen positiv betont. Folglich ist es wenig überraschend, dass Menschen bei der Rückmeldung derartiger Aussagen stets eine hohe Passung zu ihrer Persönlichkeit wahrnehmen. Genau das sollte jedoch Anlass zur Skepsis bieten, ganz nach dem Motto „quo errat demonstrator, worin sich der Beweisende irrt"[17].

Doch wie verhält es sich nun bei Aussagen, die nicht direkt unsere Person betreffen und einen größeren Bezugsrahmen haben? Also Beispielen wie den oben genannten 35.000 oder 65%? Neuere Forschung zeigt, dass nicht nur Aussagen mit Bezug zur eigenen Person falsch eingeschätzt werden, sondern dass sich derartige Effekte auch in anderen Bereichen beobachten lassen.

Ein Beispiel hierfür ist die Studie von Pennycook und Kolleginnen und Kollegen aus dem Jahr 2015[16]. Dabei wurde den Probanden eine Reihe von Aussagen vorgelegt, bei denen es sich sämtlich um pseudo-profunden Blödsinn („pseudo-profound bullshit") gehandelt hat. Ein Beispiel für eine derartige Aussage ist: „Verborgene Bedeutung verwandelt sich in unvergleichliche abstrakte Schönheit" (im Original auf Englisch: „Hidden meaning transforms unparalleled abstract beauty"). Die Aussagen waren so formuliert, dass sie möglichst intelligent und anspruchsvoll klingen, tatsächlich aber keinerlei tiefergehende Bedeutung aufweisen. Die befragten Personen mussten dann für jedes Statement angeben, wie tiefgründig sie es einschätzen. Gleichzeitig wurden mit psychologischen Messinstrumenten verschiedene Aspekte der Persönlichkeit, Wahrnehmung sowie kognitiven Kapazität erfasst. Dabei konnte über mehrere Teilstudien hinweg festgestellt werden, dass viele der präsentierten Aussagen zumindest als einigermaßen tiefgründig beurteilt wurden. Darüber hinaus zeigte sich, dass sich Menschen in ihrer Neigung unterscheiden, derartigen „Bullshit-Aussagen" Sinnhaftigkeit zuzuschreiben. Diese Tendenz wird von Pennycook und Kollegen[16] als „Bullshit-Rezeptivität" bezeichnet. Diejenigen, die empfänglicher für Bullshit waren, sind weniger reflektiert und verfügen über geringere kognitive Fähigkeiten in Form von verbaler und fluider Intelligenz sowie Rechenfertigkeiten. Darüber hinaus konnten Zusammenhänge mit dem Glauben an Verschwörungsideen, religiösen und paranormalen

Überzeugungen sowie der Befürwortung von alternativer Medizin festgestellt werden.

Zusätzlich besteht ein deutlich ausgeprägter Zusammenhang zu sogenannten ontologischen Fehlannahmen (engl. ontological confusions). Dies beschreibt ein Konzept, das auf Marjaana Lindeman und Kollegen [18] zurückgeht. Dabei werden verschiedene Aspekte der Realität auf systematische Art und Weise verwechselt bzw. durcheinandergebracht. Nehmen wir zum Beispiel diesen Satz: „Ein Fels lebt lange". Ist dieser Satz wörtlich zu nehmen (d. h. inhaltlich wahr) oder nur metaphorisch gemeint? Wenn Sie die Aussage wörtlich nehmen, dann würden Sie in diesem Fall eine ontologische Fehlannahme treffen. Denn die Worte „Fels" und „leben" gehören zu zwei verschiedenen Kategorien (unbelebt vs. lebendig) und folglich macht man einen Fehler in Bezug auf die Art der tatsächlichen Beziehung zwischen den beiden Kategorien. Wenn Menschen nun dazu neigen Fehler dieser Art häufiger zu begehen, konnten Pennycook und Kollegen [16] feststellen, dass auch ihre Bullshit-Rezeptivität steigt.

Von Bullshit zu Fake News

Im Kontext von Fake News trifft man oftmals auf die Annahme, dass der Glaube an Fake News mit der politischen Orientierung von Menschen in Zusammenhang stünde. Wenngleich diese Erklärung intuitiv nachvollziehbar ist, kann sie durch neuere Forschungsergebnisse jedoch nicht eindeutig gestützt werden. So führen bspw. Pennycook und Rand[1] in ihrem Überblicksartikel aus, dass die politische Identität von Menschen und politisch motiviertes Denken nicht die entscheidenden Faktoren sind, um den Wahrheitsgehalt von Fake News treffend einschätzen zu können. Vielmehr spielen hier grundlegendere Prozesse der Informationsverarbeitung eine Rolle.

Hier sei zum einen die Fähigkeit zum kritischen und analytischen Denken genannt. Erinnern Sie sich noch an das Beispiel mit der Maske und dem Desinfektionsmittel zu Beginn dieses Buchs, bei dem wir gefragt haben, wie viel das Desinfektionsmittel kostet? Diese abgewandelte Variante aus dem Cognitive Reflection Test zeigt eine Tendenz von Menschen, ob sie eher intuitiv (in unserem Beispiel wäre das die Antwort 5 Euro) oder rational (in unserem Beispiel wäre das die Antwort 2,50 Euro) an die Beantwortung der Frage herangehen. Personen, die derartige Probleme eher intuitiv lösen, glauben auch eher an falsche Informationen und Falschnachrichten. Umgekehrt kann rationales Denken dabei helfen, korrekte und falsche Inhalte zutreffend zu erkennen und voneinander zu unterscheiden. Hier spielt dann zusätzlich das Vorwissen zu bestimmten Themen und die Allgemeinbildung von Personen eine wichtige Rolle. Denn je mehr Wissen vorhanden ist, desto leichter fällt es Menschen, falsche Informationen als falsch zu entlarven.

Dummerweise kann sich dabei nun aber auch ein gegenteiliger Effekt einstellen, und zwar dann, wenn das „Vorwissen" kein richtiges Wissen ist. Verfügt eine Person über grundsätzlich falsche Annahmen, ist sich aber sicher, dass diese korrekt sind, dann kann dieses „Vorwissen" dazu führen, dass eine rationale Herangehensweise erst recht zum falschen Ergebnis führt. Zwar reflektiert eine Person dann über den Sinn oder Wahrheitsgehalt bestimmter Informationen, kommt aber dennoch zu falschen Schlüssen, weil sie sich auf „Vorwissen" bezieht, das keine Gültigkeit hat.

Ein Beispiel hierfür wäre, dass eine Person zur Überzeugung gekommen ist, dass der Klimawandel weder existiere noch menschengemacht sei. Auch wenn 97% der wissenschaftlichen Community der Auffassung sind, dass sich die Temperaturen im letzten Jahrhundert global betrachtet signifikant erhöht haben und dieser Anstieg auf menschliche Aktivitäten zurückzuführen ist[19], gibt es eben auch Wissenschaftler, die den Klimawandel kleinreden oder abstreiten[20]. Hierfür werden dann auch entsprechende Argumente oder Belege angeführt. Gehen wir nun davon aus, dass unsere Person ein Buch von einem dieser klimawandelkritischen Wissenschaftler in die Finger bekommen und gelesen hat. Die Person übernimmt die dort beschriebenen Ausführungen und verfügt nun über üppiges „Vorwissen", wonach der Klimawandel gar kein Problem sei und nur erzählt werde, um die Menschen ihrer Freiheit zu berauben. Trifft die Person zukünftig auf neue Fakten oder Informationen, die für den Klimawandel sprechen, werden diese sehr kritisch hinterfragt und abgelehnt, weil sie ihrem „Vorwissen" widersprechen. Anstatt dieses „Vorwissen" kritisch zu prüfen, werden vielmehr die neuen Informationen kritisch beleuchtet. Es gelingt folglich keine hinreichende Unterscheidung mehr zwischen zutreffenden und falschen Informationen. Leider führt somit Denken nicht immer automatisch zu besseren Ergebnissen. Neben der grundsätzlichen Fähigkeit zum kritischen und analytischen Denken, kommt es also auf ein gutes Fundament an Wissen und Allgemeinbildung an.

Neben der Fähigkeit zum kritischen Denken sind zum anderen auch Heuristiken von Bedeutung, wenn es um die Einschätzung von Fake News geht. Heuristiken kann man als Daumenregeln oder Abkürzungen beim Denken verstehen. Sie sind folglich typisch für das intuitive Denken. Ein Beispiel für eine derartige Heuristik haben wir bereits mit dem Wahrheitseffekt bzw. *illusory truth effect* kennengelernt. Dieser funktioniert auch im Kontext von Falschnachrichten. So konnte in Studien gezeigt werden, dass Personen eher Fake News in Form von falschen Schlagzeilen in Kombination mit einem Bild glauben (z. B. „Schweinefleisch ist ungesund, weil Schweine nicht schwitzen" oder „Monster Energy verkauft koffeinhaltigen Schinken"), wenn sie diese im Vorfeld bereits gesehen hatten[21]. Hierzu wurden Versuchspersonen zunächst 24 Schlagzeilen gezeigt, von denen die Hälfte richtig und die andere Hälfte falsch war. In einem ersten Durchgang wurden die Personen gebeten einzuschätzen, wie lustig sie diese Schlagzeilen auf einer Skala von „überhaupt nicht lustig" zu „sehr lustig" finden. Anschließend mussten die Versuchspersonen verschiedene Füllaufgaben und andere Fragen bearbeiten. Im letzten Teil des Experiments mussten die Personen schließlich 48 Schlagzeilen hinsichtlich ihres Wahrheitsgehalts einschätzen, wobei auch wieder die 24 Schlagzeilen aus dem ersten Durchgang enthalten waren. Dabei zeigte sich, dass die bereits bekannten Schlagzeilen durchweg als zutreffender bewertet wurden.

Darüber hinaus scheint die Quelle einer Falschnachricht eine wichtige Rolle zu spielen. Der zugrundeliegende Mechanismus ist simpel: Wenn Personen einer Quelle eine höhere Glaubwürdigkeit zuschreiben, dann werden Informationen, die von dieser Quelle verbreitet werden, eher für wahr gehalten. In den sozialen Netzwerken gibt es darüber hinaus noch einen weiteren vermeintlichen Indikator für die Glaubwürdigkeit einer Quelle: die Anzahl der Follower bzw. die Anzahl der Likes. Studien zeigen, dass je höher diese ausfallen, desto eher werden Fake News mit anderen geteilt. Zudem wird seltener von der Möglichkeit eines „Fact Checks" Gebrauch gemacht [22].

Schließlich gibt es noch einen weiteren Faktor, der mit der Glaubwürdigkeit von Fake News in Zusammenhang steht. Oftmals kann beobachtet werden, dass Falschnachrichten so formuliert sind, dass sie starke Emotionen wie Angst, Wut [23] oder moralische Empörung hervorrufen [24]. Emotionen können jedoch unser Urteilsvermögen beeinträchtigen, da sie unsere Fähigkeit zum rationalen Denken vernebeln. Ferner zeigen Studien in diesem Kontext, dass Menschen, die sich stärker auf ihre Emotionen verlassen, eher an falsche Schlagzeilen glauben [25].

Insgesamt lässt sich folglich festhalten, dass die Anfälligkeit für Fake News, ebenso wie für Fake Numbers und Fake Stories, auf recht einfache Mechanismen unserer Informationsverarbeitung zurückzuführen ist. Wir machen es uns mit dem Denken oftmals schlichtweg zu einfach und verlassen uns auf unsere Intuition, auch wenn diese gerade nicht angebracht ist. Insbesondere durch die sozialen Medien werden die zuvor beschriebenen Effekte massiv verstärkt. So besteht das Risiko, dass sich sogenannte Filterblasen bilden. Dies meint, dass sich die Nutzerinnen und Nutzer in einem Kontext bewegen, der immer mehr das schon Gesehene reproduziert. Dies ist darauf zurückzuführen, dass die Algorithmen der sozialen Medien überwiegend neue Informationen präsentieren, die zu den Vorlieben der bisher betrachteten Inhalte passen. Schaut man viele Katzenvideos, bekommt man also noch mehr Katzenvideos oder ähnliche Inhalte vorgeschlagen. Das ist erstmal nicht wirklich schlimm und kann in manchen Fällen sogar nützlich sein. Bei Fake News, radikalen Meinungen oder Verschwörungserzählungen können derartige Filterblasen jedoch ein großes Problem darstellen, da sie das Gefühl vermitteln, dass viele Menschen die angezeigten Inhalte auch so sehen[26]. Zudem scheinen Menschen im Kontext der sozialen Medien besonders anfällig für unaufmerksame und schnelle Schlussfolgerungen zu sein. Zwar steht das Teilen von Fake News auf Social Media nicht zwangsläufig in Zusammenhang mit der Überzeugung, dass diese auch zutreffend seien[27]. Aber das macht die Sache leider nicht besser. Denn in den sozialen Netzwerken zählt vor allem Quantität. Ist eine Falschnachricht einmal im Umlauf und wird rege weiter verbreitet, so steigt die Wahrscheinlichkeit, dass immer mehr Personen dieser Nachricht Glauben schenken.

Was kann also getan werden? Als Individuum könnte man versuchen, sich nicht vorschnell eine Meinung zur Richtigkeit zu bilden. Man könnte überlegen, ob man möglicherweise eine der zuvor beschriebenen Heuristiken verwendet hat. Zudem könnte man versuchen, weitere, unabhängige Quellen heran zu ziehen, um zu prüfen, ob die vermittelten Informationen überhaupt eine fundierte Grundlage haben. Leider ist dies in der Praxis gar nicht so einfach. Denn das Internet ist weder demokratisch noch objektiv und es gibt auch nicht das eine Internet. Die bei Google angezeigten Ergebnissen können sich von Person zu Person substantiell unterscheiden, wobei viele Faktoren wie der aktuelle Ort, das bisherige Suchverhalten oder personenspezifische Merkmale eine Rolle spielen. Den genauen Algorithmus kennt nur Google und dieser wird, ähnlich wie das Rezept von Coca-Cola, bestens vor der Allgemeinheit bewahrt. Man könnte daher bei der Suche nach weiteren Quellen bspw. mit verschiedenen Suchmaschinen agieren. Unabhängige „Fact Checker" können ebenfalls von Nutzen sein. Vorsicht ist schließlich bei öffentlichen Datenbanken wie Wikipedia geboten. Zwar hat sich in den letzten Jahren hier die Qualität der Beiträge erhöht, was man nicht zuletzt daran erkennen kann, dass vermehrt mit Quellenangaben gearbeitet wird.

Ein gravierendes Problem ist jedoch darin zu sehen, dass die Beiträge im Grunde von jeder Person verändert werden können und keine redaktionelle Prüfung stattfindet. Gerade im politischen Umfeld werden Beiträge bei Wikipedia oftmals gezielt manipuliert. Mittlerweile gibt es bereits Agenturen, die Wikipedia-Artikel professionell verfassen, um bestimmte Personen oder Sachverhalte ins „richtige Licht" zu rücken. Hiervon machen insbesondere Gruppen mit extremeren oder radikalen Ansichten Gebrauch. Folglich empfiehlt sich bei Wikipedia nicht nur ein Blick in die Quellen des Beitrags, sondern auch in die Bearbeitungshistorie, um nachzuvollziehen, wer hat wann was verändert. Man kann erahnen, dass dies eine gewisse Zeit in Anspruch nimmt — etwas, was wir im Alltag nur selten haben und auch nicht wirklich zum schnelllebigen Charakter von Social Media passt. Allgemein gesprochen wäre es daher hilfreich, wenn wir regelmäßig unseren Autopilot des schnellen, intuitiven Denkens bewusst deaktivieren und unsere Aufmerksamkeit erhöhen.

Dabei könnte es bereits helfen, wenn man vor dem Teilen einer Schlagzeile dazu aufgefordert wird, die Richtigkeit der Information einzuschätzen. Das Teilen falscher Schlagzeilen konnte in einer Studie damit um mehr als 50% gesenkt werden[27]. Auf einer allgemeinen, strukturellen Ebene zeigt Forschung, dass wirksame Gegenmaßnahmen gar nicht so einfach zu gestalten sind und nicht immer die intendierte Wirkung haben. So hat die bloße Kennzeichnung als „Fake News" durch ein Social Media Unternehmen in manchen Studien so gut wie keinen Effekt darauf, wie der Wahrheitsgehalt eingeschätzt oder ob die Nachricht mit anderen geteilt wird. In anderen Studien zeigt sich dagegen schon der gewünschte positive Effekt, wenn Fake News als solche gekennzeichnet werden. Die Falschnachrichten werden dann eher als falsch wahrgenommen[28] und weniger häufig geteilt[29]. Unabhängig von der Wirkung einer etwaigen Kennzeichnung als Fake News gibt es aber auch noch ganz praktische Probleme. Die Überprüfung ist im Regelfall recht zeitintensiv und bis die Kennzeichnung erfolgt, kann die Nachricht schon tausend- oder millionenfach gelesen und geteilt worden sein. Auch kann nicht immer garantiert werden, dass mit derartigen Hinweisen die richtige Zielgruppe erreicht wird. Etwas weiter gedacht, könnte sich ein neues Problem in Form eines „implied truth"-Effekts ergeben. Wenn sich die Nutzerinnen und Nutzer an die Kennzeichnung von falschen Nachrichten in Social Media gewöhnen, könnten sie im Sinne eines neuen Standards davon ausgehen, dass umgekehrt alle Nachrichten, die keine derartigen Hinweise umfassen, automatisch richtig sind. Dass es diesen Effekt tatsächlich gibt, konnten erste Studien bereits nachweisen[27].

Arbeitswelt 4.0

Stellen Sie sich vor, Sie kommen an einem Montagmorgen in die Arbeit. Wie üblich beginnt Ihr Team die neue Woche mit einem kurzen Meeting. Ihr Teamleiter begrüßt Sie und Ihre Kolleginnen und Kollegen. Nach einer kurzen Befindlichkeitsrunde sprechen Sie über die wichtigsten Aufgaben und Ziele für die bevorstehende Woche. Alles scheint ganz normal zu sein, nur dass Ihr Vorgesetzter seit kurzem kein Mensch, sondern ein Roboter ist, der von einer künstlichen Intelligenz gesteuert wird. Zukunftsmusik? Komplett unrealistisch? Mag sein, aber tatsächlich äußerten 64% der befragten Personen einer groß angelegten Studie mit über 8.000 Menschen aus dem Jahr 2019, dass sie einem Roboter mehr Vertrauen schenken würden als ihrem gegenwärtigen Chef[1]. 50% der Befragten gaben zudem an, dass sie sich lieber an einen Roboter wenden würden, wenn sie einmal nicht weiter wissen und Rat bei der Bewältigung ihrer Aufgaben benötigen. Sage und schreibe 82% der befragten Personen waren davon überzeugt, dass ein Roboter bessere Ergebnisse liefern kann als ihre gegenwärtigen Führungskräfte.

Wenig überraschend gab es teils gravierende Unterschiede in Abhängigkeit davon, in welchem Land die befragten Personen lebten. Die höchsten Zustimmungsraten erreichte der „Robo-Chef" in Indien, gefolgt von China und Singapur. Die Zustimmungsraten in den USA, England oder Frankreich fielen dagegen etwas geringer aus. Dennoch gaben auch hier noch jeweils mehr als die Hälfte der befragten Personen an, dass sie einem Roboter mehr Vertrauen entgegenbringen würden als ihrer derzeitigen Führungskraft. Abgesehen davon scheinen Männer eine künstliche Intelligenz dem menschlichen Chef stärker vorzuziehen als Frauen.

Was wäre Ihre Präferenz? Lieber Mensch oder lieber KI? Wahrscheinlich lässt sich diese Frage nicht pauschal beantworten, sondern hängt von diversen Kontextfaktoren (z. B. Branche, Unternehmen, individuelle Präferenzen) ab. Fundierte Forschung hierzu steckt derzeit noch in den Kinderschuhen. Selbst wenn es noch einige Jahre dauern wird, bis ein Szenario wie der Roboter als Chef Realität wird – der technologische Fortschritt macht auch vor der Arbeitswelt nicht Halt und schreitet mit großem Tempo voran. Dementsprechend hatte auch die überwiegende Mehrheit der befragten Personen in der zuvor beschriebenen Studie das Gefühl, mit den aktuellen technologischen Veränderungen am Arbeitsplatz nur schwer mithalten zu können. Doch was verändert sich im Moment eigentlich überhaupt genau?

Die vierte industrielle Revolution oder auch „Arbeit 4.0" wird getrieben durch die Digitalisierung. Wo es am Anfang nur um die Veränderung der Kommunikationsformen und -wege ging, lassen sich inzwischen auch Auswirkungen auf die Arbeitsinhalte und -abläufe beobachten. Im Vordergrund steht dabei die fortschreitende Automatisierung von bestimmten beruflichen Tätigkeiten. Das ist zunächst einmal nichts Neues und seit der ersten industriellen Revolution ein bekanntes Phänomen: Menschliche Arbeit wird durch Maschinen ersetzt. Die Art und Weise entwickelt sich dabei stets mit den technischen Möglichkeiten weiter, ausgehend vom Webstuhl, über Roboter in der Produktion bis hin zur aktuell einsetzenden Nutzung künstlicher Intelligenz. Man denke hier beispielsweise an den Einsatz von Chatbots im Servicebereich oder KI-Lösungen zur Optimierung von Lieferketten im Supply Chain Management.

Eine Besonderheit im Vergleich zu den bisherigen industriellen Revolutionen ist darin zu sehen, dass diesmal durch die Entwicklungen von neuronalen Netzen und maschinellem

Lernen erstmals „Kopfarbeit" automatisiert werden kann bzw. wird. Folglich werden durch diese Veränderungen anders als durch Webstuhl, Dampfmaschine oder Roboter in den Produktionshallen auch gut bezahlte Jobs bedroht. Insofern könnte sich tatsächlich ein anderer Verlauf als bei den vergangenen Umwälzungen der Arbeitswelt ergeben. So wäre es vorstellbar, dass auf diese Weise ein Minus an Arbeitsplätzen entsteht. Bei vorherigen technologischen Entwicklungen konnten die von der Automatisierung betroffenen „Handarbeiten" stets durch kognitiv anspruchsvollere Aufgaben ersetzt werden. Fairerweise muss man dabei dazu sagen, dass die neu entstandenen Jobs im Regelfall nicht von den gleichen Menschen besetzt wurden, die kurz zuvor ihren Job an Maschine oder technologischen Fortschritt verloren haben. Das heißt, eine Näherin, die zu Beginn des 20. Jahrhunderts arbeitslos geworden ist, wurde nicht direkt Lokomotivführerin. Gleichermaßen dürfte es eher unwahrscheinlich sein, dass ein Kassierer, der durch die Einführung von vollautonomen Supermärkten seinen Job verliert, fortan bei der Entwicklung von künstlichen Intelligenzen, die den Supermarkt steuern und den Bezahlvorgang überwachen, mitwirken wird. Allerdings betrifft dies nun auch den Job eines gut bezahlten Versicherungsmathematikers bei einem großen Versicherungskonzern, dessen ausgeklügelte Berechnungen und Modelle fortan von Algorithmen automatisch übernommen werden. Auch hier werden zur Entwicklung und Überwachung der Algorithmen nicht mehr so viele Fachleute für Versicherungsmathematik benötigt werden wie früher.

Andererseits wäre es ebenso vorstellbar, dass sich durch die Automatisierung von Kopfarbeit unser Verständnis von Arbeit grundlegend verändert und somit nicht nur neue Jobs, sondern auch andere Tätigkeitsfelder entstehen. Aus wissenschaftlicher Sicht lassen sich eindeutige und insbesondere seriöse Vorhersagen, wie die Arbeitswelt der Zukunft aussehen wird, in jedem Fall nur schwer treffen, da schlichtweg keine vernünftige Datengrundlage für derartige Vorhersagen besteht. Die meisten Schätzungen in diesem Bereich stammen von nicht-universitären Thinktanks, wobei häufig nicht offengelegt wird, wie bestimmte Zahlen berechnet werden oder zustandekommen. Folglich sind entsprechende Vorhersagen mit der nötigen Vorsicht zu interpretieren. Es empfiehlt sich einen kritischen Abstand zu bewahren und die Aussagen weniger als echte empirische Evidenz zu verstehen, sondern vielmehr als Orientierung oder Impuls wahrzunehmen, welche Entwicklungen möglich sein könnten. Ob diese eintreten werden bzw. ob das überhaupt wünschenswert ist, steht auf einem anderen Blatt und sollte aus unserer Sicht auch entsprechend ergebnisoffen diskutiert werden.

So gehen Schätzungen beispielsweise davon aus, dass etwa die Hälfte aller Jobs aus technischer Sicht, d. h. ausgehend von den derzeit bekannten Technologien, automatisiert werden könnten. Die Betonung liegt auf könnten, denn es ist aus technologischen, wirtschaftlichen und gesellschaftlichen Gründen nicht wahrscheinlich, dass dieses Potenzial in den nächsten Jahrzehnten voll ausgeschöpft wird[2]. Nach der Prognose des McKinsey Global Institute dürften etwa 15% der derzeitigen Jobs bis zum Jahr 2030 durch Automatisierung wegfallen. Auf der anderen Seite könnten neue Möglichkeiten zur beruflichen Betätigung entstehen. Werden die Entwicklungen der vergangenen Jahrzehnte zugrunde gelegt, könnte davon ausgegangen werden, dass bis zum Ende des nächsten Jahrzehnts 2039 etwa 9% aller Arbeitsplätze neu „erfunden" werden, d. h. dass in dieser Weise bis heute noch keine Bezeichnungen dafür existieren[3]. Mit Bezeichnung kann dabei tatsächlich eine neue Tätigkeit gemeint sein (z. B. gab es Anfang der 2000er Jahre noch keine Data Scientists) oder auch eine neue Umschreibung für die im Grunde gleiche Tätigkeit (z. B. Office Manager statt Sekretärin). Letztlich dürfte die Frage, auch wenn sie derzeit häufig im Raum steht, ohnehin weniger sein, wie viele Arbeitsplätze absolut betrachtet wegfallen. Sondern es stellt sich vielmehr die Frage, wie sich die Arbeitsplätze, die erhalten bleiben oder neu entstehen werden und somit auch die Formen der Zusammenarbeit, aufgrund von technologischen Entwicklungen verändern werden.

Wie drastisch und gleichzeitig unerwartet derartige Veränderungen ausfallen können, zeigt uns eindrucksvoll die Coronapandemie. Im Vorfeld wären Expertinnen und Experten äußerst selten davon ausgegangen, dass die Digitalisierung in Unternehmen und Organisationen so schnell realisiert werden könnte (z. B. Anschaffung neuer Hardware, Digitalisierung von Onboarding oder Recruiting, digitale Dokumente statt Papier, Nutzung von Kollaborationstools)[4]. Ebenso hätten es nur wenige Menschen für möglich gehalten, dass mehr oder weniger von heute auf morgen ganze Unternehmen auf die Arbeit vom Büro aus verzichten und die organisationalen Ziele trotzdem erreicht werden können. Tatsächlich gehören nun Videokonferenzen und die Arbeit im Home-Office bei vielen Menschen zum normalen Arbeitsalltag. Zutreffende Vorhersagen sind somit schwierig. Auch hier ist noch unklar, wie die Zukunft aussehen wird und sollte. Die Meinungen gehen in gänzlich unterschiedliche Richtungen. Das eine Lager ist erfreut über die Flexibilität und Freiheiten für die Beschäftigten bei einer überwiegenden bis ausschließlichen Tätigkeit im Home-Office. Schon nach nur einem Jahr Coronapandemie kündigten einzelne Unternehmen an, dass sie zu einer „remote first"- oder gar einer „remote only"-Company werden. Twitter beispielsweise veröffentlichte im Mai 2020 eine Pressemitteilung, wonach die Beschäftigten zukünftig von überall aus arbeiten könnten, wo sie wollen. Es dauerte nicht lange, da folgten andere Unternehmen dem Beispiel von Twitter. Das andere Lager blickt dagegen kritisch auf mögliche negative Auswirkungen von der beruflichen Tätigkeit im Home-Office. So drohen die Grenzen zwischen Beruf und Privatleben noch weiter zu verwischen und die Arbeit für ein Unternehmen zunehmend austauschbar und anonymer zu werden, wenn man sich nicht mehr vor Ort mit anderen Kolleginnen und Kollegen treffen kann, sondern nur noch über Videokonferenzen in Kontakt bleibt. Der spontane informelle Austausch fällt nahezu ersatzlos weg, wenngleich es erste digitale Lösungen gibt, die eine virtuelle Kaffeeküche unter den Kolleginnen und Kollegen simulieren. Ebenso kann es für die Beschäftigten eine erhebliche Herausforderung bzw. Belastung darstellen, wenn sie bei sich zu Hause nicht die richtige Infrastruktur zum Arbeiten haben. Viele arbeiten auch nach zwei Jahren Coronapandemie noch vom Küchentisch aus, weil sie bei sich zu Hause über kein eigenes Arbeitszimmer verfügen und – vor dem Hintergrund der oftmals hohen Mieten in den Städten – ein Umzug in eine größere Wohnung keine Option ist. Welches Lager letztlich Recht behalten wird, lässt sich Stand 2022 nicht eindeutig vorhersagen. Beide Positionen haben ihre Berechtigung und werden durch entsprechende Forschungsergebnisse gestützt[5]. Zentral scheint hierbei zu sein, dass es kein zwanghaftes Entweder-Oder zwischen Home-Office und Büro geben sollte, sondern vielmehr verschiedene Modelle parallel ermöglicht werden und idealerweise dabei versucht wird, dass für die Mitarbeitenden im Home-Office auch die passenden Voraussetzungen geschaffen werden.

Agilisierung der Arbeitswelt

Eine weitere Veränderung, welche die Arbeitswelt schon vor der Coronapandemie durchzogen hat, ist „Agilisierung" der Arbeit. Die agile Organisation, Agilität, agiles Arbeiten oder auch einfach nur agil (sein) sind aus vielen Unternehmen nicht mehr wegzudenken. Sie finden in fast allen Ebenen und Bereichen von Organisationen Aufmerksamkeit, sogar die öffentliche Verwaltung verfolgt inzwischen Bestrebungen, „agil" zu werden[6]. Damit verbunden ist typischerweise die Annahme oder Überzeugung, dass durch agiles Arbeiten die Leistungsfähigkeit einer Organisation steige[7]. So gaben etwa 50% der Personen in einer Befragung an, dass der Stellenwert einer agilen Organisation groß bzw. sehr groß sei. Im Topmanagement ist der Stellenwert sogar noch größer, hier sehen zwei von drei Befragten die Bedeutung als entsprechend hoch an[8].

Doch was bedeutet agiles Arbeiten überhaupt? So einfach lässt sich diese Frage gar nicht beantworten. Bereits in den 1990er Jahren wurde Agilität im organisationalen Kontext als Möglichkeit beschrieben, erfolgreich mit Veränderungen umzugehen[9]. Im letzten Jahrzehnt wurden agile Methoden dann insbesondere im Hinblick auf volatile Geschäftsumfelder und Märkte auf die Gestaltung ganzer Organisationen übertragen[10]. Agil sein als Reaktion auf zunehmende Unsicherheit in der Unternehmenswelt. Häufig wird hierbei auch der Begriff der Disruption verwendet. Durch die Digitalisierung werden bestehende Geschäftsmodelle immer schneller obsolet und durch digitale Angebote ersetzt. Dann müsse ein Unternehmen schnell reagieren und sich an die neuen Kontextbedingungen anpassen, also agil sein. Dies resultiert in der Praxis häufig in einem großen Veränderungsdruck der ganze Organisationen erfasst, damit diese zukunftstauglich bleiben.

Wissenschaftlich betrachtet gibt es bis heute keine eindeutige Definition des Begriffs „agil" und wenig überraschend sind auch ernst zu nehmende Forschungsergebnisse zur Wirkung von agilen Methoden im organisationalen Kontext eher spärlich gesät. Vielmehr ist „agil" eine Art „umbrella term"[11], also ein Sammelbegriff unter dem verschiedene Methoden und Managementansätze (z. B. Scrum, Kanban, Design Thinking, OKRs) zusammengefasst werden. Groß angelegte Studien zur agilen Organisation, d. h. welche Effekte sich für Unternehmen gesamtheitlich betrachtet ergeben, gibt es bis heute nicht. Typischerweise wird mit agilem Arbeiten ein erhöhtes Maß an Selbstorganisation, Eigenverantwortung und Flexibilität verknüpft. Dieses Verständnis von „Agilität" ist dabei keineswegs neu, wurde jedoch viele Jahre nicht so bezeichnet.

Tatsächlich entstand bereits in den 1950er Jahren die Idee von sogenannten teilautonomen Arbeitsgruppen [12]. Ein besonders anschauliches Beispiel ist die Eröffnung eines neuen Automobilwerks des Autoherstellers Volvo Ende der 1980er Jahre in Schweden. Das Werk wurde 1989 in Uddevalla eröffnet und als innovative Fertigungsstätte geplant, um die Produktion effizienter und die Arbeitsbedingungen für die Mitarbeitenden menschlicher zu machen. Neben der Planung als Netzwerkorganisation wurde auf viele Details geachtet, so z. B. einer Zusammensetzung der Belegschaft, die das natürliche Gefüge der damaligen Gesellschaft in Schweden widerspiegelte. So sollten höchstens 25% der Belegschaft jünger als 25 Jahre sein, umgekehrt sollten mindestens 25% älter als 45 Jahre sein. Zudem wurde auf ein nahezu ausgeglichenes Geschlechterverhältnis geachtet — der Frauenanteil lag bei 40%. Der gesamte Produktionsablauf wurde in kleine Arbeitseinheiten unterteilt, wobei die einzelnen Arbeitsgruppen einen hohen Grad an Autonomie hatten und eigenständig Entscheidungen treffen konnten. Als Beispiele können hier die Personalauswahl oder die Arbeitsplanung genannt werden. Führungsfunktionen wurden von monatlich wechselnden Teammitgliedern übernommen, wobei die Voraussetzung hierfür war, dass sowohl das nötige Interesse als auch die erforderliche Eignung bestanden [13]. Insgesamt ergaben sich für das Werk in Uddevalla die gewünschten Effekte. Sowohl die Produktivität als auch die Qualität der Fertigung erreichten die gewünschten hohen Werte. Gleichzeitig konnte eine hohe Identifikation der Beschäftigten mit ihrer Tätigkeit festgestellt werden bei gleichzeitig niedriger Krankenquote und Fluktuation.

Trotz der großen Erfolge wurde Uddevalla im Jahr 1993 geschlossen. Die vorgebrachten Argumente hierfür konnten nicht überzeugen. Es ist davon auszugehen, dass vor dem Hintergrund rückläufiger Absatzzahlen und einer wirtschaftlich angespannten Situation in Schweden die Konzernleitung nicht den erforderlichen Mut hatte, das Experiment weiterzuführen. Möglicherweise bestand die Befürchtung, dass andere Werke des Unternehmens eine Umstellung ihrer Arbeitsgestaltung nach dem Vorbild von Uddevalla hätten fordern können.

Dieses Beispiel zeigt, dass Überlegungen zu mehr Selbstorganisation und Autonomie im organisationalen Kontext keineswegs neu sind und schon lange vor der aktuellen Prominenz agiler Methoden erprobt wurden. Möchte man nun den gegenwärtigen Trend um den Begriff „agil" besser verstehen, so bietet sich als guter Ausgangspunkt das sogenannte Manifest zur agilen Softwareentwicklung (engl. Manifesto for Agile Software Development) an. Im Jahr 2001 traf sich eine Gruppe von Softwareentwickelnden und erarbeitete zwölf Prinzipien, die bei der Entwicklung von Software handlungsleitend sein sollten. Hintergrund war, dass bereits zu dieser Zeit eine detaillierte Planung von Projekten von A bis Z mit einem genauen Zeitplan immer weniger praktikabel wurde. Wiederholt konnte beobachtet werden, dass sich im Laufe der Zeit Veränderungen ergaben und ursprüngliche Annahmen und Überlegungen keinen Bestand mehr hatten. Gesucht wurde daher nach neuen Vorgehensweisen, die mehr Flexibilität erlauben als beispielsweise das bis dato klassische Wasserfallmodell.

Bei der Arbeit nach agilen Methoden steht anstelle eines klar vorgegebenen Prozesses mit fix definierten Meilensteinen ein adaptives und menschenzentriertes Vorgehen im Vordergrund. Besonders wichtig sind beispielsweise der Fokus auf die Zufriedenheit der Kundschaft, die Offenheit gegenüber Veränderungen sowie eine regelmäßige Reflexion des Fortschritts im Team. Auf Basis dieser Prinzipien wurde in der Folge eine Vielzahl verschiedener agiler Methoden entwickelt. Besondere Bekanntheit hat dabei beispielsweise die sogenannte Scrum-Methode erlangt (eine kurze Erklärung, was diese Vorgehensweise bedeutet, folgt später). Ein derartiges Vorgehen bietet sich immer dann an, wenn man mit Komplexität oder Unsicherheit konfrontiert ist und dadurch eine genaue Planung schwierig wird. In der Praxis gibt es verschiedene Beispiele, dass sich agile Methoden in diesem Fall nicht nur bewähren, sondern klassischen Ansätzen überlegen sind. Überlegenheit bedeutet in diesem Zusammenhang, dass leichter auf sich ändernde Anforderungen reagiert werden kann und die einzelnen Teammitglieder eine höhere Selbstwirksamkeit erleben. Diese Effekte sind auch wissenschaftlich belegt.

Agil im Sinne von agilen Methoden kann folglich von großem Nutzen sein. Es kommt jedoch auf die richtige Verwendung an. Problematisch wird es, wenn der Begriff inflationär verwendet und ohne sinnvolle Reflexion pauschal bestimmten Tätigkeiten (z. B. agile Führung, agiles Lernen) oder ganzen Unternehmen (z. B. agile Organisation) übergestülpt wird. Zwar ist nachvollziehbar, worauf mit dem Ausdruck einer „agilen Organisation" abgezielt wird — ein Unternehmen, das flexibler auf sich verändernde Kontextbedingungen reagieren kann. Es ist jedoch eine gewisse Vorsicht geboten. Einer der Verfasser des Manifests zur agilen Softwareentwicklung beschreibt in einem Vortrag anschaulich, auf welche Weisen der Begriff agil inzwischen missbräuchlich eingesetzt wird[14]. Dabei scheitere es nicht selten bereits an der sprachlich korrekten Verwendung. Agile im Englischen bzw. agil im Deutschen sind Adjektive und beschreiben somit die Beschaffenheit einer Sache, eines Vorgangs oder eines Zustands. Ein „agiles Manifest" — wie die ursprüngliche Niederschrift aus dem Jahr 2001 inzwischen öfters bezeichnet wird — ist sprachlich schlichtweg nicht sinnvoll. Zudem wäre es eine sonderbare Erscheinung: Denn das Schriftstück würde sich wohl ständig bewegen und flink den

Ort wechseln. Insbesondere kritisiert Dave Thomas, dass sich eine große Beratungs- und Ratgeberindustrie der Idee agiler Methoden bemächtigt habe. Deshalb sei das englische Wort „agile" einfach zu einem Pseudo-Substantiv („Agile", man beachte die Großschreibung) abgewandelt worden, da es sich auf diese Weise besser verkaufen ließe. Dies sei jedoch nicht im Sinne der Begründer des Manifests gewesen und oftmals die Wurzel aller Probleme, wenn es um die erfolgreiche Anwendung agiler Methoden in der Praxis geht. Denn anstatt Unsicherheit durch die sinnvolle Anwendung von agilen Methoden zu reduzieren, wird diese in vielen Fällen vielmehr künstlich erzeugt bzw. gesteigert. Das fördert den Verkauf des neuen Produkts „Agile", aber gleichermaßen eben auch Angst und Unsicherheit bei Unternehmen, Führungskräften und Beschäftigten. Da heißt es dann: „Wie? Sie wissen nicht, was das ist? Da verpassen Sie gerade eine ganz wichtige Chance. Die Konkurrenz macht das schon." Oder es wird mit dem Coolness-Faktor des Begriffs gearbeitet, ganz nach dem Motto: „Was? Du bist noch nicht agile?" Die Beschäftigten werden dann nicht selten durch die neuen Arbeitsweisen überfordert und es mangelt am Aufbau von relevanten Strukturen, da Transformationsprozesse für einen bestimmten Bereich eines Unternehmens zwar angestoßen, aber nicht konsequent genug zu Ende geführt werden. Wenn also agile Methoden einer Organisation oder einem Team lediglich „übergestülpt" werden, kann dies die empfundene Unsicherheit bei den Beteiligten drastisch erhöhen. Dave Thomas fordert daher, sich auf die ursprüngliche Idee der agilen Softwareentwicklung zurückzubesinnen. Hierzu schlägt er eine Abfolge aus vier Schritten vor[14]:

1. Finde heraus, wo du stehst.
2. Mache einen kleinen Schritt in Richtung deines Ziels.
3. Passe dein Verständnis des Problems basierend auf dem an, was du bisher und beim letzten Schritt gelernt hast.
4. Wiederhole die vorherigen Schritte.

Im Grunde steht ein derartiges Verständnis agiler Methoden für das natürliche Verhalten eines Menschen, welches sich zeigt, wenn dieser in eine neue Situation kommt. Anders ausgedrückt könnte man sagen, dass die Nutzung von agilen Methoden immer dann sinnvoll sein kann, wenn man sich in einem Umfeld von hoher Komplexität und Unsicherheit bewegt. Wir probieren etwas aus, gehen einen kleinen Schritt und prüfen, ob uns dieser Schritt unserem Ziel näher gebracht hat. Falls ja, gehen wir weiter. Falls nein, müssen wir Anpassungen vornehmen. Man sollte dabei jedoch bedenken, dass ein derartiges Vorgehen nicht universell nützlich ist. Stellen Sie sich vor, Sie wollen auf dem schnellsten Weg mit der Bahn von München nach Hamburg fahren. Wie wäre es mit einer Zugfahrt im Sinne agiler Methoden? Zugegeben, die Deutsche Bahn hat dies manchmal für den Kunden ungewollt im Angebot, aber grundsätzlich entspricht dies nicht Ihren Vorstellungen von einer Bahnreise. Denn Sie wollen nicht erst einen Zug nehmen, der von München nach Rosenheim fährt, um dann festzustellen, dass dies die falsche Richtung war und zu entscheiden, welchen Zug Sie als nächstes nehmen, um Ihrem Ziel wieder ein Stück näher zu kommen. Vielmehr werden Sie von vornherein die schnellste Verbindung zwischen den beiden Städten auswählen. Dies ist auch sinnvoll, denn ein entsprechender Weg ist bekannt.

Wird diese Metapher auf den organisationalen Kontext übertragen, so bedeutet dies, dass ein Vorgehen mittels agiler Methoden vor allem dann sinnvoll ist, wenn explizit ein iteratives Vorgehen gefragt ist. Oder der Weg zum Ziel (noch) unbekannt ist oder es in der Natur des Projekts liegt, dass häufig unerwartete Änderungen auftreten können. Abgesehen von einer sinnvollen Nutzung agiler Methoden, darf nicht vergessen werden, dass eine derartige Arbeitsweise einen höheren Reifegrad bei den Beschäftigten voraussetzt. Mehr Eigenverantwortung, Selbstorganisation und das eigenständige Treffen von Entscheidungen benötigen ein entsprechendes Fundament an Kompetenzen. Ebenso wichtig sind geeignete Strukturen, damit Selbstorganisation nicht in Chaos, Überforderung oder Überarbeitung mündet.

Mehr Entscheidungsfreiheit in der Arbeitswelt ist zwar etwas positives, kann aber unter bestimmten Bedingungen nicht nur Verunsicherung auslösen, sondern auch dazu führen, dass immer mehr gearbeitet wird. In der psychologischen Forschung wird dieses Phänomen inzwischen als Autonomieparadoxon diskutiert[15]. Das bedeutet, dass ein Mehr an Freiheiten und Entscheidungsspielräumen auf dem Papier dazu führen kann, dass die tatsächliche Autonomie auf der Verhaltensebene sinkt. Obwohl die Beschäftigten die Wahl hätten, empfinden sie ihre Umwelt als determinierend, spüren Druck und entscheiden sich dazu, dass sie weiterarbeiten. Studien zeigen dies beispielsweise im Zusammenhang mit dem Abruf von E-Mails außerhalb der Arbeitszeiten auf mobilen Geräten. Oftmals wird von Befragten dann angeführt, dass sie zwar die Möglichkeit hätten, die E-Mails am Abend nicht abzurufen und nicht zu arbeiten (Autonomie auf dem Papier), es aber dennoch tun, weil sie glauben, dass dies erwartet werde und es die anderen ja auch machten (fehlende Autonomie auf der Verhaltensebene)[16]. Hier zeigt sich dann der schmale Grat zwischen Work Engagement (eine ganz treffende deutsche Übersetzung dieses Begriffs gibt es nicht, am ehesten beschreiben vielleicht Engagement bei der Arbeit oder positiver Arbeitseifer die Idee dieses Konstrukts) und Workaholismus. Autonomie in Form von Selbstorganisation, Eigenverantwortung und erhöhten Entscheidungsspielräumen braucht daher unbedingt einen geeigneten strukturellen Rah-

men, der die Beschäftigten vor Überforderung und Selbstausbeutung schützt.
Dies ist aus der Motivationsforschung schon seit vielen Jahren bekannt. So konnten Studien nachweisen, dass für eine optimale Entfaltung des Autonomiebedürfnisses von Beschäftigten ein moderates Maß an Strukturen ideal ist[17]. Keine oder zu wenig Strukturen sind demnach genauso nachteilig wie ein Übermaß an Strukturen, das in zu viel Kontrolle und Mikromanagement resultiert. Vielmehr braucht es die richtigen Strukturen an der richtigen Stelle. Um es also nochmal ganz klar zu sagen: Autonomie bedeutet nicht, dass es keine Strukturen geben darf. Ganz im Gegenteil. Je mehr Autonomie in einem bestimmten Kontext besteht oder gegeben wird, desto mehr Strukturen werden auf der anderen Seite benötigt. Diese Strukturen müssen intelligent gewählt werden und sind wiederum nicht mit Kontrolle zu verwechseln. Ein Beispiel, das gut demonstriert, wie viel strukturelle Vorgaben es für erfolgreiches selbstorganisiertes Arbeiten tatsächlich braucht, ist die Scrum-Methode. Scrum – der Begriff beschreibt ursprünglich übrigens einen Spielzug aus dem Rugby[18] – versucht einen übergeordneten Rahmen zu schaffen, damit die Prinzipien des Manifests agiler Softwareentwicklung sinnvoll in die Praxis übertragen werden. Dazu werden zum einen eindeutige Rollen an die einzelnen Teammitglieder vergeben (sogenannte Product Owner, Scrum Master und das Scrum Team). Auf diese Weise wird auf einer individuellen Ebene abgesteckt, welche Aufgaben und Zuständigkeiten eine Person innerhalb eines Teams übernimmt. Zum anderen werden auch eine klare Abfolge von bestimmten „Zeremonien" zum Austausch (z. B. Daily Scrum, Sprint Retrospective) sowie die Dokumentation des Arbeitsfortschritts (sogenannte „Artefakte", z. B. Product Backlog, Sprint Backlog) präzise definiert. Es gibt folglich auch bestimmte Standards auf der prozessualen Ebene. Bei dem Weg der Zielerreichung wird den Teammitgliedern dann typischerweise eine große, wenn nicht

sogar maximale Freiheit eingeräumt. Dieser Autonomie steht als Gegenstück das zuvor beschriebene Gerüst aus Rollen und bestimmten Abläufen gegenüber, das den nötigen Ausgleich für die Selbstorganisation und Orientierungsmöglichkeiten bietet. So ist der Product Owner dafür zuständig, eine Vision für das Projekt zu formulieren und dabei sowohl die Interessen des Kunden als auch des Unternehmens bestmöglich auszubalancieren. Der Scrum Master dagegen ist kein „echtes" Teammitglied, sondern vielmehr aus einer externen Perspektive als Coach mit dem Team (bzw. mehreren Teams) assoziiert. Die Aufgabe dieser Rolle besteht darin, den Product Owner und die anderen Teammitglieder zu befähigen, ihre Ziele zu erreichen. Damit sind weniger inhaltlich-fachliche Aspekte gemeint, sondern der Fokus liegt auf der Einhaltung bestimmter Prozesse sowie der Reflektion der Qualität der Zusammenarbeit innerhalb des Teams. Verfügen die einzelnen Teammitglieder dabei grundsätzlich über die nötigen Kompetenzen für ihre Aufgaben, kann durch Scrum effektiv dem Gefühl der Überforderung oder drohendem Durcheinander entgegengewirkt werden – insbesondere deshalb, weil es festgelegte Abläufe gibt, um nicht nur die Zielerreichung, sondern auch die Qualität der Zusammenarbeit auf dem Weg dorthin regelmäßig zu besprechen.

Gleichwohl schützt auch Scrum nicht vor Selbstausbeutung. Dies liegt schlicht und ergreifend daran, dass in der Scrum-Methode hierfür kein spezieller Mechanismus vorgesehen ist. Aus der Praxis ebenso wie aus der Forschung[19] ist bekannt, dass die Qualität der zu erreichenden Ziele von entscheidender Bedeutung ist. Wird ein Team mit Zielen konfrontiert, die in einer bestimmten Zeit nicht erreichbar sind und verfügen die einzelnen Teammitglieder gleichzeitig über hohes Commitment, so kann in einem Scrum-Team ein hoher Druck entstehen, der von den Beschäftigten dann auch als Belastung empfunden wird. Selbstorganisation und damit einhergehende Flexibilität fürs Handeln und Denken können grundsätzlich sehr lohnende Ansätze sein, um komplexen Aufgaben und Situationen zu begegnen. Man muss sich jedoch bewusst sein, dass Autonomie nicht immer uneingeschränkt positiv wirkt und es für jeden Kontext einen passenden Rahmen benötigt. Was es braucht, ist folglich eine differenzierte Betrachtung.

Purpose als Last?

In unmittelbarer Nähe zu agilen Methoden im organisationalen Kontext trifft man oftmals auf den Begriff „New Work" oder „Neue Arbeit". Auch hier ist das Spektrum sehr breit und reicht vom Kickertisch über Konzepte wie Vertrauensarbeitsort hin zu wirklich neuen und experimentellen Formen der Zusammenarbeit. So versteht sich das Unternehmen Telehaase in Wien beispielsweise als eine lebendige Organisation, die versucht, ein klassisches Führungsverständnis zu überwinden. Über einen mehrjährigen Transformationsprozess hinweg hat sich das Unternehmen dabei radikal verändert. Klassische, formale und hierarchische Strukturen wurden aufgebrochen und durch flexible Teams mit Fokus auf verschiedene unternehmensrelevante Themen ersetzt. Die Entscheidungsgewalt innerhalb der Organisation wurde sukzessive von Einzelpersonen an mehrere vernetzt agierende Gremien übertragen. Auf diese Weise konnten Entscheidungsprozesse stärker demokratisiert werden. Die Beschäftigten haben im Regelfall multiple Aufgaben und sind auf verschiedenen Ebenen innerhalb des Unternehmens verantwortlich für das, was sie tun. Bemerkenswert ist dabei, dass der gesamte Prozess von der Geschäftsführung getragen wird. Das bedeutet auch, dass die Geschäftsführenden nicht mehr alleinig vorgeben, was getan werden soll, sondern vielmehr als Anstoß- und Impulsgeber fungieren und darauf achten, dass die Beschäftigten sowie die Organisation nicht in alte Verhaltensmuster zurückfallen.[20]

Ursprünglich geht der Begriff „New Work" auf den österreichisch-US-amerikanischen Philosoph Frithjof Bergmann zurück. Der Ansatz entstand in den 1970er Jahren im Umfeld der US-amerikanischen Automobilindustrie, der aufgrund technologischer Veränderungen ein massiver Abbau von Arbeitsplätzen drohte. In einigen Punkten (z. B. Unsicherheit über bevorstehende Entwicklungen, Veränderungen in den Arbeitsabläufen durch Automatisierung in der Produktion) ist die damalige Situation mit der gegenwärtigen Lage durchaus vergleichbar. Bergmann, der damals selbst bei General Motors arbeitete, formulierte die New Work-Bewegung als radikale Alternative zur klassischen Lohnarbeit, die es in dieser Form erst seit der industriellen Revolution gibt. Neue Arbeit zielt demnach darauf ab, dass Menschen die Tätigkeit ausüben können, die sie „wirklich wirklich tun möchten". Dies führe nicht nur zu mehr Freude und Fröhlichkeit, sondern steigere auch die Kreativität und den Einfallsreichtum. Aus psychologischer Sicht lässt sich diese Annahme sehr gut belegen. Zahlreiche Studien in verschiedensten Kontexten konnten zeigen, dass Personen, die einer bestimmten Tätigkeit mit hoher intrinsischer Motivation nachgehen – also von sich selbst aus, ohne dass es dafür externe Anreize braucht – nicht nur über ein höheres Wohlbefinden, sondern auch über höheres Commitment (d. h. Bindung an eine Organisation oder Unternehmen) sowie Produktivität verfügen. Ebenso konnte die Forschung nachweisen, dass wie von Bergmann angeführt, die Kreativität und Innovationskraft tatsächlich signifikant steigt, wenn intrinsische Motivation gegeben ist [21].

Der Ansatz von Bergmann erfordert dabei jedoch eine umfassende Betrachtung. Neue Arbeit muss deutlich über Ansätze hinausgehen, die Arbeit lediglich ein bisschen reizvoller machen sollen. Mehr Selbstverantwortung, flexible Arbeitszeiten und -orte sowie schicke Büroräume sind zwar richtige und wichtige Schritte, genügen für sich genommen jedoch nicht. Vielmehr ist New Work das Ergebnis eines langen Transformationsprozesses, der die Antwort auf die Frage beinhaltet, was ein Mensch „wirklich wirklich" tun will[22]. Diese Transformation betrifft somit nicht nur die Unternehmen, sondern im gleichen Maße jede einzelne Person innerhalb einer Organisation. Dies kann für alle Beteiligten mit erheblicher Unsicherheit verbunden sein. Denn die Frage, was Sie als Mensch wirklich wirklich tun wollen, lässt sich meistens gar nicht so einfach beantworten und kann sich zudem auch immer wieder ändern. New Work geht somit deutlich über reine Selbstverantwortung hinaus und ist nicht mit einzelnen Maßnahmen oder sogenannten „perks at work" wie kostenloses Mittagessen, ein Kicker Tisch im Büro oder gut gefüllten Obstkörben zu verwechseln. Ebenso wenig schaffen Ansätze wie lediglich flache Hierarchien Neue Arbeit. Denn diese lasse sich aus Sicht Bergmanns nicht „nur mosaikhaft [...] zusammenkleistern"[23]. Vielmehr erfordert New Work ein umfassendes Umdenken, das über bestehende Denkmuster hinausgeht und ermöglicht, Dinge anders zu tun, als sie immer schon gemacht worden sind.

Dabei gibt es keine Blaupause oder das eine Beispiel, wie New Work in der Umsetzung richtig gemacht wird oder auszusehen hat. Zentral ist hierbei die Auseinandersetzung mit den Grundgedanken von Bergmann und die Entwicklung von Ideen, was dies für eine Organisation in einem bestimmten Kontext bedeuten kann. Ziel muss es sein, echte qualitative Veränderungen zu erreichen und dem Unternehmen nicht nur einen „neuen Anstrich" zu verpassen. Dies beginnt im Grunde bereits bei der Art und Weise des Wirtschaftens. „Echtes" New Work im Bergmann'schen Sinn erfordert, dass sich Unternehmen zumindest zu Teilen vom klassischen Shareholder-Value-Denken lösen. Das bedeutet nicht, dass Unternehmen nicht mehr wirtschaftlich arbeiten sollten oder müssen. Es geht auch nicht darum, keine Gewinne mehr zu erzielen. Vielmehr stellt sich der Frage nach der angemessenen Höhe. Denn wenn der Fokus eines Unternehmens primär auf den Profit ausgerichtet wird, bleibt schlicht und ergreifend weder Zeit noch Geld dafür, sich mit New Work und den damit erforderlichen Veränderungen zu befassen.

In den vergangenen Jahren hat der Begriff New Work eine wahre Renaissance erlebt. Es werden große Veranstaltungen wie die New Work Experience in der Elbphilharmonie in Hamburg ausgerichtet, wobei die Strahlkraft soweit geht, dass die Holding des bekannten Karrierenetzwerks Xing in New Work SE umbenannt wurde. Auch wenn es grundsätzlich sehr positiv ist, dass das Thema dadurch mehr Aufmerksamkeit erhält und die Chance besteht, dass der Mensch im Unternehmen stärker in den Fokus rückt, bleiben die konkreten Veränderungen oftmals zu oberflächlich[23]. In diesen Fällen entpuppt sich der Begriff lediglich als ein inhaltsleerer Platzhalter. Gerade dann kann Verunsicherung bei den Beschäftigten auftreten. Denn auf der einen Seite werden Entwicklungen bei der Unternehmenskultur propagiert, die den Mitarbeiterinnen und Mitarbeitern mehr Freiräume und Selbstverwirklichung versprechen. Auf der anderen Seite können diese aber nicht gelebt werden, was aus psychologischer Sicht in einem Spannungszustand resultiert.

Entscheidend ist, dass den Beschäftigten echte Unterstützung zuteil wird, wenn über New Work im Bergmann'schen Sinn nachgedacht wird. Denn ein Arbeitsumfeld, das sich in Richtung New Work orientiert, muss sich stetig verändern und hinterfragt regelmäßig Strukturen, Abläufe und Inhalte. Die Unternehmen, die sich bereits länger mit New Work beschäftigen, berichten regelmäßig davon, dass man im Grunde nie fertig wird mit der Entwicklung. Veränderung wird somit zu einer Konstante. Dies betrifft nicht nur die Organisation, sondern eben auch die einzelnen Beschäftigten. Dabei ist es wichtig, dass die Suche nach Sinn bei der Arbeit nicht zur Last wird.

Immer wieder lässt sich jedoch genau das beobachten. Man hat den Eindruck, dass bei der ständigen Suche nach Sinn —

oder neudeutsch auch „Purpose" — der Wald vor lauter Bäumen nicht mehr gesehen wird. Das Problem ist dabei weniger die Suche nach dem Sinn grundsätzlich, als vielmehr die Suche (oder das Propagieren) von Sinn, wo es keinen gibt. Zahlreiche Jobs sind erstmal nur Jobs und werden von den meisten Beschäftigten wiederum nur dazu ausgeübt, um Geld zu verdienen. Die Menschen dann jedoch auf Sinnsuche zu schicken, ohne dass seitens der Unternehmen die Bereitschaft besteht oder Voraussetzungen für qualitative Veränderungen geschaffen werden, damit auch wirklich Sinn bei der Arbeit gefunden werden kann, ist nur bedingt erfolgsversprechend. Hier lässt sich dann ein ähnliches Problem beobachten, wie bei der inflationären Anwendung agiler Methoden: Eine grundsätzlich gute Idee wird nicht vernünftig zu Ende gedacht. Anstatt einer echten Transformation werden lediglich Ausbesserungsarbeiten an der Fassade vorgenommen. Denn New Work im Bergmann'schen Sinn gibt es eben nur ganz.

Quo vadis Arbeit?

Wir können festhalten, dass sich die Arbeitswelt derzeit in einem massiven Umbruch befindet. Getrieben von der Digitalisierung sind Unternehmen gefordert, neue Geschäftsmodelle zu entwickeln. Zahlreiche Organisationen versuchen auf die immer weiter steigende Geschwindigkeit mit agilen Methoden zu reagieren. Hinzu kommen teils mehr oder weniger ernst gemeinte Versuche, Arbeit im Sinne von New Work wirklich neu zu gestalten. Die Coronapandemie hat zudem komplett neue Standards und Möglichkeiten für die Zusammenarbeit der Beschäftigten geschaffen. Eine berechtigte Frage, die man sich vor dem Hintergrund dieser Entwicklungen stellen kann: Was wird im Jahr 2030 von der Arbeitswelt, wie wir sie heute im Jahr 2022 kennen, noch übrig bleiben?

Da sich derartige Prognosen nur mit eingeschränkter Validität treffen lassen, könnte eine leicht modifizierte Frage daher lauten: Was sollte im Jahr 2030 von der Arbeitswelt, wie wir sie heute kennen, noch übrig bleiben? Die zweitgenannte Frage erweitert die Perspektive dahingehend, dass wir dann gefordert wären zu überlegen, was aus heutiger Sicht erhaltenswert scheint. Denn angenommen, die Prognosen, dass die Bedeutung der Algorithmen und Roboter immer weiter zunimmt, treten ein: Wo bleibt dann der Mensch? Soll der Mensch dann überhaupt noch Teil der Arbeitswelt sein und wenn ja, in welcher Form? Wenn nein, welchen Beschäftigungen wird der Mensch dann nachgehen? Es wird aus unserer Sicht dringend Zeit, dass wir als Gesellschaft beginnen, diese Fragen zu diskutieren. Denn gegenwärtig werden sie nur von wenigen Unternehmen gestellt und auch in der Forschung bestenfalls peripher behandelt.

Wir plädieren dafür, dass wir im Jahr 2030 eine Arbeitswelt haben, die den Menschen stärker in den Mittelpunkt rückt als heute und in der eine Orientierung an humanistischen Grundwerten erfolgt (zum Einstieg empfiehlt sich beispielsweise ein Blick in die ersten Artikel des Grundgesetzes). Unternehmen könnten dann Orte sein, an denen sich Menschen weiterhin in Person treffen, sich begegnen und miteinander in Austausch treten können. Die Mitarbeiterinnen und Mitarbeiter würden nicht Gefahr laufen als austauschbare Kostentreiber betrachtet zu werden, sondern vielmehr als elementarer und erfolgskritischer Bestandteil des Unternehmens verstanden. Damit einher geht die Überzeugung an die Entwicklungsfähigkeit von Menschen und dass diese bereit sind, sich neue Fähigkeiten anzueignen, sofern konstruktive Kontextbedingungen geschaffen werden. Es gilt folglich, die Interessen und Bedürfnisse der Beschäftigten zu berücksichtigen und mit den wirtschaftlichen Bestrebungen der Organisation in Einklang zu bringen. Durch den gezielten Fokus auf den Menschen im Unternehmen entsteht eine stabile Konstante. Auf diese Weise wird die nötige Sicherheit für ein hohes Maß an Flexibilität und Veränderungsbereitschaft geschaffen. Denn bereits Karl Weick, einer der renommiertesten Organisationsforscher, stellte vor über 40 Jahren fest, dass Organisationen nur dann weiterbestehen können, wenn sie ein Gleichgewicht zwischen Flexibilität und Stabilität aufrechterhalten – was jedoch schwer zu erreichen sei[24]. Der klare Fokus auf den Menschen und damit verbundenen humanistischen Grundwerten könnte zu der erforderlichen Stabilität beitragen und auf diese Weise quasi die andere Seite der Medaille der Digitalisierung der Arbeitswelt sein.

Mehr Unsicherheit wagen: Vorschläge für einen kompetenteren Umgang mit Unsicherheit

Selbst denken und selbst entscheiden

Die hier ausgewählten und beispielhaft vorgestellten Unsicherheitskontexte machen deutlich: Unsicherheit ist ein Phänomen, das uns in vielen Lebensbereichen betrifft. Zwar können wir uns aufgrund des immer schneller werdenden technischen Fortschritts u. a. Naturphänomene besser erklären, Krankheiten früher erkennen und besser heilen, die Unsicherheit wird dadurch aber keinesfalls weniger. Denn unser (Zusammen-)Leben und nicht zuletzt neue technologische Entwicklungen schaffen ständig neue Gelegenheiten für das Auftreten von Unsicherheit. Dabei lässt sich beobachten, dass die entsprechenden Veränderungen immer schneller vonstattengehen und unser Leben immer umfangreicher betreffen. Hinzu kommt, dass wir keine institutionell darauf ausgerichteten Antworten haben, die uns bei diesen Entwicklungen helfen und Orientierung geben.

Die Vorstellung, wir würden einen guten Umgang „schon von selber entwickeln", ist in etwa so naiv wie die Annahme, dass Kommunikation trivial sei. Angespielt wird hier auf ein Beispiel von Peter Fischer, Psychologieprofessor an der Universität Regensburg, der in seinen Seminaren für Studierende wie Führungskräfte folgendes deutlich macht:

> „Niemand würde auf die Idee kommen, dass der Informationsaustausch zwischen Computern (z.B. über Bluetooth) trivial oder unwichtig ist. Beim Informationsaustausch zwischen Menschen – genannt Kommunikation – geht man dagegen davon aus, dass es nicht zwingend notwendig oder bedeutsam ist, sich professionell damit auseinanderzusetzen."[1]

Und ähnlich sehen wir das bezüglich unseres Umgangs mit den Unsicherheitskontexten unserer Zeit. Hier handelt sich ebenfalls nicht um etwas Triviales, sondern um teils sehr komplexe Phänomene, die sich oftmals auch noch gegenseitig beeinflussen können (z. B. Politik und Fake News oder Digitalisierung und Arbeitswelt). Für eine Anpassung und den Umgang mit Unsicherheit gibt es dementsprechend auch nicht die eine oder gar eine leichte Antwort bzw. Lösung. Sicherlich nicht zielführend ist es, die Unsicherheit zu ignorieren oder der Komplexität durch Schwarz-Weiß-Denken oder „einfache" Antworten populistischer Strömungen zu begegnen. Vielmehr sehen wir ein Erfordernis zum mehr aktiv Denken und mehr Verantwortung übernehmen. Gleichwohl lässt sich anhand der vorgestellten Unsicherheitskontexte beobachten, dass wir das mit dem Denken anscheinend gar nicht so gern machen und oft auch lieber keine Verantwortung übernehmen. Wie die Forschungsliteratur zeigt, sind unsere Entscheidungen häufig nicht rational und von Emotionen oder Gruppenstimmungen geprägt. Unser Gehirn kann Argumente, die wir nicht hören wollen, hervorragend verdrängen. Daher wundert es an sich wenig, dass viele Menschen von dem Umgang mit Unsicherheit überfordert sind und daher nach einfachen Lösungen suchen.

Unsicherheit – ein Preis der Freiheit

Nun stellt sich also die Frage, wie ein gelingender bzw. kompetenterer Umgang mit Unsicherheit aussehen kann. Wir beobachten in diesem Zusammenhang oftmals die Tendenz, dass Unsicherheit als etwas Negatives betrachtet wird. Fast schon wie bei einer Krankheit streben wir dann danach, dass wir die Unsicherheit „weg machen" wollen und nach immer mehr und neuen Optimierungsmöglichkeiten suchen. Paradoxerweise entstehen dadurch nicht selten neue Unsicherheitstreiber, denen wir dann an anderen Stellen wieder durch neue Gegenmaßnahmen „begegnen müssen".

Dabei ist keine Unsicherheit keineswegs eine erstrebenswerte Lösung. Denn Unsicherheit gehört schlicht und ergreifend zum menschlichen Leben dazu. Sie kennzeichnet unser Menschsein. Man muss sich nur einmal die Frage stellen und überlegen, was das für eine Welt wäre, wenn es überhaupt keine Unsicherheit(en) mehr gäbe? Unsere Umwelt und unsere Leben wären dann ziemlich eintönig und farblos. Denn eine totale Beseitigung von Unsicherheit würde bedeuten, dass es bei unseren Entscheidungen keine Freiheitsgrade mehr gibt. Alles wäre vorherbestimmt und würde wie nach einem fixen Drehbuch ablaufen. Wie bei so vielem gilt es daher auch bei der Unsicherheit, beide Seiten zu betrachten. Auf der einen Seite stehen die unangenehmen Empfindungen und das Unwohlsein, die damit einhergehen. Auf der anderen bietet Unsicherheit das Potenzial für Abwechslung, Veränderung und Entwicklung. Sehen wir uns hierfür zwei Beispiele genauer an, die verdeutlichen sollen, welcher Preis entsteht, wenn Unsicherheit immer weiter reduziert wird.

Das erste Beispiel ist bereits Realität. Dafür blicken wir nach China. Dort wurde bereits im Jahr 2014 in einzelnen Städten damit begonnen, ein sogenanntes Sozialkredit-System (engl. social credit system) zu erproben und einzuführen. Dabei handelt es sich um ein Bewertungs- bzw. Rating-System (Social Scoring System). Jeder Bürger und jede Bürgerin bekommt für (in den Augen der Regierung) positives Verhalten Punkte. Gleichermaßen werden für negatives Verhalten Punkte abgezogen. So gibt es etwa Punkte für die Pflege älterer Familienmitglieder oder Blutspenden. Punktabzug droht, wenn man bei Rot über die Ampel geht oder seine Eltern nicht regelmäßig besucht[2]. Wer wenig Punkte hat, muss beispielsweise beim Kauf von Flugtickets oder bei der Ausbildungs- oder Arbeitsplatzsuche mit Einschränkungen rechnen und wird öffentlich angeprangert. Für bestimmte Berufe braucht es eine bestimmte Mindestzahl beim Punktestand. Wer dagegen viele Punkte hat, bekommt u. a. Steuererleichterungen, leichteren Zugang zu Krediten oder hat kürzere Wartezeiten in Krankenhäusern[2]. Das ausgerufene Ziel ist die Erziehung der chinesischen Gesellschaft zu mehr Aufrichtigkeit.

Tatsächlich dient dieses System der totalen Kontrolle und Steuerung der Menschen. Es geht einher mit einer durchgehenden Überwachung. Was für die meisten Menschen in Europa nach einer unschönen Dystopie klingt, scheint laut Umfrageergebnissen bei der chinesischen Bevölkerung überwiegend gut anzukommen. Die Kombination aus einer Überwachung, die alle Lebensbereiche einbezieht, und diesem Bewertungssystem führt dazu, dass sehr viele Unsicherheitsbereiche sehr stark reduziert werden. Die Wahrscheinlichkeit, dass es zu moralisch verwerflichen oder gar illegalen Handlungen kommt, wird deutlich geringer. Unsicherheit reduzierend sind sicherlich auch Effekte wie etwa, dass mehr darauf vertraut werden kann, dass sich Kolleginnen und Kollegen, Unternehmen und Vertragsparteien tatsächlich bemühen, gute Lösungen bei Herausforderungen und Konflikten zu finden. Doch der Preis dafür ist hoch. Zum einen setzt das System eine umfassende Überwachung der Menschen voraus. Zum anderen wird Unsicherheit reduziert, indem Entscheidungsspielräume massiv verkleinert werden. Denn schlechte Bewertungen beeinflussen ja das Punktekonto. Und da die Punkte gebraucht werden, damit man ein normales Leben führen kann und nicht befürchten muss, keinen Kredit oder kein Auto mehr zu bekommen, bleibt den Menschen im Grunde keine andere Wahl, als sich entsprechend der Plus- und Minuspunkte zu verhalten. Auf dem Papier bleibt die Autonomie zwar bestehen. Faktisch aber werden die meisten Verhaltensentscheidungen mit einem derartigen System im Vorfeld schon getroffen. Damit wird die individuelle Freiheit massiv beschnitten. Ein aus unserer Sicht zu hoher Preis für weniger Unsicherheit. Zudem zeigt psychologische Forschung immer wieder, dass intrinsische Motivation (ich verhalte mich so, weil ich das möchte) extrinsischer Motivation (ich verhalte mich so, weil ich mir davon Vorteile verspreche) vorzuziehen ist. Denn intrinsische Motivation geht nicht nur stärker mit individuellem Wohlbefinden, Kreativität und psychologischem Wachstum einher, sondern extrinsische Motivation kann unter bestimmten Bedingungen bestehende intrinsische Motivation auch „zerstören". Man spricht dann vom sog. „Korrumpierungseffekt" (z. B. in der Arbeitswelt[3]; im Gesundheitsbereich[4]; im Bildungsbereich[5]). Ausgehend von dieser Annahme ist es langfristig sinnvoller, Strukturen so zu gestalten, dass Menschen sich gerne und von sich aus „gut" verhalten und nicht, weil sie dafür Punkte bekommen oder verlieren können.

Wer nun denkt, China ist weit weg und überhaupt sei die chinesische Kultur ja nicht vergleichbar mit unseren Wertevorstellungen im westlichen Teil der Welt, dem sei mitgeteilt, dass es auch in Europa konkrete Überlegungen für ähnliche Systeme gibt. So plant beispielsweise die Stadt Bologna in Italien die Einführung einer sogenannten „Smart Citizen Wallet". Im Kern geht es ebenfalls darum, den „guten Bürger" zu definieren, gewünschtes Verhalten zu belohnen und unerwünschte Verhaltensweisen zu bestrafen. Punkte sammeln kann man beispielsweise durch Recycling, Nutzung des öffentlichen Nahverkehrs oder einen geringeren Energieverbrauch[6]. Die Tragweite und Bedeutung eines derartigen Systems sei nach Ansicht des zuständigen Stadtrats in Bologna vergleichbar mit der Errichtung einer Kanalisation für eine Stadt[7]. Die Abwicklung soll über eine App erfolgen, wobei die Nutzung zunächst freiwillig ist. Geplant ist, dass man die gesammelten Punkte bei speziellen Partnern des Programms einlösen kann – also quasi wie „Payback"-Punkte beim Einkaufen, nur diesmal für das „gute/r BürgerIn" sein. Aus unserer Sicht besteht hier Diskussionsbedarf in unserer Gesellschaft, ob wir derartige Wege zur Lösung bestimmter Probleme wirklich einschlagen wollen oder ob es nicht auch andere Möglichkeiten geben könnte. Denn auch bei einer solch abgeschwächten Variante eines Bewertungssystems wären Szenarien denkbar, die langfristig in Richtung eines „echten" Sozialkredit-Systems führen. Alternativ wäre in Bezug auf Klima- und Umweltschutz beispielsweise auch denkbar, dass wir beginnen, faire Preise für Produkte und Dienstleistungen zu bezahlen. Fair bedeutet dabei, dass Umweltkosten und sonstige Schäden, die bei der Herstellung entstehen und typischerweise in die ärmeren Regionen sowie Länder „ausgelagert" werden, bei der Preisgestaltung berücksichtigt würden. Ebenso würde fair bedeuten, dass an die Näherinnen und Näher der T-Shirts ein Gehalt gezahlt wird, von dem diese vernünftig leben können. Dies hätte für viele Dienstleistungen und Produkte zur Folge, dass die Preise steigen. Ein T-Shirt bei manchem Textilhandel würde dann eben nicht mehr 4,99 Euro kosten. Aber vielleicht müssen wir ja auch nicht mehrmals im Jahr neue T-Shirts kaufen? Da würde ein höherer Preis auf dem Etikett des T-Shirts sicherlich helfen, denn das Prinzip „Angebot und Nachfrage" funktioniert typischerweise recht zuverlässig. Vielleicht wären einige T-Shirts weniger ein vertretbarer Preis für unsere Freiheit und würden ermöglichen, dass wir ohne ein Social Credit System „light" auskommen? Hier sind wir als Gesellschaft gefragt, zu diskutieren und zu reflektieren, welchen

Wert die Freiheit für uns hat und ob wir bereit sind, bestimmte Verhaltensweisen dafür zu verändern. Aus unserer Sicht lohnt sich das.

Während das erste Beispiel bereits Realität ist, handelt es sich beim zweiten um reine Fiktion. Stellen Sie sich vor, es gäbe eine künstliche Intelligenz, die sämtliche Unsicherheit im Leben beseitigen kann. Diese KI sorgt nicht nur dafür, dass Ihnen nichts mehr passieren kann auf dem Weg zur Arbeit. Alles ist so gesteuert, automatisiert und hoch entwickelt, dass es keine Unfälle mehr gibt. Sondern die KI kümmert sich auch um die sonstigen Angelegenheit Ihres Lebens. Die Zubereitung des Essens erfolgt durch einen speziellen Küchenroboter, und zwar so, dass sie maximal gesund leben. Die Einkäufe dafür übernimmt der smarte Kühlschrank, natürlich immer in Abstimmung mit Ihren finanziellen Möglichkeiten. Ebenso entscheidet die KI, welche Menschen ein guter Umgang für Sie sind. Potenziell schlechter Einfluss soll auf ein Minimum reduziert werden. Dabei werden auch gleich die sonstigen Tagesabläufe geplant, vom Sport bis hin zum Lesen der Nachrichten und Pflege der Social Media Profile. Da die überwiegende Mehrheit der Menschen die gleiche KI benutzt, wird quasi alle Unsicherheit aus unserem Leben entfernt. Wir leben in absoluter Sicherheit und bei maximaler Gesundheit. Dazu wird unser Lebensweg schon komplett von Geburt an vorgezeichnet. Die künstliche Intelligenz hat aufgrund unserer genetischen Informationen schon berechnet, wie alt wir werden, welche Gebrechen wir wann bekommen und wozu wir am besten im Stande sind. Daher werden wir in den Jobs platziert, die individuell bestmöglich passen. Das gleiche gilt für Partnerschaften und Beziehungen — oder eben keine mehr, denn woraus würden diese bestehen? Gemeinsame Entscheidungen würden schließlich nicht mehr getroffen werden, denn es wäre alles vorbestimmt. Auch Abenteuer gäbe es nicht mehr zu erleben, viel zu gefährlich, denn das würde ja Unsicherheit bedeuten. Aber wäre so ein Leben überhaupt wünschenswert? Aus unserer Sicht ist eine entscheidende Komponente unseres Menschseins, dass wir Entscheidungen treffen können. Damit geht natürlich auch einher, dass man — rückblickend betrachtet — die falschen Entscheidungen trifft. Dies sollte uns zukünftig jedoch nicht daran hindern, auch weiterhin Entscheidungen zu treffen. Ein kleines Kind, das bei seinen ersten Gehversuchen mehrmals hinfällt, steht trotzdem wieder auf. Würde es dagegen die Unsicherheit minimieren und das künftige Laufen davon abhängig machen, dass es zuvor nie hätte hinfallen dürfen — wohl kein Kind würde jemals laufen lernen. Die Entscheidungen, die wir treffen, prägen uns, unser Leben und unser Umfeld. Hierzu jedoch braucht es Entscheidungsspielräume. Wenn alles vorgegeben ist und kein Raum für Unsicherheit gegeben ist, braucht es keine Entscheidungen und damit auch keinen menschlichen Geist.

Wir möchten den Blick daher auf die positive Seite von Unsicherheit lenken. Wir ermutigen dazu, mehr Unsicherheit zu wagen. Unsicherheit ist die Voraussetzung für Freiheit, sowohl was die Gesellschaft als Ganzes als auch die Entscheidungen jedes Einzelnen betrifft. Man könnte umgekehrt auch sagen: Freiheit hat einen Preis. Ein Teil dieses Preises lautet Unsicherheit. Wir plädieren dafür, dass es sich lohnt, auch in Zukunft die Freiheit zu verteidigen. Unserer Ansicht nach hat eine Gesellschaft mehr Vorteile, wenn sie Strukturen schafft, die es jeder und jedem ermöglichen, zu einem guten Umgang mit Unsicherheit zu gelangen, als wenn Unsicherheit autoritär eliminiert wird. Damit wir Autonomie und Entscheidungsfreiheit beibehalten können — und das auch wollen — ist es wichtig, dass wir sowohl über die entsprechenden Kompetenzen verfügen, als auch die nötigen Voraussetzungen dafür schaffen. Im Folgenden möchten wir daher verschiedene Ideen und Vorschläge beschreiben, die zu einem souveräneren Umgang mit Unsicherheit beitragen können.

Strategien für mehr Unsicherheitskompetenz

Wir sehen verschiedene Möglichkeiten, wie wir zu einem kompetenteren Umgang mit Unsicherheit gelangen können. Hierbei sind entsprechende Strukturen, kulturelle Rahmenbedingungen sowie bestimmte Werte von zentraler Bedeutung. Bevor wir näher auf diese Aspekte eingehen, möchten wir jedoch gerne den Fokus auf die individuelle Ebene lenken. Denn bevor man fragt, was der Staat, die Gesellschaft, Unternehmen oder sonstige Akteure zu einem kompetenteren Umgang mit Unsicherheit beitragen können, kann sich jeder Mensch individuell fragen, was er oder sie tun kann, um mehr Unsicherheit zu wagen.

Individuelle Ebene: Was kann ich tun?

Auf der individuellen Ebene sehen wir verschiedene Aspekte und Möglichkeiten, die aus psychologischer Sicht zu einem kompetenten Umgang mit Unsicherheit und zur Entwicklung einer unsicherheitsresilienten, aufgeklärten und prosozialen Gesellschaft beitragen:

- Wissen um psychologische Effekte
- Eigene Anfälligkeiten erkennen
- Motivation, sich zu entwickeln und aktiv zur Gestaltung von Kultur und Gesellschaft beizutragen
- Perspektivwechsel
- Auseinandersetzung mit dem eigenen Wertekompass
- Kommunikation und mentale Flexibilität
- Zeit

Wissen allein ist nicht genug

Verschiedene Studien haben gezeigt, dass hinsichtlich bestimmter psychologischer Effekte bereits das Wissen um diesen Einfluss dazu beitragen kann, dass dieser reduziert wird. Vielleicht haben Sie z. B. schon einmal vom sogenannten Zuschauereffekt (*bystander effect*) gehört: Je mehr Menschen einen Unfall oder Übergriff beobachten, desto geringer wird die Wahrscheinlichkeit für den Einzelnen einzugreifen. Die psychologische Forschung hat hierzu verschiedene Gründe identifiziert, darunter Verantwortungsdiffusion. Das bedeutet, dass sich die Verantwortung gefühlt auf alle Beobachtenden aufteilt. Das Wissen um diesen Effekt hat es bis heute recht gut aus dem Elfenbeinturm Forschung in das Alltagswissen geschafft — das trifft bei weitem nicht auf viele Erkenntnisse der Psychologie, zumindest nicht in dieser Form, zu. Und heute können wir sagen: *Je mehr Menschen um den Bystander-Effekt wissen, desto seltener tritt er auf*[8]. Dieser Unsicherheitsbereich (also: „Was muss ich jetzt in dieser Situation tun?") ist seit einigen Jahren somit deutlich kleiner geworden. Denn vielen Menschen ist erfreulicherweise heute bewusst, dass sie hier eine Verantwortung haben, einzuschreiten und zu helfen — wenn auch nicht immer direkt.

Bei vielen der beschriebenen kognitive Verzerrungen, also Fehler in unserem Denken, die uns nicht auffallen, ist es zentral, dass wir diese wenigstens einmal bewusst selbst erlebt haben und dabei auch realisieren, dass wir einer entsprechenden Verzerrung unterliegen können. Wenn Sie etwa beim Beispiel mit der Maske und dem Desinfektionsmittel mit 5 Euro statt 2,50 Euro geantwortet hatten und sich über Ihr falsches Ergebnis gewundert hatten, dann ist das so ein Realisierungsmoment, den es manchmal braucht, damit wir offen sind für neue Inhalte. Auch unsere Erfahrungen sowohl mit Studierenden als auch Führungskräften und CEOs zeigen, dass nach so einem „Eisbrecher" viel mehr Offenheit für Wissen um psychologische

Effekte besteht, als vor der persönlichen Erfahrung. Dank des subjektiven Erlebens, dass man mit der eigenen Einschätzung falsch lag und sich diese aber richtig angefühlt hat, nimmt erfreulicherweise die Bereitschaft zu, sich zukünftig gegen verzerrende Einflüsse besser zu wappnen.

Dies führt zu einem Aspekt, den wir in diesem Zusammenhang als absolut zentral erachten: Motivation. Denn wir können noch so viel Wissen zu den verschiedensten Themen generieren, am Ende geht es darum, ob wir bereit sind, uns auch entsprechend der neuen Erkenntnisse zu verhalten. Nicht nur für die eigene Reflexion und das Denken, sondern auch für das Selbst-aktiv-Werden. Nur so können wir tatsächlich zu einem besseren Umgang mit Unsicherheit gelangen und damit auch dazu beitragen, dass wir unser Umfeld dahingehend positiv beeinflussen.

Denken hilft doch – wenn wir unser Wissen dabei gezielt anwenden

… denn das, was wir denken, hat eine enorme Schlagkraft! Dass wir anfällig sind für irrationale Entscheidungen, mehr oder weniger Selbstüberschätzung (z. B. „besser/hübscher/klüger/besser als der Durchschnitt") und uns vor Argumenten verschließen, die unserer Meinung nicht zuträglich sind, wird uns zunehmend bewusst. Weniger bekannt ist dagegen der Einfluss unserer Erwartungen auf unser tatsächliches Erleben und Verhalten. Was damit gemeint ist, zeigt die Forschungsarbeit der Harvard-Professorin Ellen Langer, von der Presse auch „mother of mindfulness" genannt. Sie beschäftigt sich in ihrer Forschung u. a. mit dem Thema Achtsamkeit (engl. mindfulness). Dieses Konzept ist in der wissenschaftlichen Literatur besonders durch ihre Arbeiten sowie durch die von Jon Kabat-Zinn bekannt geworden. Kabat-Zinn definiert Achtsamkeit als einen

Bewusstseinszustand, als bewusste Aufmerksamkeit, die auf den aktuellen Moment gerichtet ist. Seine Perspektive sieht den Zugang hierzu über Meditation, also in der Tradition fernöstlicher Lehre[9]. Langer wählt dagegen einen stärker westlich geprägten Zugang und definiert Achtsamkeit breiter. Sie beschreibt Achtsamkeit als den bewussten Umgang mit Gedanken und Gefühlen im Kontext der jeweiligen Umwelt. Dabei speist sich ihr Konzept von Achtsamkeit zudem wesentlich aus ihren vorausgehenden Forschungsarbeiten mit dem Thema Gedankenlosigkeit (mindlessness). Genau hierin sieht Langer einen der Hauptgründe für sämtliche soziale Herausforderungen, die sich uns stellen:

„Ich glaube sogar, dass praktisch alle unsere Probleme – persönliche, zwischenmenschliche, berufliche und gesellschaftliche – direkt oder indirekt durch Gedankenlosigkeit entstehen."[10]

Es macht daher Sinn, eine möglichst flexible Geisteshaltung zu entwickeln. Denn dann steigt die Wahrscheinlichkeit dafür, Situationen weniger festgefahren zu interpretieren. Warum das gut und sinnvoll ist, wird in folgendem Zitat deutlich:

„Wenn wir uns in einem Zustand der Gedankenlosigkeit befinden, verhalten wir uns wie Roboter, die darauf programmiert wurden, nach dem Sinn zu handeln, den unser Verhalten in der Vergangenheit gemacht hat, und nicht in der Gegenwart. Anstatt aktiv neue Unterscheidungen zu treffen und neue Dinge zu bemerken, wie wir es tun, wenn wir achtsam sind, verlassen wir uns im Zustand der Gedankenlosigkeit auf Unterscheidungen, die wir in der Vergangenheit getroffen haben. Wir stecken in einer einzigen, starren Perspektive fest und sind unempfänglich für alternative Erkenntnismöglichkeiten."[11]

Dieses Zitat ist zeitlos und trifft das Thema dieses Buchs auf den Punkt. Denn eine weitere zentrale Voraussetzung für einen besseren Umgang mit Unsicherheit liegt in der Art und Weise, wie wir über Ereignisse und Situationen nachdenken. Wie stark der Einfluss unseres Mindsets, also unseres Denkstils, sein kann, zeigen eindrücklich zahlreiche Studien. Zwei seien hier kurz vorgestellt.

Sie kennen sicherlich den vom niederländischen Augenarzt Herman Snellen entwickelten Snellen-Test, die sog. Sehtafel, mit der die Sehfähigkeit getestet wird. Meist handelt es sich hierbei um mehrere Reihen von Buchstaben in unterschiedlicher Größe, wobei oben die größten und unten die kleinsten Buchstaben zu sehen sind. Üblicherweise wird beim Sehtest oben begonnen und getestet, wie weit die lesende Person kommt, wobei die Buchstaben zunehmend kleiner werden. Hierbei hat die lesende Person die implizite Annahme, ab einem gewissen Punkt die Buchstaben nicht mehr erkennen zu können. Eine ebensolche Tafel verwendeten auch Langer und ihr Team[12] in ihren Untersuchungen. Allerdings wurden die Teilnehmerinnen und Teilnehmer gebeten, den Test zweimal zu machen. Beim ersten Durchgang sollten sie den „normalen" Snellen-Test absolvieren. Beim zweiten Durchgang erhielten sie eine umgekehrte Sehtafel. Bei dieser wurden die Buchstaben von oben nach unten hin größer. Entsprechend war hier die implizite Annahme der teilnehmenden Personen, dass sie wohl ab einem bestimmten Punkt die Buchstaben werden lesen können. Die Ergebnisse zeigten, dass in der umgekehrten Version des Snellen-Tests (also von kleinen zu großen Buchstaben) die Personen mehr Buchstaben lesen konnten als bei der normalen Version des Tests (also von groß zu klein). Daraus lässt sich schließen, dass die positive Erwartung „gleich werde ich etwas lesen können" zu mehr Erfolg führte, als die Annahme „gleich klappts nicht mehr". Bezeichnend ist hierbei, dass es dem Forschungsteam gelungen ist, zu zeigen, dass dieselben Personen bei objektiv gleichen Gegebenheiten unterschiedliche Ergebnisse erzielten.

Ein weiteres eindrückliches Beispiel für die Stärke des Einflusses unseres Mindsets sind die Ergebnisse folgender Studie: Zusammen mit Alia Crum untersuchte Langer[13] mittels einer Coverstory, wonach die Gesundheit von Frauen, die in Hotels arbeiten, untersucht werden sollte, den Einfluss einer einfachen Intervention. Dabei wurde 44 Hotelmitarbeiterinnen gesagt, dass die Arbeit, die sie täglich leisten (Hotelzimmer reinigen) ideal im Sinne der Empfehlungen des Amtsarztes zur täglichen körperlichen Bewegung sei. Die Teilnehmerinnen der Kontrollgruppe (40 weitere Hotelmitarbeiterinnen) bekamen diese Informationen nicht. Die Ergebnisse zeigten, dass die Teilnehmerinnen der Interventionsgruppe nach vier Wochen das Gefühl hatten, sich mehr zu betätigen als vorher. Und das, obwohl sie angaben, dass sie sich nicht anders verhalten hatten als sonst. Außerdem zeigte sich, dass die Teilnehmerinnen der Interventionsgruppe im Vergleich zur Kontrollgruppe mehr Gewicht verloren hatten, weniger Körperfett und einen niedrigeren Blutdruck aufwiesen.

Studienergebnisse wie diese, die auch auf den sog. Placeboeffekt verweisen — also auf eine Wirkung, ohne dass es einen eigentlichen Wirkstoff gibt — machen deutlich, wie bedeutsam es ist, was wir denken und wie wir über etwas nachdenken. Diese Gedanken können uns bei unserem Umgang mit Unsicherheit unterstützen. Insbesondere in Kontexten, die für uns eine Herausforderung darstellen, wie etwa wenn wir unsere Komfortzone verlassen müssen, um etwas Neues zu lernen. Hier ist ein positives Mindset sehr wahrscheinlich nicht nur unserer Stimmung zuträglich, sondern kann auch weitere positive Effekte haben. Dieses Wissen unterstützt uns aber auch dabei, einen Perspektivwechsel vorzunehmen. Hierzu zeigen psychologische Studienergebnisse eindrücklich, wie bedeutsam das sein kann.

Ich, Wilhelm oder der Durchschnittsbürger? Perspektivwechsel für einen besseren Umgang mit Unsicherheit

Aus der Risikoforschung ist auf Basis zahlreicher Studienergebnisse bekannt[14], dass es einen enormen Unterschied macht, ob ein Risiko uns selbst, eine konkrete Person (z. B. Wilhelm), oder eine andere abstrakte Person (z. B. den Durchschnittsbürger) betrifft. Denn je nach Perspektive, die wir auf ein Ereignis einnehmen, ändert sich auch die Art und Weise, wie wir dieses Ereignis einschätzen und wie wir an die Lösung eines Problems herangehen. Stellen Sie sich vor, Sie werden gefragt: „Wie hoch ist die Wahrscheinlichkeit dafür, dass sich eine Person in Deutschland scheiden lässt?" Weitere Informationen bekommen Sie nicht. Meistens hat man aber ein Gefühl bzw. eine Intuition für die Antwort. Ein sehr wahrscheinlicher Lösungsweg könnte in diesem Fall sein, dass Sie sich erinnern, dass Sie schon mal gehört haben, dass etwa jede dritte Ehe geschiedenen wird. Es ist daher wahrscheinlich, dass Sie diese Aussage nun auf diesen Fall, also die Grundgesamtheit aller Verheirateten in Deutschland, übertragen und antworten: „Ich glaube, die Wahrscheinlichkeit liegt bei ca. 33 Prozent." Damit hätten Sie die Wahrscheinlichkeit der Grundgesamtheit für eine Scheidung (die sog. Basisrate) mit der Wahrscheinlichkeit dafür, dass sich „eine Person" scheiden lässt, gleichgesetzt. Nun verändern wir einmal die Perspektive.

Angenommen wir nehmen die gleiche Frage nochmal, sprechen aber anstatt von „einer Person" von „Wilhelm". Dann ist es sehr wahrscheinlich, dass Sie zu einem ganz anderen Lösungsweg und damit auch zu einer anderen Antwort kommen. Probieren wir es doch einmal aus: „Wie wahrscheinlich ist es, dass Wilhelm sich scheiden lässt?". In diesem Fall ist es eher unwahrscheinlich, dass Sie an die Basisrate denken, denn es geht ja nicht mehr um „eine Person", sondern um einen „Wilhelm". Viel wahrscheinlicher ist es daher, dass Sie Ihr Urteil an Eigenschaften orientieren, die Sie Wilhelm zuschreiben. Dies könnte in etwa wie folgt aussehen: „Ich kenne keinen Wilhelm in meinem Umfeld. Das ist auch kein sehr üblicher Name heute. Aber mein Opa hieß Wilhelm. Damals allerdings hat man sich nicht scheiden lassen. Oma und Opa waren ja auch ewig miteinander verheiratet bis zu ihrem Tod damals. Ich glaube nicht, dass Wilhelm sich scheiden lässt – also vielleicht zu fünf Prozent?"

Plötzlich kommen wir zu einem anderen Ergebnis. Es handelt sich zwar um fast den identischen Sachverhalt, doch aufgrund der veränderten Perspektive ist es sehr wahrscheinlich, dass ein anderer Lösungsweg gewählt und somit auch eine andere Wahrscheinlichkeit genannt wird. Beispiele wie diese verdeutlichen, dass wir uns auf unterschiedliche Weisen ein Urteil bilden, je nachdem wie und aus welcher Perspektive wir über etwas nachdenken. Ähnlich wie beim Framing (das Beispiel mit dem Ausbruch einer Krankheit) ist hier wieder die Formulierung eines Sachverhalts entscheidend für den gewählten Lösungsweg bei der Schätzung. Nur geht es diesmal eben nicht um Gewinn und Verlust, sondern um verschiedene Perspektiven.

Die Idee des Perspektivwechsels kann uns auch helfen, besser mit Unsicherheit umzugehen. Ein erster Schritt besteht darin, dass wir uns bewusst machen, aus welcher Perspektive wir eine bestimmte Situation gerade betrachten. Denn viel schneller als man denkt kann man in eine Art „Tunnelblick" geraten, der die eigene Wahrnehmung drastisch einschränkt. Dadurch kann eine Situation, in der wir Unsicherheit erleben, schnell dramatischer wirken, als sie eigentlich ist. Es gilt dann, den Blickwinkel wieder zu erweitern und die Situation vor dem Hintergrund eines größeren Gesamtzusammenhangs einzuordnen. Zudem kann man sich fragen, welche Wahrnehmungen, Überlegungen und Aspekte überhaupt zu der aktuellen Einschätzung geführt haben. Es kann nämlich vorkommen, dass wir uns zwar viele Gedanken zu einem bestimmten Thema machen, dabei aber immer vom schlechtestmöglichen ausgehen. Daher mag es sinnvoll sein, sich zu fragen, ob es auch Informationen gibt, die für einen anderen (positiven) Ausgang sprechen, die man bisher aber übersehen hat[15]. Wir fassen die Idee des Perspektivwechsels hier also bewusst etwas weiter auf und beschränken sie nicht nur darauf, dass die Perspektive einer anderen Person eingenommen wird, sondern dass man — metaphorisch gesprochen — ein paar Schritte zurücktritt, um auf diese Weise die Situation besser beurteilen zu können. Ganz nach dem Motto und berühmten Zitat von Antoine de Saint-Exupéry, dem Autor von „Der kleine Prinz": „Um klar zu sehen, genügt oft ein Wechsel der Blickrichtung."

Schauen wir uns hierfür nochmal ein anderes Beispiel an. Angenommen eine Person hat den Ausbruch der Coronapandemie während des ersten Lockdowns in Deutschland als eine schwer erträgliche Unsicherheit in ihrem Leben empfunden. Sie hat sich nicht nur Sorgen um ihre Gesundheit gemacht, sondern auch die Einschränkungen und Veränderungen aufgrund des Lockdowns als belastend empfunden. Wie könnten in diesem Fall verschiedene Perspektivwechsel aussehen?

1. Perspektivwechsel durch Alternativszenario: Der Angst, an Corona zu erkranken und einen schweren Verlauf zu erleiden, könnte durch die Betrachtung eines Alternativszenarios begegnet werden. Hierzu sollte man sich zunächst vergegenwärtigen, was ein bestmöglicher Ausgang wäre. In diesem Fall wäre das entweder gesund zu bleiben und nicht zu erkranken oder keinen schweren Verlauf zu erleiden. Dann kann man sich im nächsten Schritt überlegen, welche Argumente für das Eintreten des Alternativszenarios sprechen: Was habe ich bereits getan oder tue ich gegenwärtig, damit ich eine etwaige Erkrankung gut überstehen kann? Hier würde unsere Person dann erkennen, dass sie eigentlich ein recht gesundes Leben führt. Sie hat keine Vorerkrankungen, ernährt sich meistens gesund und treibt regelmäßig Sport. Der Perspektivwechsel könnte folglich dazu führen, dass der Person bewusst wird, dass sie als gesunder Mensch eine Erkrankung schon überstehen wird.

2. Perspektivwechsel durch Informationskontrolle: Bei diesem Perspektivwechsel geht es darum zu reflektieren, welche Informationen eigentlich herangezogen werden, um zu einer bestimmten Einschätzung in einer bestimmten Situation zu kommen. Gerade während der Coronapandemie waren die Medien voll von negativen Nachrichten. Das verstärkt Ängste und Sorgen. In den sozialen Medien könnte unsere Person sogar in eine Filterblase abgerutscht sein, in der es nur noch Negativmeldungen gibt. Stellt man fest, dass man sich in einer derartigen Situation befindet, dann kann es hilfreich sein, sich für einen bestimmten Zeitraum (z. B. für bestimmte Tage in der Woche oder auch mehrere Tage am Stück) eine Pause von sämtlichen Nachrichten zu gönnen. Egal auf welchen Kanälen. Denn wenn man sich nur mit schlechten Nachrichten umgibt, dann steigt die Gefahr an, dass man in eine Problemtrance gerät. Ängste, Sorgen und Unsicherheit steigen immer weiter an. Aber nicht nur das. Denn Kontext prägt: Das, womit wir uns befassen, hat auch einen Einfluss auf uns.

3. Perspektivwechsel durch Reinterpretation der Situation: Schließlich gibt es noch eine weitere und zugleich sehr mächtige Form des Perspektivwechsels. Dabei wird eine Situation neu interpretiert. In unserem Beispiel stört sich die Person auch daran, dass sie aufgrund des Lockdowns stark eingeschränkt wird und nicht mehr den Dingen nachgehen kann, die ihr sonst Freude bereitet haben (z. B. ins Kino gehen, Freunde treffen). Hier könnte eine Reinterpretation der Situation darauf fokussieren, dass sich unsere Person daran erfreut, dass sie endlich mal mehr freie Zeit für sich hat, in der sie ganz neue Dinge ausprobieren kann. Sei es mit Yoga anzufangen, zu malen oder zu nähen. Diese Form des Perspektivwechsels kann immer dann besonders wirksam sein, wenn man in einer bestimmten Situation keine direkten Einflussmöglichkeiten sieht.

Zusammen genommen kann man sagen, dass die Strategie des Perspektivwechsels auf verschiedene Weisen dazu beitragen kann, die empfundene Unsicherheit zu reduzieren.

Kommunikation und mentale Flexibilität

Eine gelingende und offene Kommunikation kann einen wichtigen Beitrag zu einem kompetenteren Umgang mit Unsicherheit leisten. Auch wenn dieser Gedanke nicht direkt offensichtlich ist, ist Kommunikation doch zentral. Denn über Kommunikation stehen wir mit anderen Menschen in Kontakt, tauschen uns aus und können besser verstehen, was für Gedanken, Meinungen und Gefühle andere haben.

Gelingende Kommunikation setzt dabei zunächst einmal eine bestimmte innere Haltung bzw. ein passendes „Mindset" voraus. Wir bezeichnen dies als „mentale Flexibilität". Damit ist gemeint, dass wir anerkennen, dass es nicht die eine objektive Realität gibt. Vielmehr ist Wahrnehmung subjektiv, jeder Mensch sieht die Welt aus seinen Augen – und somit immer ein wenig anders als man selbst. Klar, das ist auch eine Form von Unsicherheit. Aber das lässt sich schlicht und ergreifend nicht ändern. Hier hilft es nur, dass wir erkennen und akzeptieren, dass unsere menschliche Wahrnehmung eben so funktioniert. Alle Versuche, dem entgegenzuwirken, gehen meistens nach hinten los. Denn sobald eine Person das Gefühl bekommt, dass sie von der anderen Seite nicht ernst genommen oder ihre Position sogar für falsch befunden wird, regt sich Widerstand. Dies verbaut im Regelfall die Chance für weiteren Austausch, Missverständnisse und Konflikte sind vorprogrammiert, wodurch dann neue Unsicherheit geschaffen wird. Eng verknüpft mit einer mentalen Flexibilität sind daher gegenseitige Wertschätzung und Respekt. Darüber hinaus empfehlen sich folgende Aspekte [16]:

1. **Zuhören und Perspektivwechsel:** Zuhören können, ist die Voraussetzung für eine echte inhaltliche Auseinandersetzung mit Meinungen und Positionen anderer. Wir nehmen uns im Alltag viel zu selten Zeit, den Menschen um uns herum wirklich zuzuhören. Damit geht auch einher, dass wir — im Sinne der zuvor beschriebenen mentalen Flexibilität — die andere Person und ihre Überlegungen ernst nehmen. Dies bedeutet auch, die eigenen Positionen nicht von vornherein als überlegen oder besser anzusehen.

Anders gesagt: Wir sollten Auffassungen, die den eigenen Einstellungen widersprechen, erstmal aushalten können. Somit knüpft dieser Punkt im Grunde nahtlos an die zuvor beschriebenen Ideen des Perspektivenwechselns an.

2. **Fragen stellen:** Das Stellen von Fragen kann uns dabei helfen, unser Gegenüber besser zu verstehen. Dabei ist darauf zu achten, dass Fragen möglichst offen formuliert sind (z. B. „Wie sehen Sie das?" anstatt „Finden Sie auch, dass ...?"). Ebenso kann es hilfreich sein, den Ursprung bestimmter Informationen oder Meinungen zu erörtern (z. B. „Wie kommt es, dass Sie ...?", „Woher wissen Sie das? Wo haben Sie das gelesen? Woher stammt diese Information?"). Auf diese Weise kann einem typischen Impuls („Aber das stimmt doch gar nicht?") entgegengewirkt werden, der sich vor allem zeigt, wenn wir mit Meinungen konfrontiert werden, die unserer eigenen Position widersprechen. Durch das Erfragen der Hintergründe kann somit ein Diskurs gefördert und einer pauschalen Ab- und Ausgrenzung anderer Personen entgegengewirkt werden.

3, Miteinander sprechen, vor allem mit Menschen, die eine andere Meinung vertreten: Wer noch einen Schritt weitergehen möchte, kann versuchen gezielt mit Menschen zu sprechen, die andere Positionen oder Meinungen vertreten als die eigene. Ein beeindruckendes Beispiel hierfür ist der afroamerikanische Musiker, Aktivist und Autor Daryl Davis. Davis wurde im Alter von zehn Jahren erstmals Opfer von Rassismus und verstand damals die Welt nicht. Später suchte er daher den Kontakt mit dem lokalen Ku-Klux-Klan-Leader Roger Kelly. Über viele Konversationen und Jahre hinweg entwickelte sich eine Freundschaft zwischen den beiden Männern, die schließlich dazu führte, dass Kelly und zahlreiche weitere Mitglieder den Ku-Klux-Klan verließen [17]. Hierbei zeigt sich deutlich, wie stark die positive Wirkung von Dialog und Austausch zwischen Menschen sein kann, insbesondere dann, wenn die Grenzen zwischen In- und Outgroup überwunden werden.

Es ist klar, dass insbesondere der letzte Aspekt herausfordernd sein kann. Denn typischerweise reagieren wir genau entgegengesetzt. Menschen, die eine Meinung vertreten, die uns nicht gefällt, werden tendenziell eher abgewertet. Oftmals wird mit Schubladen oder Stempeln gearbeitet oder wir überhöhen uns selbst, indem wir die andere Seite mit „erhobenem Zeigefinger" moralisch kritisieren. Das mag zwar kurzfristig und auf der subjektiven Ebene Unsicherheit reduzieren, hilft langfristig betrachtet jedoch nicht weiter. Derartige Kommunikation schafft lediglich neue Gräben oder vergrößert bereits bestehende. Dies ist nicht nur schädlich für unsere Gesellschaft, sondern es entstehen dadurch auf lange Sicht neue Formen der Unsicherheit für alle Beteiligten.

Den eigenen Wertekompass (er)kennen

Jede und jeder von uns ist gefordert, sich aktiv um einen besseren Umgang mit Unsicherheit zu bemühen. Auf diese Weise kann beim Entstehen einer guten Unsicherheitskultur mitgewirkt werden. Kultur ist etwas Interaktives, wir alle leisten hier einen Beitrag. Auch oder erst recht, wenn wir vielleicht keine in den Medien präsenten Multiplikatoren mit hoher Reichweite sind. Denn durch unser Tun können wir immerhin die Menschen beeinflussen, mit denen wir uns umgeben. Daher ist ein/e jede/r auch immer ein Vorbild. Dies gilt es sich bewusst zu machen. Doch was für ein Vorbild bin ich und für welche Werte stehe ich? Aus unserer Sicht ist es für jeden Kontext zentral, welche Werte uns leiten. Egal, ob es um Kindererziehung, Partnerschaft oder die Zusammenarbeit mit anderen Menschen im beruflichen Alltag geht. In jeder Rolle, die wir in unserem Leben haben, gibt uns unser innerer, moralischer Kompass die Richtung vor. Unsere ethischen Prinzipien leiten unser Handeln und beeinflussen unsere Entscheidungen. Die meisten Menschen haben hierzu ein intuitives Gefühl. Die wenigsten aber können aus dem Stegreif zum Beispiel ihre für sie persönlich wichtigsten Werte, nach denen sie leben, benennen.

Vielleicht kennen Sie Ihre wichtigsten Werte bereits. Oder aber vielleicht gehören Sie zu den Menschen, die sich bisher weniger bewusst mit ihren Werten auseinandergesetzt haben. Dann gibt es hierzu verschiedene Übungen, die Sie machen können. Sie werden Ihnen dabei helfen, Ihre Werte, die Sie im Alltag leiten, besser fassen zu können. Im Folgenden können Sie eine solche Übung ausprobieren, die sich auf den beruflichen Kontext bezieht. Sie besteht aus drei Schritten:

1. Listen Sie alle Ihre Tätigkeiten in Ihrem beruflichen Alltag auf. Zum Beispiel:
   a. Recherchieren
   b. Mitarbeitende anleiten
   ...

2. Schreiben Sie nun daneben, wofür jede dieser Tätigkeiten gut ist. Zum Beispiel:
   a. Recherchieren -> Wissen sammeln
   b. Mitarbeitende anleiten -> Teamwork / Förderung
   ... -> ...

3. Überlegen Sie nun: Welches höhere Ziel steckt hier jeweils dahinter? Zum Beispiel:
   a. Wissen sammeln -> Sicherheit
   b. Teamwork / Förderung -> Sinn
   ... -> ...

In diesem Beispiel haben sich somit für den beruflichen Kontext die Werte Sicherheit und Sinn als zentral herauskristallisiert. In einem nächsten Schritt kann es dann sinnvoll sein, sich Gedanken zu machen, was die gefundenen Werte explizit für einen selbst bedeuten. Die Übung ist dabei nicht auf den Berufsalltag beschränkt, sondern kann beispielsweise auch auf das Privatleben übertragen werden.

Eine zusätzliche Abwandlung der Übung könnte sein, dass Sie zunächst an eine Phase oder an Momente zurückdenken, die absolute Hochpunkte für Sie markiert haben und Ihnen als solche in Erinnerung geblieben sind. Wann haben Sie sich besonders energetisiert, glücklich und im Flow gefühlt? Führen Sie dann die zuvor beschriebene Übung in Bezug auf diese Zeit durch und überlegen Sie, was Sie in diesem Moment getan haben (1. Schritt), wofür jede der Verhaltensweisen gut ist (2. Schritt) und welches übergeordnete Ziel dahintersteckt (3. Schritt).

Wie kann das nun beim Umgang mit Unsicherheit weiterhelfen? Wenn wir unsere persönlichen Werte kennen und besser verstehen, kann uns dies zu einem neuen Gefühl der Handlungsmacht verhelfen. Denn anhand unserer Werte verstehen wir besser, was uns wirklich wichtig ist in unserem Leben. Ebenso helfen sie uns zu erkennen, was in unserem Leben aktuell möglicherweise fehlt und wie wir mehr von dem, was uns Freude bereitet, tun können.

Nehmen Sie sich Zeit – zum Nachdenken und um zur Ruhe zu kommen

Schließlich gibt es noch einen Aspekt zu erwähnen, der essentiell ist, damit die zuvor beschriebenen Ideen funktionieren können: Zeit. Wir müssen lernen, uns Zeit zu nehmen. Andernfalls haben alle Strategien zum Umgang mit Unsicherheit kaum eine realistische Chance, erfolgreich zu wirken. Denn oftmals „scheitert" das Denken nicht daran, wie wir denken, sondern daran, dass wir gar nicht erst damit anfangen. Auch reflektieren und Perspektivwechsel vornehmen brauchen Zeit. Anderen besser zuzuhören und offene Fragen stellen ebenso. Auch die Auseinandersetzung mit dem eigenen Werte-Kompass benötigt Zeit. Kurzum: Wenn wir Unsicherheit kompetenter und erfolgreich begegnen möchten, müssen wir uns dafür die erforderliche Zeit nehmen. Auf den ersten Blick mag dies paradox erscheinen: Denn ist es nicht gerade die mangelnde Zeit, die alles so kompliziert und unsicher macht? Wenn es nun noch mehr Zeit braucht, wird dann nicht alles noch komplizierter und unsicherer? Kurzfristig mag es tatsächlich herausfordernd sein, dass wir Zeit fürs Denken finden. Es würde sich aber auszahlen. Ganz nach dem Motto, das auf den chinesischen Philosophen Konfuzius zurückgeht: „Wenn Du es eilig hast, geh langsam! Wenn Du es noch eiliger hast, mach einen Umweg". Wenn es uns nicht gelingt, dass wir uns mehr Zeit nehmen, müssen wir letztendlich immer schneller hinterherlaufen und der wahrgenommene Kontrollverlust wird größer. Hier hilft es vielleicht öfters etwas ehrlicher zu sich selbst zu sein: Wenn wir uns die Zeit nehmen möchten, dann können wir dies auch tun. Denken wir einfach daran zurück, wie viel Zeit wir im Schnitt pro Tag an unseren Smartphones verbringen. Da ließen sich sicherlich 10 – 15 Minuten davon abzweigen, um Zeit zum Nachdenken und Innehalten zu haben. Wenn wir es nicht schaffen, uns diese 10 – 15 Minuten täglich zu nehmen, dann bedeutet das schlicht und ergreifend, dass es uns (noch) nicht wichtig genug ist.

Wenn also immer mehr Menschen beginnen würden, sich Zeit zum Nachdenken zu nehmen, könnte sich auf diese Weise nach und nach ein neuer kultureller Wert etablieren. Aktuell ist es so, dass es vermeintlich keinen Anlass zum Innehalten und Reflektieren gibt, denn es hat ja auch keinen direkten Wert bzw. es gibt keine Belohnung für uns.

Dies ist keineswegs ein neues Phänomen. Erich Fromm, ein deutscher Psychoanalytiker, Philosoph und Sozialpsychologe, hat in den 1970er Jahren angemerkt, dass wir Aktivität und Passivität miteinander verwechseln würden. So würden Menschen sich und andere zwar als aktiv wahrnehmen, da sie ständig irgendetwas tun würden (aus heutiger Sicht z. B. Bildschirmzeit am Smartphone). Die meisten dieser Tätigkeiten seien jedoch in Wirklichkeit passiv, da sie nichts mehr als Routinen seien und nur wenig Neues hervorbringen würden. Das Innehalten, um nachzudenken, würde dagegen fälschlicherweise als passiv wahrgenommen. Denn dabei sitzt man nur rum und es sieht so aus, als tue man gar nichts. Tatsächlich sei, so Erich Fromm, kritisches Denken jedoch eine der höchsten Formen von Aktivität[18].

Wir sind daher dafür, dass wir uns Zeit nehmen, um über uns, unser Handeln, unsere Ziele sowie unsere Werte nachzudenken. Dass es hierfür durchaus ein zunehmendes Bedürfnis gibt, zeigen nicht zuletzt die immer zahlreicher werdenden Apps zum Thema Meditation, Entschleunigung und Achtsamkeit. Diese Themen erfahren somit zunehmend Aufmerksamkeit und werden immer relevanter. Das ist grundsätzlich positiv, jedoch wirkt es bislang mehr wie eine Symptombekämpfung – also kurzfristig den Stress reduzieren, um wieder gestärkt zurück in die Alltagsroutine zu kommen. Wir plädieren daher für mehr Zeit zum Denken, des Denkens wegen.

Institutionelle und gesellschaftliche Ebene: Es braucht neue Strukturen und Orientierung

Damit wir auch auf gesellschaftlicher Ebene zu einem guten Umgang mit den (neuen) Unsicherheiten gelangen können, müssen wir über geeignete Rahmenbedingungen nachdenken und diese diskutieren. Hier kann aus unserer Sicht insbesondere die Psychologie einen größeren Beitrag leisten und sich aktiv einbringen, um bei der Entwicklung und Gestaltung dieser strukturellen Rahmenbedingungen mitzuwirken. Wir sehen hier eine Notwendigkeit, was technologische Entwicklungen betrifft: Es sollten Bemühungen angestrebt werden, über passende Strukturen *vor* der Etablierung von Technologien nachzudenken und nicht erst danach, wenn es sehr schwierig wird, das Ruder nochmal herumzureißen. Dies betrifft auch Vorgaben zu Nachhaltigkeit und Fortschritt, z. B. ein neues Verständnis von Leistung und Wert, d. h. qualitatives statt quantitativen Wachstums. In diesem Zusammenhang machen wir daher Vorschläge zu verschiedenen Bereichen. Wir möchten dabei betonen, dass es sich um Vorschläge und Anstöße für eine weitergehende Auseinandersetzung handelt bzw. als Diskussionsgrundlage dienen soll:

- Als einen wichtigen Baustein für die Entwicklung eines kompetenteren Umgangs mit Unsicherheit erachten wir die Etablierung von psychologischem Wissen in der Allgemeinbildung. Im Sinne einer Psychoedukation wäre es zentral, wenn bereits in der Schule relevante psychologische Mechanismen vermittelt werden würden. Gemeint ist damit nicht nur die Einführung eines Schulfachs Psychologie – erfreulicherweise gibt es dies auch schon in manchen Schulformen –, sondern wir plädieren für eine im Bildungssystem verankerte Förderung von Persönlichkeitsentwicklung. Ziel sollte es sein, den Menschen zu einem höheren Reifegrad zu verhelfen und die Fähigkeit des kritischen Denkens zu fördern. Dies wiederum ist die Basis für Eigenverantwortung, Selbstorganisation und fördert das eigenständige Treffen von Entscheidungen.

- Des Weiteren bedarf es unserer Meinung nach eines Paradigmenwechsels im Umgang mit neuen Herausforderungen. Aus unserer Sicht wäre es hilfreich, einen Standard zu etablieren, der uns weg führt von einem bloßen Reagieren hin zu mehr Agieren. Dazu gehört auch, dass wir früh- bzw. rechtzeitig über die Konsequenzen bestimmter Verhaltensweisen nachdenken. Wichtige Gedanken hierzu finden sich in der Medizin zum Thema Prävention. Wir schlagen vor, diese Prinzipien auch auf andere gesellschaftliche Bereiche zu übertragen, beispielsweise im Hinblick auf die Folgen der Digitalisierung. Technische Entwicklungen verändern unser Leben immer schneller und tiefgreifender (z. B. Kommunikation, Abhängigkeiten, etc.). An sich wissen wir auch, dass eine Veränderung eines Systems weitere Systemeffekte zur Folge hat. Jedoch überlassen wir diese Entwicklungen stärker dem Markt als der Politik. Anstatt die bestmögliche Lösung aus gesellschaftlicher Sicht anzustreben, wird vielmehr aus unternehmerischer Perspektive versucht, neue Bedürfnisse zu identifizieren bzw. zu schaffen, um diese anschließend durch entsprechende Produkte oder Dienstleistungen befriedigen zu können. Nicht nur langfristig betrachtet sehen wir hier verschiedene Risiken, wenn wir weiterhin immer nur den Entwicklungen des Marktes hinterhereilen.

- Als weiteren Baustein sehen wir eine veränderte Haltung im Umgang mit Fehlern. Wir beschreiben, wie in diesem Zusammenhang eine positive Fehlerkultur aussehen könnte, d. h. ein Verständnis, wonach Fehler mehr als eine Chance gesehen werden, als etwas Negatives, das es um jeden Preis zu verhindern gilt. Damit einhergehend sehen wir die Etablierung von psychologischer Sicherheit (auf dieses Konstrukt gehen wir in dem Kapitel „Fehlerkultur" genauer ein) als einen wichtigen Faktor, der Menschen ermutigen kann, sich mehr Dinge zuzutrauen, und dabei hilft, Unsicherheit besser auszuhalten.

- Humanistische Werte sollten zum Fixpunkt unserer Entscheidungen und Handlungen werden. Hierzu reicht aus unserer Sicht keine passive Charta. Werte haben nur einen Wert, wenn sie auch gelebt werden. Es bedarf daher einer aktiven Implementierung – jedoch nicht mittels eines diktierten Regelkorsetts, sondern über demokratische und freiheitliche Strukturen.

Bildung, institutionelle Psychoedukation und Förderung der Persönlichkeitsentwicklung

Ein zentraler Baustein auf struktureller Ebene für einen aufgeklärteren Umgang mit Unsicherheit ist Bildung. Dabei ist dringend erforderlich, dass eine Veränderung unseres Bildungssystems weg von der reinen Wissensvermittlung hin zur Förderung und Entwicklung von Kompetenzen und selbstbewussten Persönlichkeiten erfolgt. Stand 2022 liegt der Fokus in der schulischen ebenso wie der universitären Ausbildung immer noch zu stark auf der reinen Vermittlung von Wissen. Natürlich ist Wissen auch in Zukunft wichtig, aber es geht um die richtige Dosierung. Was hilft all das Lernen, wenn viele Aspekte nach einer Prüfung ohnehin wieder vergessen werden? Oftmals stehen vor den Prüfungsphasen sowohl bei Schülerinnen und Schüler als auch Studentinnen und Studenten „Bulimie-artig" anmutende Lernphasen auf der Tagesordnung. Fragt man im nächsten Jahr nach, was sie aus den Veranstaltungen des letzten Semesters oder Schuljahres wirklich mitgenommen haben, so sind die Antworten hier oftmals ernüchternd. Viele Lerninhalte wurden lediglich kurzzeitig für das erfolgreiche Schreiben einer Klausur gespeichert und wieder vergessen. Es wurde jedoch kein nachhaltiges Verständnis aufgebaut. Genau hier müsste unser Bildungssystem ansetzen. In den Schulen als auch in den Universitäten sollte neben der reinen Wissensvermittlung explizit die Fähigkeit geschult werden, Zusammenhänge analysieren und verstehen zu können. Ebenso sind wir dafür, dass kritisches Denken gefördert und ein klarer Anwendungsbezug der Lerninhalte sichergestellt wird. Im schulischen wie auch studentischen Alltag wäre es daher sinnvoll, wenn vermehrt ein projektbasiertes Lernen, das Erproben von neuen Methoden sowie die Zusammenarbeit zwischen Schülerinnen und Schülern bzw. Studentinnen und Studenten im Vordergrund stehen [19].

Bei der Vermittlung von Wissen bietet es sich an, von Zeit zu Zeit kritisch zu überprüfen, welche Inhalte in welcher Gewichtung zukünftig noch benötigt werden. Wie wir beim Unsicherheitskontext zur Digitalisierung bereits gesehen haben, benötigen wir aus unserer Sicht auch in Zukunft unbedingt ein Mindestmaß an Allgemeinbildung und grundlegenden Fähigkeiten. So ist neben den Grundrechenarten, Lesen und

Schreiben auch das Wissen um bestimmte historische Fakten und Entwicklungen unabdingbar. Dabei kommt es jedoch auch auf das richtige Maß an. Es ist sicherlich Teil einer guten Allgemeinbildung zu wissen, wer Mozart oder Beethoven war und wann diese ungefähr gelebt haben. Die genauen Jahreszahlen von Geburt und Sterbedatum sind hingegen wohl zu vernachlässigen. Schließlich lässt sich solches Wissen heute ganz einfach über das Internet abrufen.

Anstatt derartiger Fakten könnten die Lehrpläne um psychologisches Wissen zu menschlichem Verhalten, unserem Denken sowie zur Kommunikation erweitert werden. Je mehr Menschen wissen, wie wir denken und welchen Einfluss dabei Automatismen, Emotionen und soziale Bedingungen haben können, desto größer wird die Chance, dass evolutionär überholte Reaktionsmuster abgelegt werden und eine bewusste Wahrnehmung und Wertschätzung relevanter Werte angestrebt wird[20]. Psychologisches Wissen sollte daher verstärkt Eingang in die Lehrpläne finden und eine stärkere Gewichtung erfahren.

Grundsätzlich müssten die Inhalte sowohl in Schule als auch Studium viel häufiger auf den Prüfstand gestellt und anschließend vor allem zügiger angepasst werden. Denn wie wir bei mehreren der zuvor besprochenen Unsicherheitskontexten festgehalten haben, schreiten zahlreiche Entwicklungen immer schneller voran. Dies betrifft auch die Art und Weise, wie wir mit Wissen umgehen und welche Kompetenzen hierfür erforderlich werden. Ein Beispiel dafür ist die zunehmende Bedeutung von Fähigkeiten im statistischen Denken. Bereits Anfang des 20. Jahrhunderts prognostizierte der Science-Fiction-Autor Herbert Georg Wells, dass für mündige Bürgerinnen und Bürger statistisches Denken eines Tages ebenso wichtig sein wird, wie lesen und schreiben zu können[21]. Und tatsächlich ist Statistik rund 100 Jahre später nicht nur in der Wissenschaft, sondern auch im Alltag von uns allen nahezu omnipräsent geworden: Statistiken bestimmen nicht nur den Aktienmarkt und die Nachrichten, sondern auch die Werbung und viele andere Lebensbereiche[22]. Dies hat uns nicht zuletzt die Coronapandemie eindrücklich vor Augen geführt, als wir täglich in den Nachrichten mit einer Vielzahl von Zahlen und Prozentwerten konfrontiert worden sind.

Allerdings lässt sich in der Praxis beobachten, dass die Inhalte in den Lehrplänen in Bezug auf Statistik und der Entwicklung und Förderung eines kompetenten Umgangs mit Wahrscheinlichkeiten weit hinter dem herhinken, was es eigentlich bräuchte. Aber auch bei Workshops mit Führungskräften im Unternehmenskontext kann man erleben, dass die Unterschiede zwischen Korrelation und Kausalität oder Prozentwerten und Prozentpunkten noch bei weitem nicht allen geläufig sind.

Schließlich ist aus unserer Perspektive relevant, dass wir beim Thema Bildung darauf achten, gezielt die Kompetenzen und Fähigkeiten zu fördern und zu entwickeln, die uns im Zeitalter der Digitalisierung weiterhin von Maschinen und Algorithmen abgrenzen. Dabei sollten wir gerade nicht mit Maschinen in Konkurrenz treten, sondern uns vielmehr darauf (zurück-)besinnen, was für uns zentral ist: unsere Menschlichkeit. Hierzu zählen sowohl jene Aspekte, die uns einzigartig machen und aus diesem Grund mit sehr großer Wahrscheinlichkeit stets Algorithmen überlegen werden sein lassen. Im Kern sind das unsere menschlichen Eigenschaften wie etwa Mitgefühl, Hoffnung, Vertrauen als auch die Bereitschaft, Verantwortung für uns selbst und andere zu übernehmen. Aber auch unsere oftmals als defizitäre Seite beschriebenen Charakteristiken, wie etwa die Anfälligkeit für verschiedene Einflüsse auf unser Denken und damit unsere Entscheidungen und Handlungen, machen unser Menschsein aus. Anstatt zu versuchen, diese Aspekte auszugliedern und damit Maschinen immer ähnlicher zu werden, wäre es wohl zuträglicher zu lernen, besser damit umzugehen. Jack Ma, ein chinesischer Unternehmer und Gründer von Alibaba, sagte hierzu einmal bei einer Diskussionsrunde des Weltwirtschaftsforums, dass die Lerninhalte unbedingt so gewählt werden müssen, dass sie nicht nur Dinge repräsentieren, die zukünftig von Maschinen ersetzt werden können:

> *„Die Bildung ist heute eine große Herausforderung. Wenn wir die Art und Weise, wie wir unterrichten, nicht ändern, werden wir 30 Jahre später in Schwierigkeiten sein. Denn die Art und Weise, wie wir unterrichten, die Dinge, die wir lehren, stammen aus den letzten 200 Jahren – sie sind wissensbasiert. Wir können unseren Kindern nicht beibringen, mit Maschinen zu konkurrieren. Sie sind schlauer. Wir müssen etwas Einzigartiges lehren, so dass eine Maschine uns niemals einholen kann [...]. Alles, was wir lehren, sollte anders sein als bei Maschinen. Wenn die Maschinen es besser können, muss man darüber nachdenken."* [23]

Wir denken: Wenn wir diese Worte im Hinterkopf behalten, hilft uns das, eine gute Vision für die Bildung der Zukunft zu erarbeiten. Wichtig wäre nur, dass wir diese Zukunft der Bildung möglichst rasch in der Gegenwart in die Realität umsetzen.

Mehr agieren, weniger reagieren

> *„Gefeiert wird der Feuerwehrmann, der das Kind aus dem Brunnen zog, nicht aber der, der die Umrandung errichtete, damit 50 erst gar nicht hineinfallen."* (Stephan Lermer)

Dieser Ausspruch zeigt, dass wir dem akuten Lösen von Problemen oft einen höheren Wert beimessen als präventiven, also vorbeugenden Maßnahmen, die ein Problem erst gar nicht entstehen lassen. Das mag daran liegen, dass die Lösung eines Problems „aufregender" ist und sich wirksamer anfühlt. Denn das Problem ist ja sichtbar und in irgendeiner Weise suboptimal, unangenehm oder vielleicht sogar bedrohlich. Prävention zielt dagegen auf etwas ab, was noch nicht sichtbar ist, und läuft daher im Regelfall geräuschlos und unaufgeregt ab. Ist Prävention deshalb weniger wert? Wohl kaum. Langfristig gesehen kann Prävention dazu beitragen, unangenehme Situationen und Empfindungen (z. B. Leid aufgrund von Krankheiten oder Unfällen) zu reduzieren oder im besten Fall sogar ganz zu vermeiden. In der Medizin wurde dies auch bereits vor vielen Jahren erkannt. Dort wurde in den letzten Jahrzehnten immer mehr Fokus auf mögliche Präventionsmaßnahmen gelegt. Dies geht maßgeblich auf Aaron Antonovsky (1923 – 1994) zurück, der auch als „Vater der Salutogenese" bezeichnet wird. Damit beschrieb Antonovsky Ende der 1970er Jahre einen revolutionären Ansatz in der Medizinsoziologie[24]. Durch sein Modell der Salutogenese (latein. salus: „Gesundheit", und altgriech. genese: „Entstehung", kombiniert also die „Gesundheitsentstehung") definierte er einen Komplementärbegriff zur bis dato vorherrschenden Pathogenese (altgriech. páthos: „Leiden" und altgriech. genese: „Entstehung", kombiniert also die „Krankheitsentstehung"). Aus einer salutogenetischen Perspektive wird folglich darauf abgezielt, wie Gesundheit erhalten werden kann. Anstatt die Frage zu stellen „Warum wurde ich krank?" wird der Fokus verlagert zu „Wie bleibe ich gesund?". Bei medizinischen Fragestellungen hat sich dieser Ansatz inzwischen gut in unserem Alltag etabliert. So gibt es heute zahlreiche Schutzmaßnahmen wie z. B. für einen starken Rücken zur Prävention arbeitsbezogener Rückenbeschwerden. Ebenso ist es für viele Menschen normal, regelmäßig zur Hautkrebsvorsorge zu gehen oder zur Kontrolle den Zahnarzt aufzusuchen. Weniger bis gar nicht finden sich jedoch bisher Präventionsmaßnahmen, welche die Konsequenzen des digitalen Wandels berücksichtigen. Dies betrifft beispielsweise den Umgang mit Technostress, also Stress, der durch eine Überforderung und die ständige Nutzung technischer Geräte oder Systeme verursacht wird. Vielmehr wird hier vielfach erwartet, dass die mitarbeitende Person schon wisse, wie sie am besten mit den ihr zur Verfügung gestellten Geräten für sie umgehen soll. Die Herausforderung, der wir hier begegnen, ist folgende: Wir haben noch kein passendes Verständnis entwickelt, d. h. wir haben

a noch nicht gelernt, dass dies ein Kontext ist, für den wir sensibler werden müssen und
b dass wir hier Strukturen etablieren müssen, die einen besseren Umgang damit ermöglichen.

Kommen wir noch einmal zurück zu unserem Eingangsbeispiel mit dem Feuerwehrmann und dem Kind, das in den Brunnen gefallen ist. Wir möchten an dieser Stelle betonen, dass es uns nicht darum geht, die Leistung des Feuerwehrmanns in Frage zu stellen. Diese Leistung ist sehr wichtig und absolut wertvoll für unsere Gesellschaft. Gleichzeitig möchten wir einen Anstoß dahingehend geben, dass ein Fokus hin zu mehr Agieren ganz grundsätzlich lohnenswert erscheint. Aus unserer Sicht wäre es neben sinnvollen Präventionsmaßnahmen auch wichtig, dass wir frühzeitig(er) über die Konsequenzen unseres Handelns nachdenken. Leider — wenngleich dies manchmal auch nützlich sein mag — ist unser Kopf sehr gut darin, unangenehme Dinge zu verdrängen. Auf diese Weise verlagern wir die Konsequenzen unseres Handelns in der Gegenwart ganz einfach in die Zukunft, manchmal je weiter weg, desto besser. Das fördert zwar kurzfristig unser Wohlbefinden, kann langfristig gesehen jedoch nicht nur zu unangenehmen Ergebnissen führen, sondern aufgrund von neuen Problemen auch neue Unsicherheiten erzeugen. Agieren statt nur zu reagieren erfordert, dass man sich außerhalb der üblichen Denkmuster bewegt und auch den Mut hat, bestehende Abläufe zu hinterfragen. Ein Beispiel: Wenn im Zuge der Energiewende die aktuelle Mobilität mit

Verbrennungsmotoren zukünftig durch Mobilität mit Elektroantrieben ersetzt werden soll, so fällt dies in die Kategorie des Reagierens. Denn dieses Vorgehen mag kurzfristig gesehen eine Alternative für Benzin und Diesel darstellen und die CO_2-Bilanz in Deutschland verbessern, jedoch werden bestimmte Fragen nicht gestellt, die das eigentliche Problem tangieren: Wir verbrauchen als Gesellschaft schlichtweg zu viel Energie. Wir verwenden für den Individualverkehr zu große Fahrzeuge, die auf zu kurzen Strecken zum Einsatz kommen. Die Frage „Wie können wir den Verbrennungsmotor ersetzen?" ist somit aus der bisherigen Perspektive gedacht und zielt darauf ab, das System zu stabilisieren. Es handelt sich dabei um kurzfristig gedachte „Symptombekämpfung", ändert aber nichts an der zugrundeliegenden Ursache, also unserem zu hohen Energieverbrauch und der Art und Weise, wie wir Mobilität leben. Eine Frage, die wirklich auf Veränderung abzielen würde, wäre daher: „Wie kann es uns gelingen, neue Mobilitätskonzepte zu entwickeln, die – egal mit welcher Antriebsform – dazu beitragen können, Energie zu sparen?" Das würde neben dem Reagieren, also der kurzfristigen Lösung zur Reduktion des CO_2-Ausstoßes, zusätzlich ein Agieren ermöglichen. Das hätte auch Auswirkungen auf die wahrgenommene Unsicherheit. Denn anders als beim Reagieren, übernehmen wir beim Agieren wieder mehr Handlungsmacht und werden nicht von der Situation „getrieben". Anders gesagt: Wir gewinnen Kontrolle zurück, indem wir wieder mehr selbst das Ruder übernehmen und versuchen, die Zukunft in unserem Sinne zu gestalten. Sicher, das macht die Situation erstmal auch nicht angenehmer, weil wir mit der Frage nach Verzicht und weniger Konsum konfrontiert würden. Ein Verschieben bzw. Verdrängen dieser Themen wird langfristig gesehen jedoch ebenfalls nichts bringen. Letztlich müssen wir uns bewusst werden, dass sich ein Aufschieben der Konsequenzen auf lange Sicht selten lohnt.

Ein weiteres Beispiel, bei dem wir aus unserer Sicht als Gesellschaft zu stark reagieren, anstatt zukunftsorientiert zu agieren, sind die Auswirkungen der Digitalisierung. Hier haben wir beim entsprechenden Unsicherheitskontext zu diesem Thema beschrieben, wie rasant die Entwicklungen einerseits voranschreiten und wie tiefgreifend sie zum anderen unser Leben verändern. Ein Problem, das sich daraus ergibt, ist ein zunehmender Kontrollverlust, weil wir das Gefühl haben, dass wir unser Umfeld nicht mehr richtig beeinflussen können. Diese berechtigte Wahrnehmung lässt dann in diesem Kontext auch die wahrgenommene Unsicherheit steigen. Denn im Grunde ist der Umgang der meisten Menschen mit der Digitalisierung lediglich von einem Reagieren geprägt. Ein eindeutiges Agieren lässt sich dagegen bei den führenden Tech-Konzernen (wie etwa die sog. GAFAM) feststellen. Als Gesellschaft überlassen wir neue Entwicklungen fast vollständig dem Markt. Dies ist insofern problematisch – und das zeigt sich in den letzten Jahren eben auch bei den großen Tech-Konzernen –, als dass Unternehmen primär versuchen, Gewinne zu erzielen und diese möglichst zu maximieren. Das Wohl der Gesellschaft ist dabei meist nachrangig. Daher werden nicht nur neue Bedürfnisse für die Menschen identifiziert und geschaffen, sondern diese Dienstleistungen auch so gestaltet, dass wir möglichst viel Zeit damit verbringen [25].

Aus unserer Sicht wäre es wünschenswert, wenn wir als Gesellschaft versuchen, in diesem Bereich stärker zurück in ein Agieren zu kommen, um zu bestimmen, in welche Richtung wir uns entwickeln möchten. Dabei ist nicht zuletzt die Politik gefordert, geeignete Rahmenbedingungen für die Nutzung von Social Media und Co. zu schaffen. Sie sollte auch einen öffentlichen Diskurs zu diesen Themen anregen und fördern. Die Verabschiedung der Datenschutzgrundverordnung (DSGVO), die seit Mai 2018 anzuwenden ist, war dabei im Grunde ein Schritt in eine gute Richtung. Allerdings ist Stand 2022 zu bezweifeln, ob die DSGVO die Tech-Konzerne nachhaltig beeindruckt. So wurden zwar beispielsweise 225 Millionen Euro Strafe gegen Facebook verhängt, da eine unerlaubte Weitergabe von Daten beim Messengerdienst WhatsApp erfolgte. Die Summe erscheint jedoch in Anbetracht des enormen Gewinns in Höhe von 10,4 Milliarden US-Dollar allein für das letzte Quartal des Jahres 2021 nur wie ein Tropfen auf den heißen Stein[26]. Spannend wird daher sein, wie sich der von der EU geplante Digital Services Act auf die Dienstleistungen der Tech-Konzerne auswirken wird[27].

Die Idee des verstärkten Agierens kann im Grunde für alle Bereiche unserer Gesellschaft Anwendung finden. Die Energiewende und der Umgang mit der Digitalisierung sind hierfür nur zwei mögliche Beispiele. Grundsätzlich erscheint es aus unserer Sicht wichtig, dass wir als Gesellschaft ein besseres Bewusstsein entwickeln, an welchen Stellen wir aktuell zu stark im Modus des Reagierens sind und wie es uns dann gelingen kann, wieder vermehrt ins Agieren zu kommen. Gleichzeitig sehen wir an dieser Stelle eine enge Verzahnung mit den Gedanken zu einer Veränderung des Bildungssystem. Denn natürlich setzt mehr Agieren auch mehr Kompetenzen und einen höheren Reifegrad bei den einzelnen Individuen voraus. Letztlich geht es darum, dass wir eine Entscheidung treffen. Dabei gilt: Wer keine Entscheidung trifft, trifft auch eine Entscheidung — nämlich sich nicht zu entscheiden, abzuwarten und weiterhin nur zu reagieren.

Fehlerkultur

Ein weiterer Faktor, der beim Umgang mit Unsicherheit von Bedeutung ist, zeigt sich in der Art und Weise, wie wir mit Fehlern umgehen. Sind Fehler für uns oder das Umfeld, in dem wir agieren oder arbeiten, eher negativ besetzt und mit negativen Konsequenzen verbunden? Oder sehen wir Fehler als eine Chance etwas zu lernen, um es zukünftig besser zu machen? Im organisationalen Kontext wird in diesem Zusammenhang oftmals der Begriff der „Fehlerkultur" verwendet. Aus wissenschaftlicher Sicht gibt es dafür bisher allerdings noch keine eindeutige Definition. Typischerweise wird damit aber eine Haltung beschrieben, wonach eine Organisation akzeptiert, dass Menschen Fehler machen und gleichzeitig verschiedene Praktiken nutzt, auf eine konstruktive Weise damit umzugehen.

Bemerkenswerterweise konnte gezeigt werden, dass die Profitabilität eines Unternehmens mit der Art und Weise, wie mit Fehlern umgegangen wird, in Zusammenhang steht. So zeigen etwa Studien, dass die Profitabilität um bis zu 20% sinkt, wenn innerhalb einer Organisation destruktiv mit Fehlern umgegangen wird. Wird umgekehrt eine positive Fehlerkultur gelebt, so kann die Profitabilität ungefähr im gleichen Ausmaß ansteigen[28]. Eine konstruktive Fehlerkultur kann sich somit im wahrsten Sinne des Wortes bezahlt machen. Immer mehr Unternehmen erkennen diese Relevanz und befassen sich mit der Frage, wie sie eine positive Fehlerkultur fördern können.

Selbstverständlich muss beim Umgang mit Fehlern der jeweilige Kontext berücksichtigt werden. Denken wir hierfür beispielsweise an Piloten, Fluglotsen oder medizinisches Personal in einer Klinik. An diesen Stellen wird ein anderes Verständnis von Fehlerkultur benötigt als in einem Projektteam, das an einer neuen Softwarelösung für einen Kunden arbeitet. Es gibt folglich Bereiche, in denen Fehler aufgrund der damit verbundenen Konsequenzen wirklich nicht passieren dürfen (sollten). Nichtsdestotrotz ist gerade dann, wenn eine Null-Fehler-Strategie verfolgt werden muss, eine konstruktive Fehlerkultur besonders relevant. Hier geht es neben klaren Arbeitsabläufen und Routinen um die kleinen Bausteine und Verhaltensweisen, die zur Entstehung von Fehlern beitragen. Denn bei einer guten Fehlerkultur wird offen und transparent über diese Aspekte gesprochen, was dazu beiträgt, dass seltener Fehler gemacht werden. Herrscht jedoch ein Klima der Angst vor, so werden die Beschäftigten tendenziell eher versuchen, kleine Unsauberkeiten oder Abweichungen von vorgeschriebenen Abläufen „unter den Teppich" zu kehren. Das mag zwar kurzfristig eine sinnvolle Strategie sein, um etwaigen negativen Konsequenzen zu entgehen. Auf lange Sicht werden dadurch weitere und eventuell dann noch schwerwiegendere Fehler begünstigt. Es geht folglich darum, dass sich die Beschäftigten trauen, Dinge, die nicht gut laufen, offen zu anzusprechen. Aus psychologischer Sicht wird dieser Zustand auch als „psychologische Sicherheit" (engl. *psychological safety*) bezeichnet. Bekanntheit erlangte dieser Begriff durch eine Forschungsarbeit von Amy Edmondson im Jahr 1999[29]. Darin charakterisiert Edmondson psychologische Sicherheit als die geteilte Überzeugung von verschiedenen Personen, dass ein Team oder eine Gruppe ein sicherer Ort ist, an dem man sich trauen kann, Risiken einzugehen. Nach Edmondson ist dies eine wichtige Voraussetzung für Erfolg, was sich auch in verschiedenen Studien immer wieder bestätigen lässt[30].

Im Grunde ist psychologische Sicherheit also eines der zentralen Puzzlestücke, damit wir als Individuen – psychologisch gesehen – besser mit Unsicherheit umgehen können. Psychologische Sicherheit ändert zwar im Regelfall erst einmal nichts daran, dass Unsicherheit weiter besteht. Denn es ist, wie wir bereits gesehen haben, das Wesen von komplexen Situationen und Sachverhalten, dass das Ergebnis nicht eindeutig vorhergesagt werden kann. Dafür tangiert die psychologische Sicherheit, wenn sie denn besteht, die Art und Weise wie wir uns in einer unsicheren Situation oder Umgebung fühlen. Aus (psychologischer) Unsicherheit wird dann Sicherheit, wenn die Angst vor negativen Ergebnissen, Konsequenzen oder anderen unangenehmen Befürchtungen reduziert oder im besten Fall sogar aufgelöst wird. Vereinfacht gesagt, nimmt uns psychologische Sicherheit die Angst vor dem, was da kommen mag. Die Situation per se bleibt zwar bestehen, aber auf der Gefühlsebene können wir die damit verbundene Unsicherheit plötzlich besser aushalten. Man kann sich das vielleicht ein bisschen so vorstellen wie bei einer Person, die an Flugangst leidet. Der Flug steht dabei für die Unsicherheit. Gelingt es dieser Person nun, psychologische Sicherheit aufzubauen, kann sie darauf vertrauen, dass schon alles gut gehen wird. Am Flug, also der Situation selbst, welche für die Unsicherheit steht und diese erzeugt, ändert sich dadurch erstmal nichts. Der Flug wird unabhängig von der psychologischen Sicherheit unserer Person durchgeführt und auch am Risiko eines möglichen, wenngleich sehr unwahrscheinlichen Absturzes wird sich dadurch nichts ändern. Dafür aber an der Art und Weise, wie individuell damit umgegangen wird und ob man sich überhaupt traut, sich auf die Situation einzulassen. Wir sehen psychologische Sicherheit daher als wichtige Zutat, damit wir individuell mehr Unsicherheit wagen können.

Um dieses Konzept nun auf die gesellschaftliche Ebene zu übertragen, braucht es wiederum bestimmte Rahmenbedingungen. In Deutschland haben wir mit einem funktionierenden Sozialstaat ein insgesamt recht gut funktionierendes System zur finanziellen Absicherung für den Ernstfall. Dies schafft jedoch noch keine psychologische Sicherheit, sondern eine soziale Sicherheit[31]. Psychologische Sicherheit auf gesellschaftlicher Ebene kann vielmehr dadurch erreicht werden, dass wir einen kulturellen Wert des Fehlermachens etablieren. Hier würde es helfen, akzeptieren zu lernen, dass Fehler zum menschlichen Leben dazugehören. Dies fängt bereits in der Schule an. Dort wäre es wichtig, dass Kinder einen konstruktiven Umgang mit Fehlern lernen. Das bedeutet genau nicht, dass Fehler nicht angesprochen werden dürfen — das ist aus psychologischer Sicht sogar sehr wichtig, weil ansonsten keine Anpassung im Verhalten bzw. Entwicklung erfolgen kann —, aber es kommt auf die Art und Weise an. Wenn andere Menschen einen Fehler machen, wäre es hilfreicher, wenn wir eben nicht „mit dem Finger auf sie zeigen" nach dem Motto „Haha, Fehler gemacht", sondern vielmehr diese Menschen dazu ermutigen und befähigen, es erneut zu versuchen. Hier besteht derzeit noch gewisser Nachholbedarf.

Stellen wir uns vor, eine Person gründet ein Unternehmen. Leider hat das Unternehmen jedoch nicht den gewünschten wirtschaftlichen Erfolg und muss Insolvenz anmelden. Was werden hier die typischen Reaktionen sein, wenn sich die Person anschließend wieder auf eine Position im Angestelltenverhältnis bewirbt? Nur selten wird diese Person gesagt bekommen „Toll, dass Sie es versucht und sich getraut haben. Was haben Sie aus dem Scheitern denn gelernt?". Wir sollten uns und andere Menschen wieder dazu ermutigen, sich mehr zu trauen, sich mehr zuzutrauen. Denn Versuch und Irrtum ist ein wesentlicher Treiber für Fortschritt.

Brauchen wir eine Werte-Grundverordnung (WGVO)?

Ein wichtiges Fundament für die strukturellen Rahmenbedingungen zum besseren Umgang mit Unsicherheit sind gelebte humanistische Werte. Was wir mit der Frage „brauchen wir eine Werte-Grundverordnung?" nicht meinen, sind noch mehr Regeln. Es ist im Grunde sowieso schade, dass immer mehr Regeln notwendig zu sein scheinen, damit unser komplexes Zusammenleben funktioniert. Sicherlich, ein gewisses Maß an Regeln benötigt unsere Gesellschaft als Orientierung. Auch deshalb, weil es einige Individuen gibt, die sich andernfalls nicht dienlich im Sinne des Gemeinwohls verhalten würden bzw. wollen. Es lässt sich an immer mehr Stellen im Leben die Tendenz beobachten, dass das Fehlverhalten einzelner Personen im Nachgang zu strengeren Regeln für alle führt. Dieses Vorgehen mag zwar Unsicherheit reduzieren, kommt aber dafür mit dem Preis, dass all diejenigen, die sich zuvor bereits vernünftig verhalten haben, nun möglicherweise mit einem eingeschränkteren Standard konfrontiert werden. Aus psychologischer Perspektive finden sich Erklärungen dafür im Fehlen bzw. Verlust von Kontrolle, der durch das Erleben von Unsicherheit ausgelöst wird. Und eine Möglichkeit dem gefühlten Kontrollverlust entgegenzuwirken, besteht eben in der Betonung von bestehenden oder der Schaffung von neuen Regeln.

Was wir mit der Idee einer Werte-Grundverordnung meinen ist der Wunsch nach mehr gelebten Werten. Doch wie und warum helfen uns Werte überhaupt beim Umgang mit Unsicherheit? Werte können uns und unserem Handeln eine wichtige Orientierung bieten und − sofern wir darauf vertrauen können, dass sie auch von anderen gelebt werden − positiv zu unserem Sicherheitsempfinden beitragen. Ein gemeinsam gelebter Werte-Kanon macht es uns daher leichter, unsere Komfortzone zu verlassen. Dies ist wiederum zentral für Fortschritt und Entwicklung, sowohl auf individueller als auch auf gesellschaftlicher Ebene. Damit helfen geteilte Werte nicht nur bei der Förderung des Fortschritts, sondern auch im Umgang mit Unsicherheit. Der Begriff einer Werte-Grundverordnung (WGVO) ist dabei bewusst etwas überspitzt gewählt. Er hat jedoch durchaus das ernstgemeinte Ziel, dass wir uns unserer Werte bewusster werden, diese aktiv verfolgen und unser Verhalten dann entsprechend daran ausrichten. Ähnlich der europäischen Datenschutz-Grundverordnung (DSGVO), die heute nahezu jedem bekannt ist und die Lebenswelt im Grunde in allen Bereichen des gemeinschaftlichen Miteinanders prägt, indem die Erhebung und Speicherung persönlicher Daten geregelt wird, denken wir an ein reflexiv gelebtes Werte-Fundament. Eine schöne Orientierung bietet hierfür die Werte-Charta der Europäischen Union (EU). Demnach begründet sich die EU, welche leider immer noch zu oft als reine Wirtschaftsunion missverstanden wird, auf folgende Werte[32]:

- Achtung der Menschenwürde
- Freiheit
- Demokratie
- Gleichstellung
- Rechtsstaatlichkeit
- Wahrung der Menschenrechte

Diese Werte sind in Artikel 2 des Vertrags von Lissabon und in der Charta der Grundrechte der Europäischen Union festgeschrieben. Rechtlich bindet die Charta lediglich die EU-Institutionen. Die Mitgliedstaaten sind der Charta insofern verpflichtet, als sie sich bei der Umsetzung von EU-Recht daran halten müssen. Im Grunde brauchen wir somit keine neue WGVO. Eine Überlegung könnte jedoch darin bestehen, die zuvor genannten Werte, welche sämtlich in der Zeit vor der Digitalisierung und der Dominanz der Tech-Konzerne formuliert wurden, im Hinblick auf neue technologische Entwicklungen (z. B. KI oder autonome Systeme) zu präzisieren.

Einen interessanten Ansatz bzw. Beitrag hierzu liefert der Entwurf einer Charta der Digitalen Grundrechte der Europäischen Union[33]. Dieser wurde von einer Gruppe von Bürgerinnen und Bürgern im Jahr 2016 erarbeitet und seither immer weiter ausgearbeitet. Unabhängig davon, wie man inhaltlich zu dem Vorhaben stehen mag, ist es insofern als positiv zu beurteilen, als auf diese Weise eine Auseinandersetzung mit den Werten erfolgt. Dies erscheint uns von essentieller Bedeutung. Denn wenn es uns ernst gemeint ist mit den Werten der Charta, dann muss tatsächlich auch eine konsequente Orientierung und Umsetzung anhand dieser Werte erfolgen. Anders gesagt: Die Werte müssen auch wirklich gelebt den Menschen bewusstwerden. Hierbei könnte helfen, dass wir uns — und damit meinen wir sowohl Individuen als auch Organisationen — die uns prägenden Werte salient machen und immer wieder gezielt prüfen, wie wir diese in unseren Entscheidungen und unserem alltäglichen Handeln leben.

Tatsächlich werden die Werte der Charta an vielen Stellen noch nicht konsequent genug umgesetzt. Beispiele für eine Diskrepanz zwischen Werten auf dem Papier und tatsächlichem Handeln finden sich zahlreiche etwa im Unternehmenskontext. Wir spielen hier auf das sog. „Social Corporate Washing" an. Hiervon wird gesprochen, wenn sich Unternehmen gezielt als moralisch besser darstellen, als sie es in Wirklichkeit sind. Dies kann verschiedene Formen annehmen, z. B.

- *green washing*: den Eindruck erwecken, umweltfreundlich zu sein,
- *social washing:* Lippenbekenntnis, sich bestmöglich für die Gesundheit und/oder das gesellschaftliche Wohl einzusetzen oder
- *pink-washing*: den Eindruck erwecken, sich aktiv für Toleranz und Offenheit gegenüber LGBTIQ*-Personen einzusetzen.

Dass es diese „washings" gibt, zeigt, wie relevant es für Unternehmen geworden ist, darauf zu achten, welches Image sie verkörpern und für welche Werte sie stehen. Werte haben also durchaus ein Potenzial, Menschen (in diesem Fall als potenzielle Konsumentinnen und Konsumenten oder Mitarbeitende) abzuholen.

Der zweite Schritt, der Nachweis der tatsächlichen Umsetzung, bleibt jedoch vielfach offen. Dabei besteht die Gefahr, dass Werte lediglich zu einer schönen Fassade verkommen. Denn Werte sind immer nur so viel wert, wie sie am Ende auch handlungsleitend sind und wirklich gelebt werden — was auch dazu führen kann, dass dies mit Einschränkungen von Komfort, Wohlstand oder sonstigem Verzicht einhergeht. Werte, die nur beteuert oder nur so lange gelebt werden, wie es angenehm oder mit Vorteilen verbunden ist und ein Gefühl der moralischen Überlegenheit fördert, haben im Grunde keinen echten Wert. Je mehr Beispiele es gibt, dass bestimmte Werte verletzt werden, desto wahrscheinlicher ist es, dass sich Individuen als auch Organisationen immer weniger daran halten werden. Auch das fördert wiederum Unsicherheit.

Zukunftsvision: Eine Gesellschaft, in der „alles alles" stärkt

Unsere Vision ist es, dass wir uns individuell wie auch als Gesellschaft wieder trauen, mehr Unsicherheit zu wagen – jedoch in einem reflektierten Sinne. Eine aus unserer Sicht ideale Beschreibung, wie eine solche Gesellschaft aussehen könnte, lässt sich bei Frithjof Bergmann finden. Wir haben einige seiner Überlegungen bereits beim Unsicherheitskontext zur Arbeitswelt beschrieben. Seine Gedanken zum Thema New Work waren dabei keineswegs nur auf die Arbeitswelt beschränkt. Vielmehr war sein Ansatz der neuen Arbeit eingebettet in ein modernes und sich stetig weiterentwickelndes Gesellschaftsbild:

> „Die Gesellschaft der Zukunft wird eine Gesellschaft sein, in der alles alles stärkt! [...] – vom Kindergarten an! Das ist es, was wir brauchen."[34]

Hier können wir unsere volle Zustimmung zum Ausdruck bringen. Zwar ist die Umschreibung „alles alles" ein wenig abstrakt, gerade dies bringt aus unserer Sicht jedoch schön zum Ausdruck, dass eine entsprechende Vision für unsere Gesellschaft umfassend verstanden werden sollte. Sie betrifft uns alle, als Individuen, ebenso wie unsere Institutionen und die gesellschaftlichen Strukturen. Sicherlich kann und sollte dies auch bereits vor dem Kindergarten erfolgen – das Zitat stammt ursprünglich jedoch aus einer Zeit, in der Kindergärten noch zur frühesten Form der Kinderbetreuung gezählt haben. Wir plädieren dafür, dass die Aussage von Bergmann als ein Leitbild verstanden wird. Denn im Grunde wird damit die Intention aller zuvor beschriebenen Überlegungen für einen gelingenden Umgang mit Unsicherheit zusammengefasst. Es gilt nicht, Unsicherheit zu reduzieren, indem wir versuchen, alles um uns herum immer mehr zu kontrollieren und zu optimieren. Vielmehr geht es darum, dass wir uns auf unser Menschsein zurückbesinnen und uns selbst sowie andere in unserem Umfeld stärken und in ihrer Entwicklung fördern. Eine Gesellschaft mit diesem Grundtenor fördert die Persönlichkeitsentwicklung ihrer Mitglieder derart, dass dies automatisch zu einem kompetenteren Umgang eben auch mit Unsicherheit führt.

Demokratische Grundordnung als unabdingbare Voraussetzung

Mit den in diesem Buch aufgezeigten Ideen und Möglichkeiten sowohl auf individueller als auch auf institutioneller sowie gesellschaftlicher Ebene möchten wir einen Beitrag dazu leisten, wie ein kompetenterer Umgang mit Unsicherheit gelingen kann und welche Voraussetzungen aus unserer Perspektive hierfür erforderlich sind. Dabei ist aus unserer Sicht jedoch zentral: All dies ist nur möglich, wenn wir in Frieden in einem demokratischen Raum leben können, der nach rechtsstaatlichen Prinzipien funktioniert. Damit dies so bleibt, ist es wichtig, dass uns bewusst wird und bleibt, dass diese Basis keineswegs selbstverständlich ist. Demokratie, Freiheit und rechtsstaatliche Prinzipien sind keine Selbstläufer. Es mag zwar sein, dass die Abwesenheit von Krieg für die meisten Menschen über viele Jahrzehnte in Europa zur Gewohnheit geworden ist. Dieses außerordentlichen Privilegs sollten wir uns nicht nur bewusst werden, sondern uns auch daran erfreuen und dankbar dafür sein. Denn Frieden — das zeigt nicht zuletzt die Invasion Russlands in der Ukraine im Jahr 2022 — ist leider kein dauerhaft garantierter Zustand. Daher plädieren wir dafür, die Herausforderungen, vor denen unsere demokratische Grundordnung steht, keineswegs zu unterschätzen. Jede und jeder einzelne von uns ist an dieser Stelle gefragt, für die Werte, die uns wichtig erscheinen, einzustehen und Verantwortung zu übernehmen. Ein kompetenter und aufgeklärter Umgang mit Unsicherheit kann dabei aus unserer Sicht ein wichtiger Schritt sein. Denn nur wenn wir es wagen, Unsicherheit auszuhalten, wird es uns gelingen, die freiheitlichen Grundwerte als Gesellschaft zu bewahren.

Anhang

Literatur

Einleitung

[1] Raue, M., Lermer, E., & Streicher, B. (Hrsg.) (2018). Psychological perspectives on risk and risk analysis. Theory, models, and applications. Cham: Springer.

[2] Gigerenzer, G. (2013). Risiko: Wie man die richtigen Entscheidungen trifft. München: C. Bertelsmann Verlag.

[3] Fischer, P., & Lermer, E. (2018). Das Unbehagen im Frieden – Die neue Lust am Leid. München: Claudius.

[4] Zinn, J. O. (2016). 'In-between' and other reasonable ways to deal with risk and uncertainty: A review article. *Health, Risk & Society, 18(7–8)*, 348–366. https://doi.org/10.1080/13698575.2016.1269879

[5] Bardeen, J., & Michel, J. (2017). The buffering effect of religiosity on the relationship between intolerance of uncertainty and depressive symptoms. *Psychology of Religion and Spirituality, 9 (Suppl. 1)*, 90–95. https://doi.org/10.1037/rel0000123

[6] Dugas, M. J., Buhr, K., & Ladouceur, R. (2004). The role of intolerance of uncertainty in etiology and maintenance. In R. G. Heimberg, C. L. Turk % D. S. Mennin (Hrsg.), *Generalized anxiety disorder: Advances in research and practice* (S. 143–163). New York: The Guilford Press.

[7] Schmalzried, L. K., Frey, D., Agthe, M., Aydin, N., Lermer, E., & Pfundmair, M. (2016). Wissenschaftstheorie und Sozialpsychologie. In H.–W. Bierhoff & D. Frey (Hrsg.), *Selbst und soziale Kognition.* Enzyklopädie der

Psychologie, Themenbereich C, Serie 6, *Bd. 1.* (1. Aufl., S. 3–20). Göttingen: Hogrefe.

[8] Popper, K. (1984). Logik der Forschung (8. Aufl.). Tübingen: Mohr; S. 15.

[9] Indset, A. (2021). Das infizierte Denken: Warum wir uns von alten Selbstverständlichkeiten verabschieden müssen (1. Aufl.). Berlin: Econ; S. 61.

[10] Kahneman, D. (2012). Schnelles Denken, langsames Denken. München: Siedler Verlag.

[11] Frederick, S. (2005). Cognitive reflection and decision making. *Journal of Economic Perspectives, 19(4),* 25–42.

[12] Byrnes, J. P., Miller, D. C., & Schafer, W. D. (1999). Gender differences in risk taking: A meta-analysis. *Psychological Bulletin, 125(3),* 367. https://doi.org/10.1037/0033-2909.125.3.367

[13] Heilmann, K. (2010). Das Risikobarometer: Wie gefährlich ist unser Leben wirklich? München: Heyne Verlag.

[14] Walco, D. K., & Risen, J. L. (2017). The empirical case for acquiescing to intuition. *Psychological Science,* 28(12), 1807-1820.

[15] Bonner, C., & Newell, B. R. (2010). In conflict with ourselves? An investigation of heuristic and analytic processes in decision making. *Memory & Cognition, 38(2),* 186–196. https://doi.org/10.3758/MC.38.2.186

Kapitel Pandemie

[1] *Merkel ruft Bevölkerung zu „Verzicht und Opfern" auf: Bund und Länder einigen sich auf Kontaktverbot* (2020, 22. März). Frankfurter Allgemeine Zeitung. https://www.faz.net/aktuell/politik/inland/coronavirus-bund-und-laender-einigen-sich-auf-kontaktverbot-16691312.html (21.05.2022)

[2] Zum Beispiel Azevedo, F., Pavlović, T., Rêgo, G. G. D., Ay, F. C., Gjoneska, B., Etienne, T., ... Hudecek, M. F. C., ... Lermer, E., ... Sampaio, W. M. (2022, May 18). Social and moral psychology of COVID-19 across 69 countries. https://doi.org/10.31234/osf.io/a3562

Pavlović, T., Azevedo, F., De, K., Riaño-Moreno, J. C., Maglić, M., ... Hudecek, M. F. C., ... Lermer, E., ... & Van Bavel, J. (2022). Predicting attitudinal and behavioral responses to COVID-19 pandemic using machine learning. *PNAS NEXUS,* 1-33. https://doi.org/10.1093/pnasnexus/pgac093

Buspavanich, P., Lech, S., Lermer, E., Fischer, M., Berger, M., Vilsmaier, T., Kaltofen, T., Keckstein, S., Mahner, S., Behr, J., Thaler, C., Batz, F. (2021). Well-being during COVID-19 pandemic: A comparison of individuals with minoritized sexual and gender identities and cis-heterosexual individuals. *PLoS ONE* 16(6): e0252356. https://doi.org/10.1371/journal.pone.0252356

Batz, F., Lermer, E., Hatzler, L., Vilsmaier, T., Schröder, L., Chelariu-Raicu, A., Behr, J., Mahner, S., Buspavanich, P., & Thaler,C. J. (2022). The Impact of the COVID-19 Pandemic on Sexual Health in Cis Women Living in Germany. *Journal of Sexual Medicine*, 000:1–16, https://doi.org/10.1016/j.jsxm.2022.02.025

[3] Van Bavel, J., Baicker, K., Boggio, P. S., Capraro, V., Cichocka, A., Cikara, M., Crockett, M. J., Crum, A. J., Douglas, K. M., Druckman, J. N., Drury, J., Dube, O., Ellemers, N., Finkel, E. J., Fowler, J. H., Gelfand, M., Han, S., Haslam, S. A., Jetten, J., Kitayama, S., ... Willer, R. (2020). Using social and behavioural science to support COVID-19 pandemic response. *Nature Human Behaviour, 4(5)*, 460–471. https://doi.org/10.1038/s41562-020-0884-z

[4] Lermer, E., Hudecek, M. F. C., Gaube, S., Raue, M., & Batz, F. (2021, November 26). Early and later perceptions and reactions to the COVID-19 pandemic in Germany: On predictors of behavioral responses and guideline adherence during the restrictions. *Frontiers in Psychology*. 12:769206 https://doi.org/10.3389/fpsyg.2021.769206

[5] Vinck, P., Pham, P. N., Bindu, K. K., Bedford, J., & Nilles, E. J. (2019). Institutional trust and misinformation in the response to the 2018–19 ebola outbreak in North Kivu, DR Congo: A population-based survey. *The Lancet Infectious Diseases, 19(5)*, 529–536.

[6] Rykkja, L. H., Lægreid, P., & Lise Fimreite, A. (2011). Attitudes towards anti-terror measures: The role of trust, political orientation and civil liberties support. *Critical Studies on Terrorism*, 4(2), 219–237. https://doi.org/10.1080/17539153.2011.586206

[7] Baumgartner, S. E., & Hartmann, T. (2011). The role of health anxiety in online health information search. *Cyberpsychology, Behavior, and Social Networking*, 14(10), 613–618. https://doi.org/10.1089/cyber.2010.0425

[8] Rykkja, L. H., Lægreid, P., & Lise Fimreite, A. (2011). Attitudes towards anti-terror measures: The role of trust, political orientation and civil

liberties support. Critical Studies on Terrorism, 4(2), 219–237. https://doi.org/10.1080/17539153.2011.586206

[9] Marien, S., & Hooghe, M. (2011). Does political trust matter? An empirical investigation into the relation between political trust and support for law compliance: Does political trust matter? *European Journal of Political Research*, 50(2), 267–291. https://doi.org/10.1111/j.1475-6765.2010.01930.x

[10] Rowe, R., & Calnan, M. (2006). Trust relations in health care. The new agenda. *The European Journal of Public Health*, 16(1), 4–6.

[11] Blair, R. A., Morse, B. S., & Tsai, L. L. (2017). Public health and public trust: Survey evidence from the ebola virus disease epidemic in Liberia. *Social Science & Medicine (1982)*, 172, 89–97. https://doi.org/10.1016/j.socscimed.2016.11.016

[12] Siegrist, M., & Zingg, A. (2014). The role of public trust during pandemics: Implications for crisis communication. *European Psychologist, 19(1)*, 23–32. https://doi.org/10.1027/1016-9040/a000169

[13] Balog-Way, D. H., & McComas, K. A. (2020). COVID-19: reflections on trust, tradeoffs, and preparedness. *Journal of Risk Research, 23(7–8)*, 838–848. https://doi.org/10.1080/13669877.2020.1758192

Devine, D., Gaskell, J., Jennings, W., & Stoker, G. (2021). Trust and the coronavirus pandemic: What are the consequences of and for trust? An early review of the Literature. *Political Studies Review*, 19(2), 274–285. https://doi.org/10.1177/1478929920948684

[14] Oksanen, A., Kaakinen, M., Latikka, R., Savolainen, I., Savela, N., & Koivula, A. (2020). Regulation and trust: 3-Month follow-up study on COVID-19 mortality in 25 European countries. *JMIR Public Health and Surveillance, 6(2)*, e19218. https://doi.org/10.2196/19218

[15] Van Bavel, J. J., Cichocka, A., Capraro, V., Sjåstad, H., Nezlek, J. B., Alfano, M., ... Hudecek, M. F. C., ... Lermer, E., ... Boggio, P. (2022). National identity predicts public health support during a global pandemic. *Nature Communications*, 13:517. https://doi.org/10.1038/s41467-021-27668-9

[16] Kastilan, S. (2008). Gedächtnisforschung: Mein Freund der Seehase. Frankfurter Allgemeine Zeitung. https://www.faz.net/aktuell/wissen/leben-gene/gedaechtnisforschung-mein-freund-der-seehase-1539792.html 11.7.2022

[17] Reichert, H. (2000). Neurobiologie. Georg Thieme Verlag. https://www.uni-jena.de/220127-identifikation-corona (01.07.2022)

[18] Frey, D., & Schulz-Hardt, S. (1997). Eine Theorie der gelernten Sorglosigkeit. In H. Mandl (Hrsg.), *Bericht über den 40. Kongreß der Deutschen Gesellschaft für Psychologie* (S. 604–611). Göttingen: Hogrefe.

[19] Frey, D., Ullrich, B., Streicher, B., Schneider, E., & Lermer, E. (2016). Theorie der gelernten Sorglosigkeit. In D. Frey & H.-W. Bierhoff (Hrsg.), *Enzyklopädie der Psychologie – Selbst und soziale Kognition – Sozialpsychologie, 1* (S. 429–469). Göttingen: Hogrefe.

[20] Lermer, E., Raue, M., & Frey, D. (2016). Risikowahrnehmung und Risikoverhalten. In D. Frey & H.-W. Bierhoff (Hrsg.) *Enzyklopädie der Psychologie – Soziale Motive und soziale Einstellungen – Sozialpsychologie, 2* (S. 535–580). Göttingen: Hogrefe.

[21] Otten, W., & Van der Pligt, J. (1992). Risk and behavior: The mediating role of risk appraisal. *Acta Psychologica, 80(1-3)*, 325–346. https://doi.org/10.1016/0001-6918(92)90054-h

[22] Denscombe, M. (1993). Personal health and the social psychology of risk taking. *Health Education Research, 8(4)*, 505–517. https://doi.org/10.1093/her/8.4.505

[23] Linville, P. W., Fischer, G. W., Fischhoff, B., Pryor, J. B., & Reeder, G. D. (1993). Perceived risk and decision making involving AIDS. *The Social Psychology of HIV Infection*, 5–38.

[24] Hemme, H. (2021). Hemmes mathematische Rätsel: Wie viele Körner erhält die Person? https://www.spektrum.de/raetsel/wie-viele-koerner-erhaelt-die-person/1909840 11.07.2022

Polleit, T. (2017, 15. März). *Intelligent investieren. Die Macht des Zinseszins*. WirtschaftsWoche. https://www.wiwo.de/finanzen/geldanlage/intelligent-investieren-die-macht-des-zinseszinses/19512894.html (21.05.2022)

[25] Lorenz, A. (2014). Unglaublich! Wahr! Papier so dick wie das Universum. https://www.welt.de/vermischtes/article160308757/Papier-so-dick-wie-das-Universum.html (11.07.2022)

[26] Levy, M. R., & Tasoff, J. (2017). Exponential-growth bias and overconfidence. *Journal of Economic Psychology, 58*, 1–14. https://doi.org/10.1016/j.joep.2016.11.001

[27] *Anzahl der Haiangriffe weltweit von 2001 bis 2021* (2022). Statista. https://de.statista.com/statistik/daten/studie/158200/umfrage/anzahl-der-haiangriffe-weltweit/ (21.05.2022)

[28] *Anzahl der Getöteten bei Straßenverkehrsunfällen in Deutschland von 1950 bis 2021* (2022). Statista. https://de.statista.com/statistik/daten/studie/185/umfrage/todesfaelle-im-strassenverkehr/ (21.05.2022)

[29] adaptiert nach Lermer, E. (2013). The impact of answer format and construal level on risk assessment and behavior (Doctoral Dissertation, LMU Munich).

[30] Raue, M., Kolodziej, R., Lermer, E., & Streicher, B. (2018). Risks seem low while climbing high: shift in risk perception and error rates in the course of indoor climbing activities. *Frontiers in Psychology*, 9, 2383.

Raue, M., Streicher, B., Lermer, E., & Frey, D. (2019). Perceived Safety While Engaging in Risk Sports. In Perceived Safety (S. 139-150). Springer, Cham.

[31] Lermer, E. (2013). The Impact of Answer Format and Construal Level on Risk Assessment and Behavior: Der Einfluss Von Antwortformat und Abstraktionsniveau Auf Risikoeinschätzungen und Risikoverhalten (Doctoral dissertation).

Pfundmair, M., Lermer, E., Frey, D., & Aydin, N. (2015). Construal level and social exclusion: Concrete thinking impedes recovery from social exclusion. *The Journal of Social Psychology*, 155(4), 338-355.

[32] Lermer, E., Streicher, B., Sachs, R., Raue, M., & Frey, D. (2016). The effect of abstract and concrete thinking on risk-taking behavior in women and men. *SAGE Open*. https://doi.org/10.1177/2158244016666127

Lermer, E., Streicher, B., & Frey, D. (2015). Die Sozialpsychologische Dimension: Die Entscheidung für mehr Risiko. In Union Investment (Hrsg.), Die Vermessung des Risikos. Frankfurt: Union Investment Institutional GmbH.

Lermer, E., Streicher, B., Sachs, R., Raue, M., & Frey, D. (2015). The effect of construal level on risk taking. *European Journal of Social Psychology*, 45, 99-109. https://doi.org/10.1002/ejsp.2067

Lermer, E., Streicher, B., Sachs, R., Raue, M., & Frey, D. (2016). Thinking concretely increases the perceived likelihood of risks: The effect of construal level on risk estimation. *Risk Analysis*, 36, 623–637. https://doi.org/10.1111/risa.12445

Kapitel Politik, Führung und Kontrolle

[1] Indset, A. (2021). Das infizierte Denken: Warum wir uns von alten Selbstverständlichkeiten verabschieden müssen (1. Aufl.). Berlin: Econ.

[2] Lückoff, J. (2020, 3. November). *#Faktenfuchs: Fake News im US-Wahlkampf*. BR 24. https://www.br.de/nachrichten/deutschland-welt/faktenfuchs-fake-news-im-us-wahlkampf (21.05.2022)

[3] *Debate transcript: Trump, Biden. Final presidential debate moderated by Kristen Welker* (2020). USA Today News. https://eu.usatoday.com/story/news/politics/elections/2020/10/23/debate-transcript-trump-biden-final-presidential-debate-nashville/3740152001/ (21.05.2022)

[4] Ruf, R. (2022, 4. Februar). *Die Republikanische Partei rechtfertigt den Sturm aufs Capitol und bezeichnet die gewalttätigen Ausschreitungen als legitime politische Stellungnahme*. Neue Zürcher Zeitung. https://www.nzz.ch/international/republikaner-bezeichnen-den-sturm-aufs-capitol-als-legitim-ld.1668288 (21.05.2022)

[5] Stein, M. (2013). When does narcissistic leadership become problematic? Dick Fuld at Lehman Brothers. *Journal of Management Inquiry, 22(3)*, 282–293. https://doi.org/10.1177/1056492613478664

[6] McDonald, L., & Robinson, P. (2009). A colossal failure of common sense: The incredible inside story of the collapse of Lehman Brothers. London: Ebury.

[7] Sorkin, A. R. (2009). Too big to fail: inside the battle to save Wall Street. London: Allen Lane. S. 194

[8] Story, L., & White, B. (2008, October 5). *The road to Lehman's failure was littered with lost chances*. The New York Times. http://www.nytimes.com/2008/10/06/business/06lehman.html?pagewanted=all&_r=0 (21.05.2022)

[9] Meisel, M. K., Ning, H., Campbell, W. K., & Goodie, A. S. (2016). Narcissism, overconfidence, and risk taking in US and Chinese student samples. *Journal of Cross-Cultural Psychology, 47(3)*, 385–400. https://doi.org/10.1177/0022022115621968

[10] Festinger, L. (1957). A theory of cognitive dissonance (Vol. 2). Stanford University Press.

[11] Schneider, E., Streicher, B., Lermer, E., Sachs, R., & Frey, D. (2017). Measuring the zero-risk bias: Methodological artefact or decision making strategy? *Zeitschrift für Psychologie, 225*(1), 31–44. https://doi.org/10.1027/2151-2604/a000284

[12] Fischer, P., & Lermer, E. (2018). Das Unbehagen im Frieden – Die neue Lust am Leid. München: Claudius.

[13] Lermer, E. & Fischer, P. (2021). Die psychologische Dimension: Zum Einfluss kognitiver und sozialer Prozesse auf Sezessionstendenzen. In H. Bergbauer und G. Mann (Hrsg.), *Neugestaltung der Staatenwelt im 21. Jahrhundert. Wie Sezession neue politische und ökonomische Strukturen schafft* (S. 53–63). München: Springer Gabler.

[14] Voit, J. & Lermer, E. (2019). Modelle oder Experten – wer ist der bessere Risikoschätzer? *Zeitschrift für das gesamte Kreditwesen, 7*, 29–33.

[15] Tversky, A., & Kahneman, D. (1981). The framing of decisions and the psychology of choice. *Science, 211*(4481), 453–458

[16] Lermer, E., Streicher, B., Sachs, R., Raue, M., & Frey, D. (2015). The effect of construal level on risk taking. *European Journal of Social Psychology, 45*, 99–109. https://doi.org/10.1002/ejsp.2067, S. 182

[17] Lermer, E., Streicher, B., Eller, E., & Sachs, R. (2014, Oktober). *Psychologische Einflüsse II: Risikoeinschätzung in Gruppen.* Munich Re Emerging Risk Discussion Paper. https://doi.org/.10.13140/RG.2.2.30549.04326

[18] Lermer, E., Streicher, B., Eller, E., & Sachs, R. (2014). Psychologische Einflüsse II: Risikoeinschätzung in Gruppen (Munich Re Emerging Risk Discussion Paper). http://doi.org/10.1037/h0027568

Lermer, E., Raue, M., & Frey, D. (2016). Risikowahrnehmung und Risikoverhalten. In D. Frey & H.-W. Bierhoff (Hrsg.) Enzyklopädie der Psychologie – Soziale Motive und soziale Einstellungen – Sozialpsychologie, 2 (S. 535–580). Göttingen: Hogrefe.

[19] Moscovici, S., & Zavalloni, M. (1969). The group as a polarizer of attitudes. *Journal of Personality and Social Psychology, 12*(2), 125–135.

Myers, D. G., & Lamm, H. (1976). The group polarization Phenomenon. *Psychological Bulletin, 83*(4), 602–627.

Stoner, J. A. F. (1968). Risky and cautious shifts in group decisions: The influence of widely held values. *Journal of Experimental Social Psychology, 4,* 442–459. https://doi.org/10.1016/0022-1031(68)90069-3

[20] Wright, R. (2003). Two years later, a thousand years ago. The New York Times. http://www.nytimes.com. (05.10.2015)

[21] Isenberg, D. J. (1986). Group polarization: A critical review and meta-analysis. *Journal of Personality and Social Psychology, 50*(6), 1141–1151.

[22] Turner, J. C. (1985). Social categorization and the self-concept: a social cognitive theory of group behaviour. In E. J. Lawler (Hrsg.), Advances in group processes: Theory and research (Vol. 2, S. 77–122). Greenwich CT: JAI Press.

Turner, J. C., Hogg, M. A., Oakes, P. J., Reicher, S. D., & Wetherell, M. S. (1987). Rediscovering the social group: A self-categorization theory. Oxford: Blackwell Publishing Ltd.

[23] Hogg, M. A., Turner, J. C., & Davidson, B. (2010). Polarized norms and social frames of reference: A test of the self-categorization theory of group polarization. *Basic and Applied Social Psychology, 11,* 77–100. https://doi.org/10.1207/s15324834basp1101_6

[24] Frey, D., Rez, H., & Hehnen, M. (2022). Weimar, Hitler und „die Deutschen" – ein sozialpsychologisches Bedingungssystem. *Psychologische Rundschau, 73*(2), 99–119. https://doi.org/10.1026/0033-3042/a000556

[25] Frey, D., & Jonas, E. (2002). Die Theorie der kognizierten Kontrolle. in D. Frey, & M. Irle (Hrsg.), Theorien der Sozialpsychologie: Band III: Motivations-, Selbst- und Informationsverarbeitungstheorien (2., vollst. überarb. u. erw. Aufl., Band 3, S. 13–50). Bern: Hans Huber.

[26] Glass, D. C., & Singer, J. E. (1972). Urban stress: experiments on noise and social stressors. New York: Academic Press.

[27] Baker, S. L., & Kirsch, I. (1991). Cognitive mediators of pain perception and tolerance. *Journal of Personality and Social Psychology, 61*(3), 504–510. https://doi.org/10.1037/0022-3514.61.3.504

[28] Frey, D., & Jonas, E. (2002). Die Theorie der kognizierten Kontrolle. In D. Frey, & M. Irle (Hrsg.), Theorien der Sozialpsychologie: Band III: Motivations-, Selbst- und Informationsverarbeitungstheorien (2., vollst. überarb. u. erw. Aufl., Band 3, S. 13–50). Bern: Hans Huber.

[29] Glass, D. C., Singer, J. E., & Friedman, L. N. (1969). Psychic cost of adaptation to an environmental stressor. *Journal of Personality and Social Psychology, 12*(3), 200–210. https://doi.org/10.1037/h0027629

[30] Miller, S. M. (1981). Predictability And Human Stress: Toward A Clarification Of Evidence And Theory. *Advances in Experimental Social Psychology,* 14, 203-256. https://doi.org/10.1016/S0065-2601(08)60373-1

[31] Allen, V. L., & Greenberger, D. B. (1980). Destruction and perceived control. In A. Baum & J. E. Singer (Hrsg.), *Applications of personal control* (Vol. 2, S. 85–109). Hillsdale: Erlbaum.

[32] Frey, D., & Rez, H. (2002). Population and predators: Preconditions for the Holocaust from a control-theoretical perspective. In R. Erber & L. Newman (Hrsg.), *The social psychology of the Holocaust*. Oxford: Oxford University Press.

[33] Frey, D., & Jonas, E. (2002). Die Theorie der kognizierten Kontrolle. In D. Frey, & M. Irle (Hrsg.), *Theorien der Sozialpsychologie: Band III: Motivations-, Selbst- und Informationsverarbeitungstheorien* (2., vollst. überarb. u. erw. Aufl., Band 3, S. 13–50). Bern: Hans Huber. S. 43

Kapitel Digitalisierung, technologischer Fortschritt und künstliche Intelligenz

[1] Moon, M. (2016, January 8). *'Pokémon Go' hits 100 million downloads*. Engadget. https://www.engadget.com/2016/08/01/pokemon-go-100-million-downloads/ (25.03.2018)

Vom Brocke, J., Maaß, W., Buxmann, P., Maedche, A., Leimeister, J. M., & Pecht, G. (2018). Future work and enterprise systems. *Business & Information Systems Engineering, 60*(4), 357–366. https://doi.org/10.1007/s12599-018-0544-2

Dreischmeier R., Close K. & Trichet P. (2015). *The digital imperative. bcg perspectives*. The Boston Consulting Group Inc. https://www.bcg.com/publications/2015/digital-imperative (15.07.2022)

[2] Heckmann, D.-O., & Bahner, E. (2019, 13. September). *Neue Regeln fürs Online-Banking. Ohne Smartphone wird es schwierig*. Deuschlandfunk. https://www.deutschlandfunk.de/neue-regeln-fuers-online-banking-ohne-smartphone-wird-es-100.html (22.05.2022)

[3] Fritsche, I., Jonas, E., & Frey, D.(2006). Kontrollwahrnehmungen und Kontrollmotivation. In H.-W. Bierhoff & D. Frey (Hrsg.), *Handbuch der Sozialpsychologie und Kommunikationspsychologie*. Göttingen: Hogrefe. S. 85

[4] Johnson, J. E. (1973). Effects of accurate expectations about sensations on the sensory and distress components of pain. *Journal of Personality and Social Psychology, 27*(2), 261–275. https://doi.org/10.1037/h0034767

[5] Frey, D., & Jonas, E. (2002). Die Theorie der kognizierten Kontrolle. In D. Frey, & M. Irle (Hrsg.), *Theorien der Sozialpsychologie: Band III: Motivations-, Selbst- und Informationsverarbeitungstheorien* (2., vollst. überarb. u. erw. Aufl., Band 3, S. 13–50). Bern: Hans Huber.

[6] Wheelwright, T. (2022, January 24). *2022 Cell Phone Usage Statistics: How Obsessed Are We?* Reviews. https://www.reviews.org/mobile/cell-phone-addiction/ (25.05.2022)

[7] Report. State of Mobile 2022 (o. D.). Data.ai. https://www.data.ai/en/go/state-of-mobile-2022 (22.05.2022)

[8] Charette, R. (2012, May 22). *Do You Suffer From Nomophobia?* IEEE Spectrum. https://spectrum.ieee.org/do-you-suffer-from-nomophobia (25.05.2022)

[9] León-Mejía A. C., Gutiérrez-Ortega M., Serrano-Pintado I., & González-Cabrera J. (2021, May 18). A systematic review on nomophobia prevalence: Surfacing results and standard guidelines for future research. *PLOS ONE*. https://doi.org/10.1371/journal.pone.0250509

[10] Rodríguez-García, A., Moreno-Guerrero, A., & López-Belmonte, J. (2020). Nomophobia: An Individual's Growing Fear of Being without a Smartphone – A Systematic Literature Review. *International Journal of Environmental Research and Public Health, 17*(2), 580. https://www.mdpi.com/1660-4601/17/2/580 (25.05.2022)

[11] *Nomophobie auf dem Vormarsch* (2021, 27. Januar). IT-Zoom. https://www.it-zoom.de/mobile-business/e/nomophobie-auf-dem-vormarsch-27473/ (25.05.2022)

[12] Scholz, H. (2017, 1. August). *Studie: Wir nutzen unsere Smartphones 1.500 Mal pro Woche*. Mobile Zeitgeist. https://www.mobile-zeitgeist.com/studie-wir-nutzen-unsere-smartphones-1-500-mal-pro-woche/?cookie-state-change=1648980612634 (25.05.2022)

[13] Sauer, V. J., Eimler, S. C., Maafi, S., Pietrek, M., & Krämer, N. C. (2015). The phantom in my pocket: Determinants of phantom phone sensations. *Mobile Media & Communication*, 3(3), 293–316. https://doi.org/10.1177/2050157914562656

[14] Turkle, S. (2016). Reclaiming Conversation. The Power of Talk in a Digital Age. Penguin Random House.

[15] Fischer, P., & Lermer, E. (2018). Das Unbehagen im Frieden. Die neue Lust am Leid. München: Claudius.

[16] Ksienrzyk, L. (2022, 9. Februar). *Exits, Pleiten, Pivot? Das kommt 2022 auf die Blitz-Lieferdienste zu.* Gründerszene. https://www.businessinsider.de/gruenderszene/food/2022-ausblick-markt-schnelllieferdienste-gorillas-flink-getir-d/ (25.05.2022)

[17] Rest, J., & Kyriasoglou, C. (2021, 23. Juli). *Gorillas auf Futtersuche. Lieferdienst braucht frisches Geld.* Manager Magazin. https://www.manager-magazin.de/unternehmen/handel/gorillas-der-lieferdienst-fuer-lebensmittel-braucht-dringend-frisches-kapital-a-7453a05a-0002-0001-0000-000178442775 (25.05.2022)

[18] Partington, M., & Pratty, F. (2021, August 2). *Gorillas: The new WeWork? What does the future hold for on-demand grocery startup Gorillas?* Sifted. https://sifted.eu/articles/gorillas-wework/ (25.05.2022)

[19] Geiger, G. (2021, 17. Juni). *Recherche: Angestellte des Lieferservice Gorillas berichten von zermürbenden Arbeitsbedingungen.* Vice. https://www.vice.com/de/article/7kv89q/recherche-die-arbeitsbedingungen-beim-start-up-lieferservice-gorillas (25.05.2022)

[20] Goertzel, D. B. (2016). AGI revolution: An inside view of the rise of artificial general intelligence. Los Angeles: Humanity + Press.

[21] Morikawa, M. (2017). Firms' expectations about the impact of AI and robotics: Evidence from a survey. *Economic Inquiry, 55*(2), 1054–1063.

[22] Agrawal, A., Gans, J., & Goldfarb, A. (2018). Prediction machines: The simple economics of artificial intelligence. Boston: Harvard Business Review Press.

[23] Bitkom e. V., DFKI (Hrsg.) (2017). *Künstliche Intelligenz. Wirtschaftliche Bedeutung, gesellschaftliche Herausforderungen, menschliche Verantwortung.* DFKI.

S. 14 https://www.dfki.de/fileadmin/user_upload/import/9744_171012-KI-Gipfelpapier-online.pdf (25.05.2022)

[24] *Was ist künstliche Intelligenz und wie wird sie genutzt?* (2020, 14. September). Europäisches Parlament. https://www.europarl.europa.eu/news/de/headlines/society/20200827STO85804/was-ist-kunstliche-intelligenz-und-wie-wird-sie-genutzt (25.05.2022)

[25] Ullmann, E. (Wintersemester 2016). *Lernen aus neurobiologischer Perspektive* [Vorlesungsfolien]. https://www.uni-wuerzburg.de/fileadmin/06000060/04_Fort-_und_Weiterbildungen_Lehrkraefte/Herbsttagungen/Herbsttagung_2016/20161006_WS_04_Neurobiologie.pdf (25.05.2022)

[26] Bögeholz, H. (2017, 27. Mai). *Künstliche Intelligenz: AlphaGo besiegt Ke Jie zum dritten Mal.* Heise. https://www.heise.de/newsticker/meldung/Kuenstliche-Intelligenz-AlphaGo-besiegt-Ke-Jie-zum-dritten-Mal-3726711.html (27.05.2022)

[27] Weber, C. (2017, 19. Oktober). *Computer spielt Go gegen sich selbst – und wird unschlagbar.* Süddeutsche Zeitung. https://www.sueddeutsche.de/digital/kuenstliche-intelligenz-champion-aus-dem-nichts-1.3713570 (27.05.2022)

[28] Demling, A., & Tyborski, R. (2021, 12. Januar). *Selbstfahrende Autos auf deutschen Straßen: Traditionelle Autobauer könnten Tesla überholen.* Handelsblatt. https://www.handelsblatt.com/unternehmen/industrie/level-3-autonomie-selbstfahrende-autos-auf-deutschen-strassen-traditionelle-autobauer-koennten-tesla-ueberholen/26779408.html (27.05.2022)

[29] Rudschies, W., & Kroher, T. (2022, 30. Mai). *Autonomes Fahren: So fahren wir in Zukunft.* ADAC. https://www.adac.de/rund-ums-fahrzeug/ausstattung-technik-zubehoer/autonomes-fahren/technik-vernetzung/aktuelle-technik/ (05.06.2022)

[30] Byczkowski, T. (2013, 6. Mai). *Computer am Steuer.* Zeit Online. https://www.zeit.de/zeit-wissen/2013/03/autonomes-auto-google-fahrzeugindustrie/komplettansicht (05.06.2022)

[31] Esteva, A., Kuprel, B., Navoa, R., Ko, J., Swetter, S., Blau, H., & Thrun, S. (2017, January 25). Dermatologist-level classification of skin cancer with deep neural networks. *Nature, 542,* 115-118. https://doi.org/10.1038/nature21056

[32] Hudecek, M. F. C., Gaube, S., Frey, D., Cecil, J., Hummelsberger, P., & Lermer, E. (2022). Perception of online medical platforms: AI docs are fine for others but not for me. Paper accepted for presentation at the 30th Annual Conference of the Society for Risk Analysis Europe, June 12 – 15, 2022, Novi Sad, Serbia.

[33] Lermer, E., Gaube, S., Frey, D., Cecil, J., Hummelsberger, P., & Hudecek, M. F. C. (2022). AI for you, human doctor for me: Re-analysis of the not in my health's backyard effect. Paper accepted for presentation at the 30th Annual Conference of the Society for Risk Analysis Europe, June 12-15, 2022, Novi Sad, Serbia.

[34] Nelson, C., Pérez-Chada, L. M., Creadore, A., Jiayang Li, S., Lo, K., Manjaly, P., Bahareh Pournamdari, A., Tkachenko, E., Barbieri, J. S., Ko, J. M., Menon, A. V., Hartman, R. I., & Mostaghimi, A. (2020). Patient perspectives on the use of artificial intelligence for skin cancer screening. A qualitative study. *JAMA Dermatol. 2020, 156*(5), 501 – 512. https://doi.org/10.1001/jamadermatol.2019.5014

[35] Glasziou, P. P., Jones, M. A., Pathirana, T., Barratt, A. L. & Bell, K. J. (2020). Estimating the magnitude of cancer overdiagnosis in Australia. *The Medical Journal of Australia, 212*(4), 163 – 168. https://doi.org/10.5694/mja2.50455

[36] Davey, M. (2021, May 20). *Doctors fear Google skin check app will lead to 'tsunami of overdiagnosis'*. The Guardian. https://www.theguardian.com/society/2021/may/21/doctors-fear-google-skin-check-app-will-lead-to-tsunami-of-overdiagnosis (28.05.2022)

[37] Wen, D., Khan, S. M., Ji Xu, A., Ibrahim, H., Smith, L., Caballero, J., Zepeda, L., De Blas Perez, C., Denniston, A. K., Liu X., & Matin R. N. (2022). Characteristics of publicly available skin cancer image datasets: a systematic review. *The Lancet, Review, 4*(1), E64 – E74. 10.1016/S2589-7500(21)00252-1

[38] Parikh, R. B., Teeple, S., & Navathe, A. S. (2019). Addressing bias in artificial intelligence in health care. *JAMA, 322*(24), 2377 – 2378. https://doi.org/10.1001/jama.2019.18058

Brault, N., & Saxena, M. (2020). For a critical appraisal of artificial intelligence in healthcare: The problem of bias in mHealth. *Journal of Eval-*

uation in Clinical Practice, 27(3), S. 513–519. http://doi.org/10.22541/au.160224490.04190965/v1

[39] Dastin, J. (2018, October 11). *Amazon scraps secret AI recruiting tool that showed bias against women.* Reuters. https://www.reuters.com/article/us-amazon-com-jobs-automation-insight-idUSKCN1MK08G (28.05.2022)

[40] Richter, F. (2021, July 1). *Women's Representation in Big Tech.* Statista. https://www.statista.com/chart/4467/female-employees-at-tech-companies/ (28.05.2022)

[41] Harwell, D. (2019, November 6). *A face-scanning algorithm increasingly decides whether you deserve the job.* The Washington Post. https://www.washingtonpost.com/technology/2019/10/22/ai-hiring-face-scanning-algorithm-increasingly-decides-whether-you-deserve-job/ (28.05.2022)

[42] Stark, L., & Hutson, J. (2021, September 24). *Physiognomic artificial intelligence.* SSRN. https://papers.ssrn.com/sol3/papers.cfm?abstract_id=3927300 (28.05.2022)

[43] https://www.wienerzeitung.at/startseite/wissen/390299-Machtlust-im-breiten-Schaedel.html?em_cnt_page=1

[44] Kleemann, E. (2016). Messmethode zur Bestimmung von Schädelasymmetrien. Dissertation zum Erwerb des Doktorgrades der Humanbiologie an der Medizinischen Fakultät der Ludwig-Maximilians-Universität zu München. https://edoc.ub.uni-muenchen.de/19785/1/Kleemann_Erna.pdf (28.05.2022)

[45] Botsman, R. (2017, October 7). *Co-Parenting with Alexa.* The New York Times.

[46] Druga, S., Williams, R., Breazeal, C., & Resnick, M. (2017). "Hey Google is it OK if I eat you?": Initial explorations in child-agent interaction. Proceedings of the 2017 Conference on Interaction Design and Children (IDC ,17), 595–600. https://doi.org/10.1145/3078072.3084330

[47] Wall Street Journal (2021, November 12). *Trapped in the Metaverse: Here's what 24 hours in VR feels like* [Video]. Youtube. https://www.youtube.com/watch?v=rtLTZUaMSDQ (28.05.2022)

[48] Mozée, C. (2021, November 30). *A plot of virtual land that went for $4.3 million in The Sandbox is the most expensive metaverse property sale ever.* Markets Insider. https://markets.businessinsider.com/news/currencies/

metaverse-property-sandbox-virtual-real-estate-deal-record-4-million-2021-11 (28.05.2022)

[49] Von Hobe, N. (2022, 1. April). *Prognose: Metaverse-Wirtschaft könnte bis 2030 13 Billionen Dollar schwer sein.* T3n digital pioneers. https://t3n.de/news/citibank-prognose-metaverse-wirtschaft-2030-1463433/ (28.05.2022)

[50] Sherman, C. (2022, February 1). *Woman says she was 'virtually gang-raped' in Facebook's Metaverse.* Vice. https://www.vice.com/en/article/3abpg3/woman-says-she-was-virtually-gang-raped-in-facebooks-metaverse (28.05.2022)

Kapitel Nullzinsen, Kryptowährungen und Inflation

[1] *Die Stationen der Stadion-Debatte* (2010, 17. Mai). Süddeutsche Zeitung. https://www.sueddeutsche.de/muenchen/chronik-die-stationen-der-stadion-debatte-1.750842 (28.05.2022)

[2] Neubäumer, R. (2011). Eurokrise: Keine Staatsschuldenkrise, sondern Folge der Finanzkrise. *Wirtschaftsdienst, 91*(12), 827 – 833. https://www.wirtschaftsdienst.eu/inhalt/jahr/2011/heft/12/beitrag/eurokrise-keine-staatsschuldenkrise-folge-der-finanzkrise.html (28.05.2022)

Hasselbach, C. (2010, 11. Mai). *Wie kam es zur Euro-Krise?* DW. https://www.dw.com/de/wie-kam-es-zur-euro-krise/a-5563539 (28.05.2022)

[3] Große Hüttman, M. (o. D.). *Eurokrise.* Bundeszentrale für politische Bildung. https://www.bpb.de/kurz-knapp/lexika/das-europalexikon/176846/eurokrise (28.05.2022)

[4] Amadeo, K. (2022, May 4). *Current federal reserve interest rates and why they change.* The balance. https://www.thebalance.com/current-federal-reserve-interest-rates-4770718 (28.05.2022)

Jakisch, K.-R. (2022, 14. April). *Weiter keine Zinswende der EZB in Sicht.* Tagesschau. https://www.tagesschau.de/wirtschaft/weltwirtschaft/ezb-leitzins-nullzinspolitik-101.html (28.05.2022)

[5] *Die EZB und der Leitzins* (o. D.). Sparkasse. https://www.sparkasse.de/themen/geldanlage/leitzinssenkung.html (28.05.2022)

[6] Scheuring, S. (2021, 10. März). *Zinspolitik der EZB: Seit fünf Jahren steht die Null.* Tagesschau. https://www.tagesschau.de/wirtschaft/finanzen/fuenf-jahre-nullzinspolitik-ezb-101.html (28.05.2022)

[7] Zinnecker, S., & Isermann, R. (2022, Juni 1). Hohe Inflation: Was wir fürs weitere Jahr 2022 erwarten können. Forbes advisor. https://www.forbes.com/advisor/de/geldanlage/inflation/ (05.06.2022)

Teuerung von 8,5 Prozent. US-Inflation auf höchstem Stand seit 1981 (2022, 12. April). Tagesschau. https://www.tagesschau.de/wirtschaft/weltwirtschaft/inflation-usa-101.html (28.05.2022)

[8] *Inflationsrate im März 2022 bei +7,3%* (2022, 12. April). Destatis. Statistisches Bundesamt. https://www.destatis.de/DE/Presse/Pressemitteilungen/2022/04/PD22_160_611.html (28.05.2022)

[9] *Inflation: Paare und Familien mit mittlerem und niedrigem Einkommen von Preisschocks aktuell am stärksten betroffen* (2022, 15. März). Hans Böckler Stiftung. https://www.boeckler.de/de/pressemitteilungen-2675-39656.htm (28.05.2022)

[10] Fischer, J., & Hahn, V. (2008). Determinants of trust in the European Central Bank. *SSE/EFI Working Paper Series in Economics and Finance, 695.* https://www.econstor.eu/handle/10419/56308 (28.05.2022)

[11] Daly, L. (2022, February 25). *How many cryptocurrencies are there?* The Motley Fool. https://www.fool.com/investing/stock-market/market-sectors/financials/cryptocurrency-stocks/how-many-cryptocurrencies-are-there/ (28.05.2022)

[12] Nakamoto, S. (2008). *Bitcoin: A peer-to-peer electronic cash system.* Bitcoin. https://bitcoin.org/de/bitcoin-paper (28.05.2022)

[13] Wintermeyer, L. (2022, May 13). *What does the future hold for bitcoin mining?* Forbes. https://www.forbes.com/sites/lawrencewintermeyer/2022/03/13/what-does-the-future-hold-for-bitcoin-mining/?sh=747b4290e9aa (28.05.2022)

[14] Meyer, D., & Hansen, A. (2021, 19. März). *Die Geldmenge steigt und steigt und steigt – ab wann droht Inflation?* Handelsblatt. https://www.handelsblatt.com/meinung/gastbeitraege/gastkommentar-die-geldmenge-steigt-und-steigt-und-steigt-ab-wann-droht-inflation/27001740.html (28.05.2022)

[15] Baur, D. G., Hong, K., & Lee, A. D. (2018). Bitcoin: Medium of exchange or speculative assets? *Journal of International Financial Markets, Institutions and Money, 54,* 177–189. https://doi.org/10.1016/j.intfin.2017.12.004

[16] Mattke, J., Maier, C., & Reis, L. (2020). Is cryptocurrency money? In S. Laumer, J. Quesenberry, D. Joseph, C. Maier, D. Beimborn & S. C. Srivastava (Hrsg.), *Proceedings of the 2020 on Computers and People Research Conference* (S. 26–35). New York: Association for Computing Machinery.

[17] *Bitcoin-Volatilitätsindex* (o. D.). Buy bitcoin worldwide. https://www.buybitcoinworldwide.com/de/volatilitatsindex/ (28.05.2022)

[18] Kapilkov, M. (2020, 18. August). *Pomp: Bitcoin-Marktkapitalisierung überholt Gold in weniger als 10 Jahren.* Cointelegraph. https://de.cointelegraph.com/news/pomp-thinks-btcs-market-cap-will-exceed-golds-in-less-than-a-decade (28.05.2022)

[19] Delfabbro, P., King, D., & Williams, J. (2021). The psychology of cryptocurrency trading: Risk and protective factors. *Journal of Behavioral Addictions, 10*(2), 201–207. https://doi.org/10.1556/2006.2021.00037

[20] *Was ist Inflation?* (o. D.) Coinbase. https://www.coinbase.com/de/learn/crypto-basics/what-is-inflation (28.05.2022)

[21] Knittel, M., Pitts, S., & Wash, R. (2019). "The most trustworthy coin": How ideology builds and maintains trust in bitcoin. *Proceedings of the ACM on Human-Computer Interaction, 3*, 36, 1–23. https://doi.org/10.1145/3359138

[22] Makarov, I., & Schoar, A. (2021, October). *Blockchain analysis of the bitcoin market.* National Bureau of Economic Research.

[23] Sai, A. R., Buckley, J., & Le Gear, A. (2021, December 20). Characterizing wealth inequality in cryptocurrencies. *Frontiers in Blockchain*, 4:730122 https://doi.org/10.3389/fbloc.2021.730122

[24] Huang, J., O'Neill, C., & Tabuchi, H., (2021, March 9). *Bitcoin uses more electricity than many countries. How ist that possible?* The New York Times.

[25] De Vries, A., Gallersdörfer, U., Klaaßen, L., & Stoll, C. (2022, February 25). *Revisiting bitcoin's carbon footprint.* Joule. https://doi.org/10.1016/j.joule.2022.02.005

[26] *Crypto-assets are a threat to the climate transition – energy-intensive mining should be banned* (2021, November 5). Finansinspektionen. https://fi.se/en/published/presentations/2021/crypto-assets-are-a-threat-to-the-climate-transition--energy-intensive-mining-should-be-banned/ (28.05.2022)

[27] *Bericht über einen digitalen Euro* (o. D.). Europäische Zentralbank. https://www.ecb.europa.eu/paym/digital_euro/report/html/index.de.html (28.05.2022)
https://www.bundesbank.de/de/presse/reden/der-digitale-euro-innovation-oder-stabilitaetsrisiko--867626 (15.07.2022)

[28] *Inflationsrate in Deutschland von 1950 bis 2021* (o. D.). Statista. https://de.statista.com/statistik/daten/studie/4917/umfrage/inflationsrate-in-deutschland-seit-1948/ (28.05.2022)

[29] Welzer, H. (2017). Die smarte Diktaktur. Der Angriff auf unsere Freiheit. Frankfurt: S. Fischer Verlag.

[30] *IMK-Studie: Inflation trifft besonders die Mittelschicht* (2022, 21. Januar). Tagesschau. https://www.tagesschau.de/wirtschaft/verbraucher/inflation-trifft-mittlere-einkommen-besonders-stark-101.html (28.05.2022)

Kapitel Fake Numbers, Fake Stories und Fake News

[1] Pennycook, G., & Rand, D. G. (2021). The psychology of fake news. *Trends in Cognitive Sciences, 25*(5), 388–402. https://doi.org/10.1016/j.tics.2021.02.007

[2] Appel, M., & Doser, N. (2020): Fake News. In M. Appel (Hrsg.), *Die Psychologie des Postfaktischen: Über Fake News, „Lügenpresse", Clickbait & Co.* (S. 9–20). Berlin: Springer.

[3] Koch, T., Frischlich, L., & Lermer, E. (2021, June 11). The effects of warning labels and social endorsement cues on credibility perceptions of and engagement intentions with Fake News. https://doi.org/10.31234/osf.io/fw3zq

[4] Silverman, C. (2016, 16. November). *This analysis shows how fake election news stories outperformed real news on Facebook.* BuzzFeed News. https://www.buzzfeednews.com/article/craigsilverman/viral-fake-election-news-outperformed-real-news-on-facebook#.gb1Jba2j2 (27.09.2021)

[5] So z. B.: Pignatiello, G. A., Martin, R. J., & Hickman Jr., R. L., (2020). Decision fatigue: A conceptual analysis. *Journal of Health Psychology, 25*(1), 123–135. https://doi.org/10.1177/1359105318763510

[6] Davidson, C. N. (2011). Now you see it: How technology and brain science will transform schools and business for the 21st century. London: Penguin.

[7] Doxtdator, B. (2017, July 8). *A field guide to "jobs that don't exist yet."* Long View on Education. https://longviewoneducation.org/field-guide-jobs-dont-exist-yet/ (28.05.2022)

[8] *Forum 2016 Issues: The future of education* (o. D.). OECD. https://www.oecd.org/forum/issues/forum-2016-issues-the-future-of-education.htm (28.05.2022)

[9] Hasher, L., Goldstein, D., & Toppino, T. (1977). Frequency and the conference of referential validity. *Journal of Verbal Learning and Verbal Behavior, 16*, 107–112. https://doi.org/10.1016/S0022-5371(77)80012-1

[10] Brashier, N. M., & Marsh, E. J. (2020). Judging truth. *Annual Review of Psychology, 71*, 499–515. https://doi.org/10.1146/annurev-psych-010419-050807

[11] Fischer, P., Asal. K., & Krueger, J. I. (2014). Sozialpsychologie für Bachelor. Heidelberg: Springer.

[12] Forer, B. R. (1949). The fallacy of personal validation: A classroom demonstration of gullibility. *The Journal of Abnormal and Social Psychology, 44(1)*, 118-123. https://doi.org/10.1037/h0059240

[13] Kersting, M., Graulich, V., & Petri, P. (2015). Das beschreibt mich und andere. Zum Barnum-Effekt am Beispiel von Gutachten zu Persönlichkeitsfragebogen. *PersonalMagazin, 9/2015*, 28–33.

[14] Siehe 12; aus dem Englischen übersetzt, S. 120

[15] Siehe 13, S. 29

[16] Miller, D. T., & Ross, M. (1975). Self-serving biases in the attribution of causality: Fact or fiction? *Psychological Bulletin, 82*, 213–225. https://doi.org/10.1037/h0076486

[17] Pennycook, G., Cheyne, J. A., Barr, N., Koehler, D. J., & Fugelsang, J. A. (2015). On the reception and detection of pseudo-profound bullshit. *Judgment and Decision Making, 10(6)*, 549–563.

[18] Lindeman, M., Svedholm-Hakkinen, A. M., & Lipsanen, J. (2015). Ontological confusions but not mentalizing abilities predict religious belief, paranormal beliefs, and belief in supernatural purpose. *Cognition, 134*, 63–76. https://doi.org/10.1016/j.cognition.2014.09.008

[19] *Do scientists agree on climate change* (o. D.)? Global Climate Change. https://climate.nasa.gov/faq/17/do-scientists-agree-on-climate-change/ (29.05.2022)

[20] Orwig, J. (2015, October 23). *7 global warming 'skeptics' who are massively missing the point.* Insider. https://www.businessinsider.com/scientists-who-deny-climate-change-2015-10?op=1#craig-idso-is-founder-and-former-president-of-the-center-for-the-study-of-carbon-dioxide-and-global-change-which-is-a-non-profit-organization-that-publishes-the-newsletter-co$_2$science-which-sharply-disputes-scientific-opinion-on-climate-change-1 (29.05.2022)

[21] Smelter, T. J., & Calvillo, D. P. (2020). Pictures and repeated exposure increase perceived accuracy of news headlines. *Applied Cognitive Psychology, 34*(5), 1061–1071. https://doi.org/10.1002/acp.3684

[22] Avram, M., Micallef, N., Patil, S., & Menczer, F. (2020). Exposure to social engagement metrics increases vulnerability to misinformation, *Harvard Kennedy School Misinformation Review*, 1–11. https://doi.org/10.37016/mr-2020-033

[23] Quandt, T. (2018). Dark participation. *Media and Communication, 6*, 36–48. https://doi.org/10.17645/mac.v6i4.1519

[24] Crockett, M. J. (2017). Moral outrage in the digital age. *Nature Human Behavior, 1*, 769–771. https://doi.org/10.1038/s41562-017-0213-3

[25] Martel, C., Pennycook, G., & Rand, D. G. (2020). Reliance on emotion promotes belief in fake news. *Cognitive Research: Principles and Implications, 5*(1), 47. https://doi.org/10.1186/s41235-020-00252-3

[26] Faddoul, M., Chaslot, G., & Farid, H. (2020, March 6). *A longitudinal analysis of YouTube's promotion of conspiracy videos.* Arxiv. https://doi.org/10.48550/ARXIV.2003.03318

[27] Pennycook, G., Bear, A., Collins, E. T., & Rand, D. G. (2020). The implied truth: Attaching warnings to a subset of fake news headlines increases perceived accuracy of headlines without warnings. *Management Science, 66*:11, 4944–4957. https://doi.org/10.1287/mnsc.2019.3478

[28] Nieminen, S., & Rapeli, L. (2019). Fighting misperceptions and doubting journalists' objectivity: A review of fact-checking literature. *Political Studies Review, 17*, 296–309. https://doi.org/10.1177/1478929918786852

[29] Yaqub, W., Kakhidze, O., Brockman, M. L., Memon, N., & Patil, S. (2020). Effects of credibility indicators on social media news sharing intent. *Proceedings of the 2020 CHI Conference on Human Factors in Computing Systems*, 1–14. https://doi.org/10.1145/3313831.3376213

Kapitel Arbeitswelt 4.0

[1] *New Study: 64% of people trust a robot more than their manager* (2019, October 15). Oracle. https://www.oracle.com/corporate/pressrelease/robots-at-work-101519.html

[2] Manyika, J., Lund, S., Chui, M., Bughin, J., Woetzel, J., Batra, P., Ko, R., & Sanghvi, S. (2017). Job lost, jobs gained: Workforce transitions in a time of automation. New York: McKinsey Global Institute.

[3] Lin, J. (2011). Technological adaptation, cities and new work. *The Review of Economics and Statistics*, 93(2), 554–574. https://doi.org/10.2139/ssrn.1456545

[4] *Digitalisierungsschub in der Wirtschaft wird Pandemie überdauern* (2021, 24. November). Bitkom. https://www.bitkom.org/Presse/Presseinformation/Digitalisierungsschub-in-Wirtschaft-wird-Pandemie-ueberdauern

[5] Brunelle, E., & Fortin, J.-A. (2021). Distance makes the heart grow fonder: An examination of teleworkers' and office workers' job satisfaction through the lens of self-determination theory. *SAGE Open*, 11, 1. https://doi.org/10.1177%2F2158244020985516

Galanti, T., Guidetti, G., Mazzei, E., Zappalà, S., & Toscano, F. (2021). Work from home during the COVID-19 outbreak: The impact on employees' remote work productivity, engagement, and stress. *Journal of Occupational and Environmental Medicine*, 63(7), 426–432. https://doi.org/10.1097/jom.0000000000002236

Hayes, S. W., Priestley, J. L., Iishmakhametov, N., & Ray, H. E. (2020, July 8). *"I'm not working from home, I'm living at work": Perceived stress and work-related burnout before and during COVID-19.* PsyArXiv Preprints. https://psyarxiv.com/vnkwa/ (29.05.2022)

[6] AgilKom. Experimentierräume in der agilen Verwaltung (o. D.). Bundesministerium für Arbeit und Soziales. https://www.experimentierraeume.de/projekte/inqa-experimentierraeume/agilkom/ (29.05.2022)

[7] Appelbaum, S. H., Calla, R., Desautels, D., & Hasan, L. (2017). The challenges of organizational agility (part 1). *Industrial and Commercial Training, 49*(1), 6–14. https://doi.org/10.1108/ICT-05-2016-0027

[8] Eilers, S., Möckel, K., Rump, J., & Schabel, F. (2018). HR-Report 2018 – Agile Organisation auf dem Prüfstand. Weinheim: Hays AG, Institut für Beschäftigung und Employability IBE.

[9] Goldman, S. L., Nagel, R. N., & Preiss, K. (1995). Agile competitors and virtual organizations: Strategies for enriching the customer. New York: Van Nostrand Reinhold.

[10] Maximini, D. (2015). The Scrum culture. Introducing agile methods in organizations. Cham: Springer.

[11] Denning, S. (2016). How to make the whole organization "Agile". *Strategy & Leadership, 44*(4), 10–17. https://doi.org/10.1108/SL-06-2016-0043

[12] Cherns, A. (1989). Die Tavistock-Untersuchungen und ihre Auswirkungen. In S. Greif, H. Holling & H. Nicholson (Hrsg.), *Arbeits- und Organisationspsychologie. Internationales Handbuch in Schlüsselbegriffen* (S. 483–488). München: Psychologie Verlags Union.

[13] Ulich, E. (1994). Arbeitspsychologie. Stuttgart: Schäffer-Poeschel.

[14] GOTO Conferences (2015, July 14). Agile is dead – Pragmatic Dave Thomas – GOTO 2015 [Video]. YouTube. https://www.youtube.com/watch?v=a-BOSpxYJ9M

[15] Pérez-Zapata, O., Pascual, A. S., Álvarez-Hernández, G., & Castaño Collado, C. (2016). Knowledge work intensification and self-management: The autonomy paradox. *Work Organisation, Labour & Globalisation, 10*(2), 27–49. https://doi.org/10.13169/workorgalaboglob.10.2.0027

[16] Mazmanian, M., Orlikowski, W. J., & Yates, J. (2013). The autonomy paradox: The implications of mobile email devices for knowledge professionals. *Organization Science, 24*(5), 1337–1357. http://doi.org/10.1287/orsc.1120.0806

[17] McAdams, D. P. (2015). The art and science of personality development. New York: The Guilford Press.

[18] Stein, F. (2015, 22. April). *Woher kommt der Name 'Scrum'?* On Lean and Agility. https://www.lean-agility.de/2015/04/woher-kommt-der-name-scrum.html (05.06.2022)

[19] Latham, G. P., & Locke, E. A. (2013). Potential pitfalls in goal setting and how to avoid them. In E. A. Locke & G. P. Latham (Hrsg.), New developments in goal setting and task performance (S. 569–579). New York: Routledge/Taylor & Francis Group.

[20] Reiniger, B., & Stelzmann, M. (2017). TELE Haase Steuergeräte: Mit gesundem Menschenverstand zum Unternehmen der Zukunft. In Bartz, M., Gnesda, A. & Schmutzer, T. (Hrsg.), *Unternehmen der nächsten Generation* (S. 395–408). Berlin: Springer.

[21] Van den Broeck, A., Howard, J. L., Van Vaerenbergh, Y., Leroy, H., & Gagné, M. (2021). Beyond intrinsic and extrinsic motivation: A meta-analysis on self-determination theory's multidimensional conceptualization of work motivation. *Organizational Psychology Review*, 11(3), 240–273. https://doi.org/10.1177/20413866211006173

[22] Bergmann, F. (2017). Neue Arbeit, neue Kultur. Freiburg: Arbor.

[23] Bergmann, F. (2018). „Für viele ist New Work etwas, was Arbeit ein bisschen reizvoller macht, quasi Lohnarbeit im Minirock". *Personalmagazin*, 9, 39–43.

[24] Weick, K. E. (1979). The social psychology of organizing. Reading, MA: Addison-Wesley. S. 40

Kapitel Mehr Unsicherheit wagen

[1] Fischer, P., Lermer, E., Heinrich, H., Frey, D., Dehe, D., & Fischer, J. (2018). Ethikorientierte humanistische Führung. In T. Riecke-Baulecke (Ed.), *Das große Handbuch Personal & Führung in der Kita: Grundlagen und Anregungen für die Praxis* (S. ##288–298##). Kronach: Wolters Kluwer, S. 6

[2] Benrath, B., & Bartsch, B. (2018, 30. November). Punktabzug für zu seltene Besuche bei den Eltern. Frankfurter Allgemeine Zeitung. https://www.faz.net/aktuell/wirtschaft/infografik-chinas-sozialkredit-system-15913709.html (29.05.2022)

[3] Van den Broeck, A., Howard, J. L., Van Vaerenbergh, Y., Leroy, H., & Gagné, M. (2021). Beyond intrinsic and extrinsic motivation: A meta-analysis on self-determination theory's multidimensional conceptualization of work motivation. *Organizational Psychology Review*, 11(3), 240–273.

[4] Ng, J. Y. Y., Ntoumanis, N., Thøgersen-Ntoumani, C., Deci, E. L., Ryan, R. M., Duda, J. L., & Williams, G. C. (2012). Self-determination theory applied to health contexts: A meta-analysis. *Perspectives on Psychological Science, 7*(4), 325–340. https://doi.org/10.1177/1745691612447309

[5] Howard, J. L., Bureau, J., Guay, F., Chong, J. X. Y., & Ryan, R. M. (2021). Student motivation and associated outcomes: A meta-analysis from self-determination theory. *Perspectives on Psychological Science, 16*(6), 1300–1323. https://doi.org/10.1177/1745691620966789

[6] *Piano digitale, un cervellone per il traffico e premi ai cittadini virtuosi* (2022, 29 marzo). Bologna Today. https://www.bolognatoday.it/cronaca/piano-digitale-comune-bologna.html (29.05.2022)

Kaube, J. (2022, 21. April). *Tugendpunkte in Bologna*. Frankfurter Allgemeine Zeitung.

[7] Edwards, M. (2022. April 28). *Social credit score: Italy Testing new app that monitors behavior.* Uncover DC. https://uncoverdc.com/2022/04/28/social-credit-score-italy-testing-new-app-that-monitors-behavior/ (06.06.2022)

[8] Fischer, P., & Lermer, E. (2018). Das Unbehagen im Frieden. Die neue Lust am Leid. München: Claudius.

[9] Lermer, E. (2019). Positive Psychologie. München: Ernst Reinhardt.

[10] Langer, E. J. (2015). Mindfulness: Das Prinzip Achtsamkeit: Die Anti-Burn-out Strategie. München: Vahlen.

[11] Langer, E. J. (2000). Mindful learning. *Current Directions in Psychological Science 9*(6), S. 220–223; Übers. d. Autoren.

[12] Langer, E., Djikic, M., Pirson, M., Madenci, A., & Donohue, R. (2010). Believing is seeing: Using mindlessness (mindfully) to improve visual acuity. *Psychological Science, 21*(5), 661–666. https://doi.org/10.1177/0956797610366543

[13] Crum, A. J. & Langer, E. J. (2007). Mind-set matters: Exercise and the placebo effect. *Psychological Science, 18*(2), 165–171. https://doi.org/10.1111/j.1467-9280.2007.01867.x

[14] Lermer, E., Streicher, B., Sachs, R., & Frey, D. (2013). How risky? The impact of target person and answer format on risk assessment. *Journal of Risk Research, 16*, 903–919. https://doi.org/10.1080/13669877.2012.761267

Lermer, E., Streicher, B., & Raue, M. (2018). Measuring subjective risk estimates. In M. Raue, E. Lermer and B. Streicher (Hrsg.), *Psychological Perspectives on Risk and Risk Analysis: Theory, Models, and Applications* (S. 313–327). New York: Springer.

Lermer, E., Streicher, B., Raue, M., & Frey, D. (2019). The assessment of risk perception: Influence of answer format, risk perspective and unrealistic optimism. In M. Raue, B. Streicher, and E. Lermer (Hrsg.), *Perceived Safety: A multidisciplinary perspective* (S. 83–100). Heidelberg: Springer.

[15] Raue, M., Streicher, B., & Lermer, E. (Hrsg.). (2019). Perceived safety: A multidisciplinary perspective. Springer.

[16] Hudecek, M. F. C., & Fischer, P. (2020). Kommunikation in Zeiten gesellschaftlicher Spaltung. *Zeitschrift für Konfliktmanagement, 23*(5), 164–167. https://doi.org/10.9785/zkm-2020-230503

[17] TEDxTalks (2017, December 8). Why I, as a black man, attend KKK rallies| Daryl Davis | TEDxNaperville [Video]. YouTube. https://www.youtube.com/watch?v=ORp3q1Oaezw (31.05.2022)

[18] Fromm, E. (o. D.). Überdruss und Überfluss. Auditorium Verlag. https://auditorium-verlag.de/detailview?no=650C (31.05.2022)

[19] Hudecek, M. F. C., & Fischer J. (2022, in press). Voraussetzungen für die erfolgreiche Nutzung von agilen Methoden und agiler Führung im Schulkontext. In T. Stricker (Hrsg.), *Agilität in der Schulentwicklung. Grundlagen. Perspektiven. Praxisbeispiele.* Wiesbaden: Springer.

[20] Lermer, E. & Fischer, P. (2021). Die psychologische Dimension: Zum Einfluss kognitiver und sozialer Prozesse auf Sezessionstendenzen. In H. Bergbauer und G. Mann (Hrsg.), Neugestaltung der Staatenwelt im 21. Jahrhundert. Wie Sezession neue politische und ökonomische Strukturen schafft (S. 53–63). München: Springer Gabler.

[21] Gigerenzer, G. (2008). Rationality for mortals: How people cope with uncertainty. Oxford: Oxford University Press.

[22] Lermer, E. (2010). Statistik im Spannungsfeld von Intuition und Kognition. Diplomarbeit Psychologie. Universität Salzburg.

[23] World Economic Forum (2018, January 24). Jack Ma: "If we do not change the way we teach, thirty years from now we will be in trou-

ble." [Video] YouTube. Übers. d. Autoren. https://www.youtube.com/watch?v=pQCF3PtAaSg (31.05.2022)

World Economic Forum (2018, January 24). Jack Ma: "Everything we teach should be different from machines." [Video] YouTube. https://www.youtube.com/watch?v=pa2EMaGPZKc (31.05.2022)

[24] Antonovsky, A. (1979). Health, stress and coping. San Francisco, CA: Jossey-Bass.

[25] *The Social Dilemma* (o. D.). https://www.thesocialdilemma.com (06.06.2022)

[26] *Facebook Quartalszahlen. Weniger Menschen nutzen Meta-Produkte, Gewinn sinkt* (2022, 3. Februar). Handelsblatt. https://www.handelsblatt.com/finanzen/maerkte/aktien/facebook-quartalszahlen-weniger-menschen-nutzen-meta-produkte-gewinn-sinkt/27227346.html (03.06.2022)

[27] Von Lindern, Jakob (2022, 23. April). *Digital Services Act. So will die EU das Internet reparieren.* Zeit Online. https://www.zeit.de/digital/internet/2022-04/digital-services-act-eu-digitalgesetz-faq?utm_referrer=https%3A%2F%2Fwww.google.com#comments (03.06.2022)

[28] van Dyck, C., Frese, M., Baer, M., & Sonnentag, S. (2005). Organizational Error Management Culture and Its Impact on Performance: A Two-Study Replication. *Journal of Applied Psychology*, 90(6), 1228–1240. https://doi.org/10.1037/0021-9010.90.6.1228

[29] Edmondson, A. (1999). Psychological safety and learning behavior in work teams. *Administrative Science*, 44(2), 350–383. https://doi.org/10.2307/2666999

[30] Rozovsky, J. (2015, November 17). *The five keys to a successful Google team.* Re:Work. https://rework.withgoogle.com/blog/five-keys-to-a-successful-google-team/ (03.06.2022)

[31] *Das Lexikon der Wirtschaft. Soziale Sicherheit* (o. D.). Bundeszentrale für politische Bildung. https://www.bpb.de/kurz-knapp/lexika/lexikon-der-wirtschaft/20643/soziale-sicherheit/ (03.06.2022)

[32] *Ziele und Werte* (o. D.). Europäische Union. https://european-union.europa.eu/principles-countries-history/principles-and-values/aims-and-values_de (04.06.2022)

[33] *Wir fordern Digitale Grundrechte. Charta der Digitalen Grundrechte der Europäischen Union* (o. D.). Digitalcharta. https://digitalcharta.eu (04.06.2022)

[34] Bergmann, F. (2017). NWX17 — Prof. Dr. Frithjof Bergmann auf der XING New Work Experience. https://www.youtube.com/watch?v=29IoGFD86QM (18.07.2022)

Sachregister

Achtsamkeit 152, 153
Agile Methoden 126, 129, 130
Arbeit 4.0 120, 121

Barnum Effekt 110
Basisrate 156
Bergmann, Frithjof 136-139, 186, 187
Bestätigungsfehler (confirmation bias) 12, 15, 39
Bitcoin 94-100
Blockchain 94
Bystander Effekt 151

Cognitive Reflection Test 17, 114
Confirmation bias (Bestätigungsfehler) 12, 15, 39
Construal Level Theory 36, 37
COVID-19 16, 24-26, 32, 33, 35, 60

Denkstil 35, 37, 154,
Demokratie 23, 184, 187
Digitalisierung 61-67, 72, 74, 121, 124, 126, 139, 141, 177

Eurokrise 91, 92, 97, 101

Fake News 103-105, 110, 113, 115-117, 119
Falsifikation (Falsifizierung) 14
Fear of missing out (FOMO) 96, 97
Fehlerkultur 169, 178, 179
Festinger, Leon 43, 44
Filterblase 117, 159
Finanzkrise 42, 59, 91, 92, 94
Framing (Framing-Effekt) 49, 157
Frey, Dieter 30, 56, 59

Gedankenlosigkeit 153
Gewöhnungsprozesse 29, 31
Gruppenentscheidungen 48, 53, 54

Gruppenpolarisation 49, 53
Groupthink-Effekt 49, 51, 52

Handy 62, 63, 69-71
Hoffnung 11, 12
Illusion von Kontrolle 65

Inflation 90, 92, 93, 95, 97, 100, 101

Kommunikation 142, 143, 160, 162
Kontrolle, Kontrolltheorie 56-60, 64-66, 133, 145, 176, 183
Kontrollverlust 58-60, 64, 66, 71, 93, 166, 177, 183
Korrumpierungseffekt 146
Kryptowährungen 94-101
Künstliche Intelligenz (KI) 10, 74-86, 121, 148

Langer, Ellen 152-155

Metaverse 88, 89

Narzissmus 40, 42, 43
New Work 135-139, 186
NoMoPhobie 68, 69
Nullzinsen 91, 101

Pandemie 16, 24-26, 29-33, 35, 37, 60, 67, 92, 93, 124, 125, 139, 158, 159, 172
Perspektivwechsel 150, 155, 156, 158-160, 161, 165, 176
Popper, Karl 14, 23
Pseudo-profound bullshit 112, 113
Psychologische Sicherheit 169, 180, 181

Ratio Bias 21

Sachregister

Risiko 7, 11, 20, 26, 30, 31, 32, 34, 35, 37, 38, 42, 55, 73, 79, 80, 91, 93, 95, 117, 156, 181
Risikoaversion 50
Risikofreude 51, 54
Roboter 9, 85, 87, 120-122, 140, 148, 153

Salutogenese 174
Schwarzschwan 14
Scrum 126, 129, 133, 134
Self-serving bias 111
Smartphone 62-64, 66-71, 79, 87, 166
Social-proof-Effekt 53
Sorglosigkeit 29-31
Sozialkreditsystem 144-147

Theorie der kognitiven Dissonanz 43-48, 60
Theorie der gelernten Sorglosigkeit 29, 30

Unsicherheit 7-13, 22-24, 29, 30, 32, 38, 42, 43, 46, 55-60, 67, 82-85, 89, 92, 93, 97, 100-102, 126, 129-131, 136, 137, 142-146, 148-152, 154, 157-160, 162, 163, 165, 167-169, 176-178, 180-183, 186-188

Van Bavel, Jay 25, 27, 28
Vertrauen 23-27, 29, 86, 90, 93, 97, 98, 120, 172
Vertrauensarbeitsort 135

Weizenkornlegende 33
Wahrheitseffekt 109, 115
Werte 28, 141, 150, 163-166, 169, 171, 182-186, 188
Werte-Grundverordnung 182-184

Zauberer 19
Zinseszins 33, 34

Leseprobe aus

Eva Lermer: Positive Psychologie

Die "happy-productive-worker"-Hypothese

Die Pilotstudie von Hersey

Bereits in den 1930er Jahren wurde diskutiert, inwiefern das Wohlbefinden von Mitarbeitern im Zusammenhang mit deren Arbeitsleistung steht (Zelenski et al., 2008):
„It would seem impossible to escape the fact that in the long run, at least, [wo]men are more productive when they are in a positive state than in a negative one" (Hersey, 1932, 356–357).

Rexford B. Hersey gilt als einer der ersten Vertreter der „Happy-productive worker"-Hypothese. Hersey untersuchte 1932 in einer intensiven Studie über fast ein Jahr Mitarbeiter der Werkstatt für Güterwagen und Lokomotiven der Pennsylvania Railroad. Hier interviewte Hersey zwölf Mitarbeiter täglich mehrmals (zweimal am Morgen und zweimal am Nachmittag), um alle relevanten Informationen zu erhalten. Daneben hielt Hersey auch physiologische Beobachtungen fest (wie etwa Körperbau, Gesundheitszustand, Gewicht, Schlaf und Blutdruck). Zusätzlich erfasste Hersey psychologische Konstrukte wie Intelligenz und Gedächtnis und fragte die Mitarbeiter täglich nach ihren Träumen, körperli-

www.reinhardt-verlag.de

chen Schmerzen, Interessen und Sorgen (Myers, 1933). Seine Studienergebnisse zeigten, dass es durchaus einen Zusammenhang gibt zwischen dem emotionalen Zustand und der Arbeitsleistung.

Literatur

Die gesamten Ergebnisse hat Hersey (1932) in seinem Buch „Workers' Emotions in Shop and Home: a study of individual workers from the psychological and physiological standpoint" zusammengefasst (für ein Review des Werks von Hersey siehe Myers, 1933).
Charles Myers (1933) beschreibt dieses Werk als einen zu der Zeit aufkommenden Protest gegen die Versuche der Effizienzsteigerung in der Produktion, ohne Bezug auf die Bedürfnisse der Angestellten.

Modell von Staw und Kollegen (1994)

Der Gedanke, dass eine positive Gemütslage der ArbeitnehmerInnen positive Effekte auf die Arbeitsergebnisse hat, wurde vielfach diskutiert, untersucht und zunehmend bestätigt. Ein Modell, das diesen Zusammenhang deutlich nachvollziehbar visualisiert, stammt von Barry Staw, Robert Sutton und Lisa Pelled (1994) [...].
Dieses Modell von Staw et al. (1994) basiert auf vorausgehenden Forschungsergebnissen und beschreibt den vorteilhaften Einfluss positiver Emotionen auf Arbeitsergebnisse durch drei intervenierende Prozesse:
1. Positive Emotionen haben wünschenswerte Effekte

www.reinhardt-verlag.de

bei ArbeitnehmerInnen, wie etwa ein höheres Aktivitätsniveau und mehr Persistenz bei Aufgaben sowie erhöhte kognitive Leistungsfähigkeit;

2. Personen mit mehr positiven statt negativen Emotionen profitieren von positiveren Reaktionen auf sie seitens anderer. Sie werden mehr gemocht, wirken sympathischer, und der Halo-Effekt (Heiligenscheineffekt, s. u.; Thorndike, 1920) kann diesen positiven Effekt noch verstärken;

3. Menschen mit positiver Gemütslage reagieren positiver auf andere, was sich auch in erhöhter Kooperations- und Hilfsbereitschaft widerspiegelt.

(...)

Leseprobe (S. 28-30) aus:

Eva Lermer
Positive Psychologie
2019. 107 Seiten. 7 Abb. 6 Tab.
utb-S (978-3-8252-5262-5) kt

www.reinhardt-verlag.de

Der Klassiker jetzt in 47. Auflage

Fritz Riemann
Grundformen der Angst
47. Auflage 2022. 244 Seiten.
(978-3-497-02422-3) kt

Wer kennt nicht die Angst vor zu enger Bindung und die Angst vor dem Verlassenwerden? Wer hat nicht die Angst vor dem Ungewissen, aber auch die Angst vor dem Endgültigen durchlebt? Riemann nennt sie die vier Grundformen der Angst und entwickelt daraus eine Charakterkunde mit vier Persönlichkeitstypen. Zu jeder Persönlichkeitsstruktur werden das Verhältnis zur Liebe und zur Aggression, der lebensgeschichtliche Hintergrund und typische Beispiele aufgezeigt. Dieser Klassiker einer verständlichen Psychologie erreichte bislang eine Gesamtauflage von über 1.000.000 Exemplaren und wurde in zahlreiche Sprachen übersetzt.
Dieses Buch ist im Ernst Reinhardt Verlag auch als Hörbuch (ISBN 978-3-497-02749-1) erschienen.

ℝ⁄ reinhardt
www.reinhardt-verlag.de

Kleider machen Leute - aber Worte machen Charakter

Hartwig Eckert
Sprechen Sie noch oder werden Sie schon verstanden?
Persönlichkeitsentwicklung durch Kommunikation
Mit 18 Abbildungen und zahlreichen praktischen Übungen.
Mit 31 Hörbeispielen zum Download.
4. aktualisierte Auflage 2022.
223 Seiten. 18 Abb.
(978-3-497-03133-7) kt

Hat eine Veränderung von individuellen Sprechmustern und Stimmausdruck Auswirkungen auf unsere Persönlichkeitsentwicklung? Ja, behauptet der Autor dieses Buches. Auf dem Weg dorthin lernen Leserinnen und der Leser zunächst, kreativ zuzuhören: Unterstützt von Hörbeispielen werden sie angeleitet, die Botschaften von Stimme und Wörtern, die einander manchmal widersprechen, optimal zu erfassen. Im zweiten Schritt erfahren wir, wie sich unsere Persönlichkeit in der Wahl der Wörter und in der Stimmmodulation formt. Indem wir beides zielorientiert verändern, können wir unsere Identität aushandeln und stärken sowie unsere Absichten klarer zum Ausdruck bringen. Ein nützliches Lesevergnügen für alle, die Mut zur Veränderung haben!

www.reinhardt-verlag.de

Alles Verhandlungssache

Hartwig Eckert /
Andreas Kambach
Dynamisch verhandeln
Entscheiden,
was andere entscheiden
2. Auflage 2019.
160 Seiten. 6 Abb. 2 Tab.
Innenteil zweifarbig.
(978-3-497-02859-7) gb

Wie führt man erfolgreich Verhandlungsgespräche? Trainieren Sie mit dem Paradigmenwechsel in diesem Buch: Entdecken und formulieren Sie durch Tiefenhören die indirekten Zugeständnisse Ihres Gegenübers. Fokussieren Sie nicht mehr auf das Strittige, sondern lenken Sie die Aufmerksamkeit auf dieses konzedierte Territorium: So verwandeln Sie endlose Sitzungen in dynamisches Verhandeln. Ein Trainingsbuch für alle, die ihr Verhandlungsgeschick von Grund auf überdenken und erneuern wollen.

reinhardt
www.reinhardt-verlag.de